Zu diesem Buch

Die Zeiten, in denen die Fernfahrerehe süffisant bewitzelt wurde, sind vorüber. Zwar empfinden auch heute viele Paare ihre Wochenend- oder Fernbeziehung als leidiges Provisorium. Doch entdecken sie, daß dieser Zustand zwischen Ein- und Zweisamkeit nicht nur hohe Telefonrechnungen beschert, sondern Platz schafft für kleine Freiheiten und große Unabhängigkeitsbedürfnisse.

Ist die Liebe auf Distanz ein stromlinienförmiges Zeitgeistprodukt, ideal für bindungsunfähige Egozentriker? Oder eröffnen sich jenseits eingefahrener Geschlechtsrollen und befreit vom täglichen Kleinkrieg konkrete Chancen für eine neue Lebensform?

Dorothee Schmitz-Köster, geboren 1950, ist promovierte Literaturwissenschaftlerin und lebt als freie Journalistin in Bremen. Sie ist Autorin von «Frauen ohne Kinder. Motive, Konflikte, Argumente» (rororo 8336).

Dorothee Schmitz-Köster

Liebe auf Distanz

Getrennt zusammen leben

Rowohlt

rororo zu zweit
Lektorat Barbara Wenner

Originalausgabe
Veröffentlicht im Rowohlt Taschenbuch Verlag GmbH,
Reinbek bei Hamburg, Dezember 1990
Copyright © 1990 by Rowohlt Taschenbuch Verlag GmbH,
Reinbek bei Hamburg
Redaktionelle Mitarbeit Silke Jehna
Umschlaggestaltung Nina Rothfos / Barbara Hanke
Gesetzt aus der Sabon (Linotronic 500)
Gesamtherstellung Clausen & Bosse, Leck
Printed in Germany
1280-ISBN 3 499 18816 3

Daß es nicht einfach ist, sich
von einer Fremden über ganz
private Dinge ausfragen zu
lassen, weiß ich; daß dies nicht
unbedingt einfacher wird,
wenn man die Fragende gut
kennt, weiß ich auch.
Um so mehr möchte ich den
Frauen und Männern, die mir
Rede und Antwort gestanden
haben, für ihre Offenheit
danken.

SCHWERE ENTSCHEIDUNG Jutta Bauer

Inhalt

Zukunftsbeziehungen? **177**

Vorbemerkung

«Ja, so sollte man leben», meinte nachdenklich eine Freundin. Ich hatte ihr erzählt, daß ich mich mit Paaren beschäftige, die nicht zusammenwohnen, die keinen gemeinsamen Alltag haben. Dann begann sie vom immerwährenden Kleinkrieg in ihrer Beziehung zu sprechen, und wie herrlich sie es fände, wenn derart banale Konflikte durch getrennte Wohnungen vermieden würden. «Nein, so könnte ich niemals leben», kommentierte eine Kollegin mein Projekt, «da ist man ja dauernd allein. Wozu hat man dann noch eine Beziehung?»

Die Meinungen sind geteilt, extrem geteilt, und die Urteile zeigen eine Neigung ins Kategorische: ‹So und nicht anders›, verkündet die eine Seite, ‹nie› setzt die andere dagegen. Die einen halten Paare, die auf Distanz leben, nicht für echte, nicht für richtige Paare, sind auch mit Vorwürfen wie egoistisch und bindungsunfähig schnell zur Hand. Die anderen sehen in ihnen «Beziehungsaristokraten» (Horx), beschwören den gegenseitigen Respekt der Partner und die Chancen der (relativen) Unabhängigkeit.

Was die Gemüter so erhitzt, ist eine Form von Partnerschaft, die zwar eine gewisse Tradition besitzt – Seeleute und andere Menschen mit fahrenden Berufen konnten gar nicht anders leben. Aber dieser traditionelle Rahmen ist inzwischen längst überschritten. «Liebe auf Distanz» wird heute in ganz unterschiedlichen Varianten immer häufiger praktiziert. Nicht nur von Prominenten: So hat zum Beispiel der Schauspieler und Filmemacher Woody Allen neben seiner Familienwohnung noch eine für sich alleine, in die er sich zurückzieht, wenn die Familie ihm auf die Nerven geht. Und die Schriftstellerin Elfriede Jelinek ist mit ihrem Mann nur zehn Tage im Monat zusammen, weil sie in Wien und er in München lebt. Dies sei einer der Gründe für das Funktionieren ihrer Ehe, meint sie in einem Interview mit Alice Schwarzer: «Ich muß sagen, daß der Gottfried mich sehr, sehr schätzt und nie versucht hat, meine Kreativität in Zweifel zu ziehen oder zu unterdrücken. Dann hätte ich ihn auch nie geheiratet. Und er will mich auch nicht besitzen. Wir lassen uns Freiheiten. Und vor allem: Wir reden nicht über alles» (Schwarzer, S. 109).

Auch bei ganz un-prominenten Menschen ist «Liebe auf Distanz» immer häufiger anzutreffen: bei Freunden, die sich plötzlich entschließen, die gemeinsame Wohnung aufzugeben und in zwei getrennte Domizile umzuziehen; bei einem Nachbarn, der endlich einen Job findet – allerdings in einer anderen Stadt, so daß er nur am Wochenende zu seiner Familie kommen kann; bei einer Kollegin, von der man lange glaubte, sie sei Single, bis sich herausstellt, daß ihr Freund auf einer fernen Bohrinsel arbeitet... Ja, und irgendwann macht man auch selbst einschlägige Erfahrungen.

Ich habe zwei Jahre einer langen Partnerschaft «auf Distanz» gelebt, auf zweihundert Kilometer Distanz. Der äußere Anlaß war ein Job in einer anderen Stadt. Dahinter steckte aber auch der Wunsch, einmal auszuprobieren, ob und wie ich alleine zurechtkomme – und ein bißchen Neugier, was in der Partnerschaft passiert, war auch dabei. Nicht erst in der Erinnerung waren diese beiden Jahre eine Zeit des entspannten Umgangs miteinander, eine Zeit, in der Gefühle wie Sehnsucht und Vorfreude auf den anderen wieder eine wichtige Rolle spielten, eine Zeit neuer Erfahrungen miteinander und mit sich selbst. Dagegen wogen die finanzielle Belastung und das häufige Hin- und Herfahren ungleich weniger. Alles in allem eine gute Zeit – vielleicht auch deshalb, weil ihr Ende von vorneherein absehbar war, das Gefühl ‹das geht jetzt immer so weiter› sich gar nicht erst einstellen konnte.

Die eigene Erfahrung, die Beobachtungen in der unmittelbaren Umgebung und die gesteigerte gesellschaftliche Aufmerksamkeit, mit der Veränderungen privater Lebensformen verfolgt und diskutiert werden, haben mich dazu gebracht, einmal aufzuarbeiten, was das für Partnerschaften sind, diese Beziehungen auf Distanz. Und warum sie so heftige und entschiedene Reaktionen hervorrufen.

Sind sie lediglich eine neue Variante im sich schnell drehenden Karussell der Beziehungsmoden – oder eine ernstzunehmende Lebensweise, deren Strukturen dazu beitragen, «Umgangsformen und Regelungen zu finden, um zwei selbstentworfene Biographien wieder zusammenbringen zu können?» (Beck 1990, S. 104).

Vorgegangen bin ich auf eine Art, die immer dann angebracht erscheint, wenn es keine empirischen Daten und keine Untersuchungen über das Phänomen gibt, das einen interessiert. Ich habe fünfundzwanzig Interviews mit Frauen und Männern gemacht, die in einer Distanz-Beziehung leben oder lebten. Aus diesen Interviewpartnern habe ich zunächst zwölf Personen ausgewählt, deren Erfahrungen mir so signifikant scheinen, daß ich sie in kurzen Porträts vorstellen will. Außerdem werden dadurch unterschiedliche Varianten von Distanz-Beziehungen und einige ihrer Strukturelemente sichtbar. In einem zweiten Schritt habe ich dann – auf der Grundlage aller fünfundzwanzig Interviews – herausgearbeitet, wie der ganz normale Alltag von Distanz-Beziehungen funktioniert, welche Probleme und Konflikte auftauchen, welche Vor- und Nachteile erkennbar sind. Schließlich habe ich mir die Frage gestellt, ob solche Partnerschaften für Frauen eine andere Bedeutung haben als für Männer, ob – und wenn ja, warum – sie in einer bestimmten Schicht und einer bestimmten Generation besonders beliebt sind. Und ob «Liebe auf Distanz» wirklich eine Alternative zu traditionellen Lebensformen darstellt oder als Anpassung an gesellschaftliche Notwendigkeiten verstanden werden muß. Zuerst aber wollte ich wissen, in welchem Verhältnis die spezifische Form der Distanz-

Beziehung zu anderen, heute aktuellen Formen von Partnerschaft steht und wie sie in die Entwicklung privater Lebensweisen einzuordnen ist.

Die Interviews habe ich sprachlich leicht bearbeitet, da eine direkte Wiedergabe des gesprochenen Worts schwer lesbar ist. Die Eigenart des jeweiligen Sprechers und der jeweiligen Sprecherin ist nach Möglichkeit erhalten geblieben.

Zu meiner eigenen Sprache. Das Beispiel des vorausgegangenen Satzes zeigt es in aller Deutlichkeit: Wendungen wie ‹des jeweiligen Sprechers und der jeweiligen Sprecherin›, die immer beide Geschlechter explizit benennen, sind einfach unbeholfen, langatmig. Andererseits ist mir der Geschlechtscharakter unserer Sprache bewußt. Nur: Alle bisher praktizierten Veränderungsvorschläge (die SprecherIn, der Sprecher und die Sprecherin, der/die andere etc.) sind nicht mehr als Ausrufezeichen, die auf das Problem verweisen, wirkliche Lösungen bieten diese Verfahren meiner Ansicht nach nicht. Ich habe mich entschlossen, noch einmal auf die männlichen Pluralformen zurückzugreifen, sie allerdings so oft es die Lesbarkeit erlaubt, durch Wendungen, die beide Geschlechter nennen, zu ersetzen.

MANCHMAL SINGLE, MANCHMAL PAAR?

«Der Abstand hielt die Neigung jahrelang. Ohne Überanstrengung und Überforderung.» Unabhängig davon, ob diese Sätze als programmatische Aussage oder als resignative Einsicht gelesen werden, beschreiben sie pointiert eine Möglichkeit, wie Liebesbeziehungen heute funktionieren können. Das Zitat stammt aus Irmtraud Morgners Roman «Leben und Abenteuer der Trobadora Beatriz» von 1974 (S. 234) und steht dort im Kontext eines utopischen Kleinentwurfs, der scheinbar beiläufig auch den Stellenwert klassischer Paarbeziehungen in glücklichen Frauenwelten kennzeichnet. «Unsere Distanz gab unserem Verhältnis eine spröde und mir angenehme Vertraulichkeit. Ich hatte kein Bedürfnis, mich nochmals einem Menschen völlig zu offenbaren, mich einem anderen auszuliefern. Mir gefiel es, die andere Haut zu streicheln, ohne den Wunsch zu haben, in sie hineinzukriechen. Vielleicht war meine Zurückhaltung lediglich eine Alterserscheinung. Aber das interessierte mich nicht» (S. 29). Auch diese Passage ist in einem literarischen Text zu finden. Christoph Hein legt in der Erzählung «Drachenblut» (1982) seiner Protagonistin eine Einstellung zu Partnerschaften in den Mund, die den emotionalen Rückzug zur notwendigen Voraussetzung einer Bindung erklärt.

Beiden Äußerungen ist ein unpathetischer Abstand vom traditionellen Liebesideal gemeinsam, das (in historisch verschiedenen Formen) auf der symbiotischen Verschmelzung zweier Liebender zu einer emotionalen und sozialen Einheit besteht. Beide skizzieren Möglichkeiten von «Liebe auf Distanz», die als Ausdruck einer veränderten Emotionalität bzw. eines veränderten Gefühlslebens oder, praktischer, als konkrete Umstrukturierung der alltäglichen Lebensführung verstanden werden können. Daß diese inneren und äußeren Veränderungen nicht konfliktfrei vonstatten gehen, daß sie nicht nur den privaten Lebensbereich einzelner betreffen, sondern Teil eines die gesamte Gesellschaft erfassenden Prozesses sind, veranschaulicht eine Bemerkung des Schriftstellers Adolph Muschg: «Die durch kein Ritual mehr gedeckte Partnerbeziehung von Mann und Frau ist natürlich eine der offensten Stellen am Körper der Industriegesellschaft – die Betroffenen können sie als Wunde wie als Chance erleben» (nach Dunde, S. 248). Vom Stand der Paarbeziehungen im allgemeinen und von Distanz-Beziehungen im besonderen, von Reaktionen auf das ungeklärte, offene Verhältnis der Geschlechter zueinander und von den Ursachen dieses Zustands soll im folgenden die Rede sein. Zunächst aber möchte ich das Phänomen skizzieren, um das es in diesem Buch geht – die Lebensform der «Liebe auf Distanz».

Liebe auf Distanz. Eine kleine Phänomenologie

Sonntagabend kurz vor acht auf einem ostfriesischen Bahnhof. Ein Zug Richtung Ruhrgebiet, Stuttgart, München steht auf Gleis sechs, ein zweiter, der über Hannover nach Süden fährt, läuft wenig später auf Gleis 2 ein. Vor dem Bahnhof herrscht ein ständiges Kommen und Gehen: Autos mit Kennzeichen aus der ganzen Region fahren vor, nach kurzem Halt steigen die Beifahrer aus, ein kurzes Winken, dann fahren die Autos wieder los. Auf dem Bahnsteig ist es eher ruhig. Die Beifahrer, meist Männer zwischen dreißig und fünfzig, rauchen noch eine Zigarette, manche begrüßen einander und reden ein bißchen. Dann nehmen sie ihre Reisetaschen und steigen einer nach dem anderen in den Zug.

Die Männer fahren schon Sonntagabend zur Arbeit, denn sie haben es weit – bis ins Ruhrgebiet, bis in den Stuttgarter Raum. 1985 waren es rund 5000, die im Wochenrhythmus zwischen ihrem Arbeitsplatz und ihrer ostfriesischen Heimat pendelten. Inzwischen sind es weniger geworden, wie viele, können im Augenblick weder Arbeitsamt noch Gewerkschaft sagen. In einer Region mit überdurchschnittlich hoher Arbeitslosigkeit finden diese Männer keinen Job – und ein Umzug kommt für die meisten nicht in Frage. Sie haben eine starke Bindung an die Heimat, fühlen sich in anderen Regionen nicht angenommen, wollen außerdem nicht noch einmal von vorne anfangen. Zu Hause haben sie ein festes soziales Gefüge, manchmal auch ein Haus und einen Garten. Dann lieber zweimal in der Woche viele Stunden auf dem Zug oder im Auto, dann lieber vier Abende in der Woche ohne Familie in einer provisorischen Unterkunft.

Szenenwechsel zum Werbespot. Ein großes Bett mit schwarzer Bettwäsche. Darin eine junge Frau, die gerade schlaftrunken neben sich greift und feststellen muß, daß dort niemand mehr liegt. Sie steht auf, schlendert durch die riesige Atelierwohnung, liest den Zettel auf dem Küchentisch: «Frühstück 10.30 Uhr bei mir». Das Telefon klingelt – am Apparat ist der Mann, der den Zettel geschrieben hat. Er wünscht guten Morgen und wiederholt seine Einladung zum Frühstück... das – so suggeriert der Spot – besonders genußreich zu werden verspricht, da er die Margarine aus ihrem Kühlschrank bereits mitgenommen hat! Kein Zweifel: Da haben wir es mit einem jungen, gutsituierten Paar zu tun, das zwar die Nächte und manchmal das Frühstück miteinander teilt, sich ansonsten aber getrennte Wohnungen und getrennte Haushalte leistet.

Zwei Beispiele von «Liebe auf Distanz» – zwei Extreme freilich, zusätzlich verzerrt durch den Werbeeffekt des einen, der aber wie jede gute Reklame auf Trends und Stimmungen zurückgreift. Das eine Beispiel beschreibt eine erzwungene Lebenssituation: Frau und Kinder bleiben am Heimatort, der Mann ist wegen seines Arbeitsplatzes die meiste Zeit in der Ferne. Das andere: Ein Paar, das in zwei Wohnungen lebt, die aber so nah beieinanderliegen, daß ein Zusammensein jederzeit ohne Mühe organisiert werden kann. Im Spektrum dieser Extreme werden sich die folgenden Überlegungen bewegen. Es geht um (verheiratete und nicht verheiratete) Paare in unserer Gesellschaft, die in einer festen Partnerschaft leben, aber aus unterschiedlichen Gründen keinen gemeinsamen Alltag haben. Soziologisch ausgedrückt: keine alltägliche Wohn- und Wirtschaftsgemeinschaft praktizieren.

Die beiden Beispiele dokumentieren eine für das Verständnis des Phänomens wichtige Unterscheidung: Auf der einen Seite gibt es Paare, die unfreiwillig diese Lebensform eingehen, auf der anderen solche, die sich bewußt dafür entscheiden. Natürlich existieren auch Zwischen- und Übergangsformen: Aus einer anfangs unfreiwillig gelebten Distanz entwickelt sich die Einsicht, daß diese Lebensweise große Vorteile bietet, und das Paar entschließt sich, die Distanz beizubehalten. Oder umgekehrt: Ein bewußt gewähltes Leben in zwei Wohnungen mündet in der Erfahrung, daß ein Zusammenwohnen den Bedürfnissen doch eher entspricht.

Bei den ‹Unfreiwilligen› ist es in der Regel die Berufsarbeit, die einen gemeinsamen Alltag nicht zuläßt. Zu ihnen gehören Menschen mit einem fahrenden Beruf, der sie zwingt, ständig unterwegs zu sein, zum Beispiel Fernfahrer, Seeleute, Piloten, Stewardessen, Handelsvertreter, Montagearbeiter. Zuzuordnen sind hier auch alle Pendler, die einen Arbeitsplatz haben, der zu weit entfernt liegt, um jeden Tag nach Hause zurückzukehren.

Der Beruf ist auch bei Karriere-Paaren der Grund für die distanzierte Lebensweise, auch bei ihnen richtet sich die Wohnsitzwahl nach dem Job und nicht nach dem Partner. Aber hier verwischen die Unterschiede zwischen gewollter und ungewollter Distanz. Bei diesen Paaren haben wir es trotz beruflicher Prioritäten eher mit einer Entscheidung für einen getrennten Alltag zu tun als mit einer Reaktion auf Notwendigkeiten.

Menschen, die eine distanzierte Lebensweise ganz bewußt

und ohne äußere Zwänge wählen, tun dies auf der Basis persönlicher Erfahrungen, subjektiver Bedürfnisse, individueller Lebensvorstellungen. Zu ihnen gehören zum Beispiel junge Leute, die noch nicht mit ihrem Partner oder ihrer Partnerin zusammenwohnen, weil sie herausfinden wollen, wie sie allein zurechtkommen, und alte Menschen, die nicht mehr bereit sind, sich tagtäglich auf einen anderen einzustellen. Dann gibt es die ‹Experimentierfreudigen›, die sich von traditionellen Lebensweisen abwenden und nun nach Formen suchen, in denen sie ihre eigenen Vorstellungen realisieren können. Und schließlich müssen auch die Menschen einbezogen werden, die immer wieder erfahren haben, daß Bindungen ihnen zu eng, zu nah werden und daher zerbrechen – und aus dieser Erfahrung heraus auf Distanz in einer Partnerschaft bestehen.

Kann man diese verschiedenen Menschen überhaupt unter einen Hut bringen? Ist das augenfällige Kennzeichen des fehlenden gemeinsamen Alltags tragfähig genug, um sie zu einer Gruppe zusammenzufassen – einer Gruppe, die mit ihrer Beziehungsform von der geltenden Norm abweicht und heute zusehends an Attraktivität gewinnt? Lassen sich hieraus neue Chancen für die heutigen Partnerschaften und ihre komplizierten Gefühlsbeziehungen ableiten?

Um es gleich vorweg zu sagen: Ich denke, daß das Kennzeichen ‹fehlender gemeinsamer Alltag› nicht nur ein Oberflächenphänomen benennt. Die gemeinsame Wohnung, die gemeinsame Wirtschaft, der gemeinsame Alltag sind im gängigen Verständnis von Partnerschaft und Familie wichtige Grundlagen. «Unserem kulturellen Verständnis nach», schreibt die Sozialpsychologin Herrad Schenk, «gehört zur Ehe die gemeinsame Lebensführung, das heißt also das grundsätzliche Zusammenleben von Frau und Mann» (Schenk, S. 20). Was heute, das sei ergänzt, nicht nur für die Ehe, sondern genauso für Nichteheliche Lebensgemeinschaften gilt. Eine so grundsätzliche Verknüpfung legitimiert aber auch den Umkehrschluß: Gerade weil Partnerschaft und gemeinsamer Alltag als zusammengehörend begriffen werden, liegt es nahe, die Paare, die den freiwilligen oder unfreiwilligen Verzicht auf ständiges Zusammenleben praktizieren, als eine Gruppe zu betrachten. Eine Gruppe, die bei aller Heterogenität durch ein grundlegendes gemeinsames Merkmal gekennzeichnet ist, aus dem sich eine Vielzahl weiterer Gemeinsamkeiten (Verhaltensweisen, Probleme, Konfliktkonstellationen etc.) ergibt.

Die Unterschiede in Lebensweise und Einstellung, die bei den verschiedenen Paaren existieren, dürfen dabei nicht verwischt werden. Sie sind nicht weniger wichtig als die Gemeinsamkeiten. So lassen sich aus einem Vergleich der verschiedenen Varianten etwa Entwicklungslinien ableiten, die von der traditionellen Familienform über Zwischenstufen bis zur völligen Auflösung aller tradierten Momente reichen. Zudem macht der Vergleich deutlich, welche Bedeutung etwa der Zwang bzw. die bewußte Entscheidung für die Gestaltung einer «Liebe auf Distanz» hat.

Was bisher fehlt, ist eine treffende und praktikable Bezeichnung für all diese Paare: die vielen Varianten mögen daran schuld sein. Wochenendbeziehung, Fernbeziehung, Pendelbeziehung, Spagatfamilie – von diesen vier Begriffen trifft nur einer auf alle zu: Pendelbeziehung. Er weckt allerdings Assoziationen an die Berufs-Pendler, und die bilden in unserem Kontext lediglich eine Untergruppe. In der englischsprachigen Literatur – und nur dort gibt es bisher wissenschaftliche Untersuchungen zu einzelnen Aspekten des Phänomens – findet sich eine Fülle von Begriffen: Long Distance Relationship und Commuter-Couples entsprechen unseren Fern- und Pendelbeziehungen, klingen allerdings entschieden besser. Dual Career Couples, DINKs (Double Income, no Kids), Two Location Families beschreiben nur Teilaspekte. Married Singles ist durch den Rückgriff auf den Single-Begriff irreführend. ‹Living apart together› – dieser beschreibende Terminus, den die Niederländerin Cees J. Straver geprägt hat, ist der allgemeinste und präziseste, ins Deutsche allerdings kaum zu übersetzen: Beziehungen, in denen die Partner getrennt zusammenleben.

Das traditionelle Paar und seine Demontage

Die Mehrheit der Bundesdeutschen lebt zwar nach wie vor auf traditionelle Art – als verheiratetes Paar mit oder ohne Kinder. Ein Drittel der Bevölkerung hat allerdings Erfahrungen mit unterschiedlichen Haushalts- und Lebensformen gemacht: mit Nichtehelichen Lebensgemeinschaften, mit Wohngemeinschaften und Ein-Elternteil-Familien, mit dem Alleinleben und dem Single-Dasein.

Zu diesem Teil der Bevölkerung gehören im Grunde auch die Paare ohne alltägliche Wohn- und Wirtschaftsgemeinschaft – selbst wenn sie formal Paare oder Kleinfamilien mit Trauschein sind.

Machen wir uns noch einmal klar, welche Bestimmungsmomente zu einer traditionellen Ehe bzw. Familie gehören. Eine Ehe ist eine auf Zuneigung basierende Partnerschaft zwischen Mann und Frau, die rechtlich (und eventuell kirchlich) legitimiert ist und ein Versprechen auf lebenslängliche Dauer enthält. Aus dem Ehepaar wird eine Familie, wenn Kinder geboren werden. Ehepaare bzw. Familien leben unter einem Dach, in einem gemeinsamen Haushalt, der von der Frau geführt und vom Mann finanziert wird. Er verdient den Lebensunterhalt für die Familie mit außerhäuslicher Erwerbsarbeit und ist auf die Hausarbeit der Frau angewiesen. Die Organisation der Berufsarbeit setzt nämlich die Existenz einer Person voraus, die die privaten Reproduktionsarbeiten für den Berufsarbeiter erledigt (vgl. Beck-Gernsheim 1980).

Nur ein einziges Element dieses umfassenden Bildes ist in unserer Gesellschaft bisher unangetastet geblieben – das der Zuneigung. Alle anderen sind inzwischen in den Strudel von Kritik und Negation geraten. Lebenslängliche Dauer wird immer unerreichbarer (jede dritte Ehe endet inzwischen vor dem Scheidungsrichter), die juristische Legitimation einer Partnerschaft erscheint immer weniger notwendig (geschätzt werden zwischen 600 000 und 1,25 Millionen Nichteheliche Lebensgemeinschaften; die Heiratsquote liegt niedriger als 1975, auch wenn sie seit 1980 wieder ansteigt). Kinder gehören nicht mehr selbstverständlich zum Leben eines Paares dazu (zwischen fünf und acht Prozent gewollt kinderlose Ehepaare), immer häufiger werden sie außerhalb einer Partnerschaft geboren bzw. erzogen (1985 sind 12,8 Prozent aller Familien mit Kindern unter achtzehn Jahren sogenannte Ein-Elternteil-Familien.) Auch die traditionelle Arbeitsteilung zwischen den Geschlechtern löst sich zumindest in einer Hinsicht auf: Immer mehr Frauen sind berufstätig und damit tendenziell vom Mann ökonomisch unabhängig (1987 waren es 10,1 Millionen, das sind knapp die Hälfte der Frauen im erwerbsfähigen Alter). Bezogen auf die Hausarbeit existiert die alte Arbeitsteilung bei den meisten Paaren aber weiter, 92 Prozent der Männer, die mit einer Partnerin zusammenleben, beteiligen sich kaum daran. Zwar wird dieser Zustand selbst für Männer immer fragwürdiger, am tatsächlichen Verhalten hat das bisher wenig geändert. Und schließlich ein letzter Punkt: Der gesellschaftliche Druck, daß erwachsene Personen unbedingt einen Partner haben müssen, nimmt immer mehr ab (die Zahl der Single-Haushalte beträgt 8,1 Prozent aller Haushalte).

In diesem Prozeß, in dem ein Element des traditionellen Partnerschafts- und Familienverständnisses nach dem anderen in die Diskussion gerät, in dem Partnerschaft und Familie eine Funktion nach der anderen verlieren, sind der gemeinsame Haushalt, die gemeinsame Wohnung bisher beinahe unangetastet geblieben. Finanzielle Gründe spielen dabei sicher eine Rolle, schließlich sind zwei Haushalte kostspieliger als einer, zwei Wohnungen teurer als eine gemeinsame. Ob man sich diese Lebensweise leisten kann, ist auch eine Frage des Familieneinkommens – und des Wohnungsmarktes, der heute schon eng ist und in Zukunft noch enger zu werden verspricht. Trotzdem sind Kosten und Markt meiner Meinung nach letztlich nicht ausschlaggebend.

Die Lebensdauer und die Überlebensfähigkeit der alltäglichen Wohn- und Wirtschaftsgemeinschaft verweist vielmehr auf die Bedeutung, die sie in unserem Verständnis von ‹Partnerschaft› besitzt: Neben Emotionalität und Sexualität ist sie eines ihrer Kernstücke. Sind zwei Menschen ein Paar, dann werden sie über kurz oder lang nicht nur miteinander schlafen und einen Teil ihrer freien Zeit zusammen verbringen, sondern auch zusammen leben und wirtschaften. So sieht jedenfalls der ‹normale› Lauf der Dinge aus. Weichen zwei Menschen davon ab, stellt sich die Frage, ob die beiden wirklich ein Paar sind.

Nicht verheiratet zu sein, keine Kinder zu haben, das verändert das Bild eines Paares, aber niemand zweifelt daran, daß nicht verheiratete oder kinderlose Paare eben – Paare sind. Sie sind vielleicht keine Familie, auf alle Fälle keine ‹richtige› Familie, aber Paare sind sie allemal.

Menschen, die eine «Liebe auf Distanz» leben, haben etwas Uneindeutiges an sich. Manchmal führen sie scheinbar das Leben eines Singles, manchmal das eines Paares. Ihr Status als Paar ist zu einer reinen Frage der Selbstdefinition geworden. Bei vielen Distanz-Beziehungen (nicht bei allen) gibt es keinen verbindenden äußeren Rahmen mehr, der durch eine Eheschließung, einen gemeinsamen Haushalt oder eine gemeinsame Wohnung geschaffen wird. Grundlage für das Selbstverständnis als Paar sind Gefühle, erotische Attraktion, gemeinsame Interessen.

Welche Bedeutung dem Zusammenleben für die Anerkennung des Paarstatus zukommt, zeigt zum Beispiel das Ehescheidungsgesetz. Bis heute gilt die gemeinsame Wohnung als wichtiges Kriterium für eine funktionierende Ehe – im Scheidungsverfahren gelten getrennte Wohnungen als Nachweis der Zerrüttung.

Die Distanz-Beziehungen demontieren also ein Grundelement

des herkömmlichen Partnerschaftsverständnisses. Betrachtet man die Beziehungen im Zusammenhang der oben beschriebenen Veränderungen, erscheint die Aufkündigung der gemeinsamen Herd- und Bettstatt als bisher radikalster Schritt im Prozeß der Abkehr von der traditionellen Lebensweise. Die Nichtehelichen Lebensgemeinschaften setzen die Institution der Ehe allmählich außer Kraft, die außerehelichen Kinder und die Ein-Elternteil-Familien durchbrechen das traditionelle Verständnis von Familie – und die Distanz-Beziehungen die herkömmliche Auffassung vom Paar. Nicht, indem sie die Paarbeziehung als solche negieren, wie das die Singles tun, sondern indem sie sie allein auf die Basis der Selbstdefinition stellen.

Der Soziologe Ulrich Beck bringt in seinem Buch «Risikogesellschaft» den aktuellen Zustand der privaten Lebensverhältnisse auf den Punkt: «Es ist nicht mehr klar, ob man heiratet, wann man heiratet, ob man zusammenlebt und nicht heiratet, heiratet und nicht zusammenlebt, ob man das Kind innerhalb oder außerhalb der Familie empfängt oder aufzieht, mit dem, mit dem man zusammenlebt oder mit dem, den man liebt, der aber mit einer anderen zusammenlebt, vor oder nach der Karriere oder mittendrin» (Beck 1986, S. 163/164).

Die tendenzielle Auflösung fester Konventionen und Rollen bedeutet für den einzelnen Menschen, daß Verhaltensweisen immer weniger vorgegeben sind. Jeder und jede muß selbst entscheiden, wie er oder sie leben will. Selbst ein Leben in traditionellen Mustern verliert immer mehr seine Selbstverständlichkeit, bedarf zunehmend einer bewußten Entscheidung, verlangt nach Erklärung und Rechtfertigung. So annonciert ein Paar seine Eheschließung in der Tageszeitung TAZ folgendermaßen:

> **sich** trauen
> sich **trauen**
> sich trauen **lassen**!
> Wir haben geheiratet…

Die Offenheit der Situation setzt unterschiedliche, oft ambivalente Reaktionen in Gang. Auf der einen Seite entstehen Freiheitsgefühle und Experimentierfreude, auf der anderen aber auch tiefe Verunsicherung, Orientierungslosigkeit und Angst.

Zwischen Abwehr und Bestätigung – Reaktionen der Umwelt

Entscheidungs- und Rechtfertigungszwänge, Verunsicherungen und Ängste machen vielleicht verständlicher, warum Lebensformen, die von der tradierten Norm abweichen, heftige Reaktionen bei ihren Beobachtern hervorrufen. Auch Paare, die ‹apart together› leben, bekommen dies zu spüren. Einer neutralen, toleranten und vor allem differenzierten Haltung begegnen sie selten. Entweder erfahren sie begeisterte Zustimmung oder stoßen (was häufiger der Fall ist) auf Unverständnis, Mitleid, Vorwürfe, Drohungen.

‹Wie die beiden das aushalten› und ‹die Ärmsten, sie sehen sich nur alle vierzehn Tage› – solche Kommentare basieren auf einem ungebrochen-traditionellen Verständnis von Partnerschaft. Abweichungen von dieser Norm sind nicht anders als unbefriedigend, als unglücklich vorstellbar, etwa nach dem Motto: Wenn man sich nicht jeden Tag sehen kann, muß man sich doch unglücklich fühlen. Manchmal treffen sich auch Unverständnis, Mitleid und eine düstere Beschwörung des Scheiterns: ‹Das kann nicht gutgehen…›

Direkt ausgesprochene Vorwürfe gegenüber Distanz-Beziehungen sind erstaunlich stereotyp und gleichen aufs Haar denjenigen, mit denen alle Lebensformen bedacht werden oder wurden, die vom traditionellen Modell abweichen (bewußte Kinderlosigkeit, Ehelosigkeit etc.). An erster Stelle steht der Egoismus-Vorwurf: Die Betreffenden dächten nur an sich, sie pickten sich nur die Rosinen aus dem Kuchen, wollten nur die angenehmen Seiten des Lebens genießen, nähmen keine Rücksicht auf andere Interessen, vor allem nicht auf die der Gemeinschaft. Daß hier eine gute Position Neid auf die scheinbar leichtere, unbeschwertere Lebensweise mitschwingt, ist unübersehbar. Gleichzeitig wird aber die ‹abweichende› Lebensform als Projektionsfläche benutzt, um sich in ihr zu spiegeln und die eigene Unsicherheit und Unzufriedenheit in eine (angebliche) Entsagung umzudeuten, die auf die Erfüllung egoistischer Wünsche im Interesse der Gemeinschaft verzichtet.

Ungleich massiver arbeiten Vorwürfe, die eine mangelnde Bindungsbereitschaft und Bindungsfähigkeit unterstellen. ‹Die können eine nähere Beziehung gar nicht vertragen›, lautet eine der harmloseren Formulierungen, die diesen Tatbestand nicht etwa nur beschreibt, sondern vom Ideal der symbiotischen Beziehung ausgehend jede Distanz negativ wertet. Das Verdikt ‹bindungsunfähig› konstatiert ein angebliches Defizit, ein Versagen des einzelnen. Eine Begründung braucht ein solches Urteil nicht – der Verweis auf Unverbindlichkeit und mangelnde Stabilität heutiger Beziehungen reicht scheinbar aus. Und eine Bestimmung dessen, was mit Bindung genau gemeint ist und worin die angebliche Unfähigkeit besteht (im Scheitern, in der Trennung?), wird dadurch überflüssig.

Auch bei Menschen, die sich beruflich mit dem Zustand zwischenmenschlicher Beziehungen befassen, Politikern oder Wissenschaftlern zum Beispiel, fallen Reaktionen nicht unbedingt weniger heftig und massiv aus.

«...Andererseits dürfen wir aber nicht übersehen, daß sich in unserer Gesellschaft auf dem Weg in die Moderne teilweise bedenkliche Entwicklungen vollziehen: Egoistisches Anspruchsdenken, bequeme Bindungslosigkeit, verkümmernder Gemeinsinn, Sozialneid und Naturentfremdung drohen sich auszubreiten und verstärken die Gefahr emotionaler Versteppung und sozialer Distanzierung. Dies alles, aber auch Veränderungen in der Einstellung gegenüber traditionellen Werten und Normen sowie übersteigerte Konsumlust, nervöse Ungeduld, der Wunsch nach schneller Befriedigung von Bedürfnissen, die betäubende Macht von Medien und ein oberflächlicher Freizeitgenuß haben teilweise tiefe individuelle Sinnkrisen hervorgebracht – besonders auch bei jungen Menschen...»

Ohne daß hier direkt von Partnerschaften die Rede ist, sind sie in diesem Text, der übrigens vom ehemaligen CDU-Kultusminister des Landes Niedersachsen, Horst Horrmann, 1990 als Neujahrsbotschaft an seine Untergebenen verschickt wurde, natürlich mitgemeint. Darauf verweisen Begriffe wie «bequeme Bindungslosigkeit», «emotionale Versteppung» und «soziale Distanzierung». Vor allem in der Sprache wird deutlich, daß hier nicht nur ein gesellschaftlicher Ist-Zustand diagnostiziert wird. Der Text zeichnet vielmehr ein Horror-Szenario aus negativen und vorbelasteten Bildern (egoistisch, bequem, verkümmernd, Neid, Entfremdung, Versteppung, nervös, oberflächlich etc.), interpretiert Einstellungen und Verhaltensweisen als individuelle menschliche Defizite und moralisches Versagen und prangert sie an.

Bei konservativen Politikern und Wissenschaftlern hat diese warnende und anklagende Reaktion auf Veränderungen der privaten Lebensverhältnisse übrigens Tradition. Schon seit Ende des letzten Jahrhunderts wird der Untergang der Familie beklagt, werden (angebliche) Verantwortlichkeiten auch ungehemmt beim Namen genannt. «Emancipierung der Frauen» und «Communismus» waren in den Augen des Familiensoziologen Wilhelm Heinrich Riehl die Ursachen für den drohenden Untergang der Familie (vgl. Schenk, S. 99). Eine solche Schuldzuweisung ist heute immer weniger möglich, obwohl sie – gerade was die Frauen angeht – manchmal doch bemüht wird.

Unter Wissenschaftlern dominiert heute eine eher deskriptive Haltung, wenn es um die Veränderungen der privaten Lebensweisen geht – aber auch dahinter verbergen sich Wertungen. Der

Psychoanalytiker Michael L. Moeller spricht von einer Krise der Paarbeziehungen, von einer Krise der zwischenmenschlichen Beziehungen überhaupt (Psychologie heute 7/89). Der Begriff der Krise betont das Moment einer Störung stärker als das einer Entwicklung – und legt den Gedanken an Krankheit und Therapie nahe. Soziologen wie Ulrich Beck und Dagmar Meyer akzentuieren stärker den Gedanken einer Entwicklung. «Dynamisierung der Lebensweisen» (Meyer) oder «Entkoppelung und Ausdifferenzierung der einzelnen Verhaltensweisen» (Beck) beschreiben Tempo und Richtung dieser Entwicklung und setzen unausgesprochen einen positiv wertenden Akzent.

Stimmen, die die aktuelle Situation als Chance beurteilen, sind eher selten – sie kommen vor allem von Frauenseite. Die Sozialpsychologin Herrad Schenk sieht in der Zunahme ‹alternativer› Lebensformen, vor allem in der Zunahme der Nichtehelichen Lebensgemeinschaften (mit denen sie sich vor allem befaßt) keine Zerstörung der tradierten Ideale. Im Gegenteil: Die aktuelle Entwicklung ist ihrer Meinung nach eine historisch konsequente Weiterentwicklung und letztlich sogar eine Verwirklichung dieser Ideale. Die Gefühlsbeziehung, die seit Beginn der bürgerlichen Gesellschaft das Zentrum des Partnerschaftsideals bildet, könne erst heute so gelebt werden, wie das Ideal es verlange. Alle äußeren Einschränkungen – durch Gesetze, Moral und Normen, ökonomische Zwänge und Abhängigkeiten – verschwänden nach und nach, so daß letztlich nur noch die Gefühle Art und Dauer einer Beziehung bestimmten.

Für die Heftigkeit der Reaktionen und das Ausmaß der Verunsicherung gibt es aber noch eine andere Erklärung – das enorme Tempo, mit dem sich in den letzten beiden Jahrzehnten Veränderungen der privaten Lebensweisen vollziehen. Bei Scheidungen und Eheschließungen, Nichtehelichen Lebensgemeinschaften und außerehelichen Geburten verzeichnen die Statistiken gerade für die letzten zwanzig Jahre gewaltige Verschiebungen. Sie besagen vor allem eines: In diesem Zeitraum hat in der Bundesrepublik eine radikale Umwälzung der privaten Lebensverhältnisse stattgefunden, die inzwischen auch eine der letzten ‹Grundfesten›, die alltägliche Wohn- und Wirtschaftsgemeinschaft, erreicht hat.

Moderne Individualisten. Zur Tradition eines Trends

Die Ursachen für diese Veränderungen sind aber nur zum Teil in gesellschaftlichen Prozessen der letzten zwanzig Jahre zu suchen. Das Phänomen der Individualisierung, der starken Akzentuierung des einzelnen und seiner spezifischen Besonderheit, das sich heute in der veränderten sozialen Lebensführung artikuliert, durchzieht bereits die ganze Geschichte der bürgerlichen Gesellschaft. Entwicklung und Entfaltung der Persönlichkeit ist seit dem 18. Jahrhundert in Deutschland ein immer wieder formuliertes Ideal. Sein Ursprung liegt in der Kritik der feudalen Ständegesellschaft, die den Wert des einzelnen qua Geburt bestimmt und nicht nach dem, was er ‹wirklich› ist.

In letzter Konsequenz impliziert dieses Ideal aber nicht nur eine Auflehnung gegen die Standesschranken der feudalen, sondern auch gegen die Institutionen und Normen der neuen bürgerlichen Gesellschaft – zum Beispiel gegen die Familie, ihre Rollen, ihre Regeln, ihre Bindungen. Das Ideal ‹Persönlichkeit› wirkt wie ein Motor, es setzt einen Veränderungsprozeß in Gang, der sich über verschiedene historische Etappen bis zur aktuellen Lage der Paarbeziehungen verfolgen läßt. Wichtig für unseren Kontext sind die Beschleunigung, die dieser Prozeß seit den sechziger Jahren erfährt, und ihre Ursachen – zum Beispiel die neue Frauenbewegung. Sie setzt noch einmal an den alten Vorstellungen der Persönlichkeitsentwicklung und Selbstverwirklichung an und fordert sie auch für die Frauen ein. Die Voraussetzungen dazu sind günstig: In diesen Jahren steigt das Bildungs- und Ausbildungsniveau beim weiblichen Teil der Bevölkerung enorm an, und Berufstätigkeit wird für Frauen immer selbstverständlicher. Mit Bildung und ökonomischer Selbständigkeit haben sie eine reale Chance, einengende Rollen und Normen zu sprengen und herauszufinden, was sie selbst wollen. Nicht zufällig sind es heute mehrheitlich Frauen, die Scheidungen einreichen, in Ein-Personen-Haushalten leben, ein Kind allein großziehen.

Individualisierung fand und findet aber nicht nur auf der Ebene der Wertvorstellungen statt. Individualisierung war und ist auch ein wirtschaftliches Erfordernis. Die industrielle Großproduktion braucht ungebundene, bewegliche und flexible Arbeitskräfte – das ist schon im 18. Jahrhundert so (Ende der Leibeigenschaft, die Menschen an einen Ort und einen Feudalherrn band) und gilt heute mehr denn je. Technische Entwicklung, Rationalisierung, Verlagerung von Produktionsstätten und nicht zuletzt die Arbeitslosigkeit verlangen vom einzelnen die Bereitschaft, umzudenken, umzulernen, sich auf Neues einzulassen – in der Arbeit und auch in den privaten Lebensbedingungen. Wie weit diese Anforderungen heute bereits verinnerlicht sind, zeigt zum Beispiel die hohe Wertschätzung von Mobilität.

Der Soziologe Ulrich Beck malt die Situation bis zur letzten Konsequenz aus: «In dem zu Ende gedachten Marktmodell der Moderne wird die familien- und ehelose Gesellschaft unterstellt. Jeder muß selbständig, frei für die Erfordernisse des Marktes sein, um seine ökonomische Existenz zu sichern. Das Marktsubjekt ist in letzter Konsequenz das alleinstehende, nicht partnerschafts-, ehe- oder familien‹behinderte› Individuum. Entsprechend ist die durchgesetzte Marktgesellschaft auch eine kinderlose Gesellschaft – es sei denn, die Kinder wachsen bei mobilen, alleinerziehenden Vätern und Müttern auf» (Beck 1986, S. 191). Das Bild des «zu Ende gedachten Marktmodells» erschreckt in ganz anderer Weise als das Horrorszenario des CDU-Politikers Horrmann. Basiert es doch nicht auf angeblichen Fehlleistungen einzelner, sondern auf scheinbar unausweichlichen Marktgesetzen.

Dieser Zwang zur Individualisierung scheint den Wunsch danach merkwürdig zu verkehren. Menschen, die sich für andere Lebensformen als die traditionelle Ehe und Familie entscheiden, treffen solche Entscheidungen in der Regel nicht, um die Anforderungen des ‹Marktes› besser erfüllen zu können, sondern häufig gerade deshalb, weil sie sich Anforderungen entziehen wollen! Und nun sollen diese neuen Lebensformen den Anforderungen genau entgegenkommen? Es wird genauer zu fragen sein, ob nicht zum Beispiel Karriere-Paare sich bereitwillig den Anforderungen des ‹Marktes› unterwerfen…

Der seit gut zweihundert Jahren wirkende Individualisierungsprozeß bedingt die aktuellen Veränderungen privater Lebensweisen maßgeblich. Daneben lassen sich auch ‹kurzfristige› Ursachen ausmachen, die vor allem für das Entwicklungstempo in den letzten beiden Jahrzehnten verantwortlich sind. Von der Frauenbewegung war bereits die Rede. Ein anderer Impuls ging von den Diskussionsprozessen aus, die mit der Studentenbewegung Ende der sechziger Jahre begannen und in den verschiedenen Alternativbewegungen fortgesetzt wurden und werden. Sie entzündeten sich an der traditionellen, bürgerlich-autoritären Familie – einer Familie, die die meisten am eigenen Leibe erfahren hatten. Und es blieb nicht nur bei Diskussionen; in Wohngemeinschaften und Kommunen bestand der Anspruch, die Besitzansprüche auf den Partner und die Partnerin aufzugeben und die Fixierung aufeinander zu lösen, die das Paar von anderen sozialen Beziehungen isoliert. Auch die sexuelle Repression der bürgerlichen Familie sollte aufgehoben werden – man verkündete die sexuelle Revolution und mit ihr das Ende der Lustfeindlichkeit, der sexuellen Tabus und Verklemmtheiten. Natürlich waren diese Ansprüche auf eine derart voluntaristische Weise nicht einzulösen. Trotz aller Verzerrungen, die wir heute in diesen Diskussionen entdecken, unter anderem die patriarchale Interpretation der angeblich so freien Sexualität, erreichte man aber zweierlei: Sprachlosigkeit und Tabus wurden aufgebrochen, es entstand eine Bereitschaft, andere Verhaltens- und Lebensweisen auszuprobieren. Irgendwann waren es nicht mehr nur Studenten, die nicht heirateten, sondern einfach so zusammenlebten, die es nicht mehr unmoralisch fanden, Partner oder Partnerin häufiger zu wechseln, ein Kind zu bekommen und immer noch nicht aufs Standesamt zu gehen… Heute, nach gut zwanzig Jahren, gelten solche Entscheidungen unter jungen Leuten als ‹normal›. Und auch für Ältere wird es immer unproblematischer, zusammenzuleben, ohne ihre Bindung rechtlich zu legitimieren.

Gewiß bringen und brachten diese Diskussionen und die Lust am Experiment auch ‹exotische› Blüten hervor – Lebensformen, bei denen der Ort, an dem Beziehungen stattfinden, eine Zeitlang wichtiger schien als ‹innere› Veränderungsmomente. Zuerst war ein Auszug aus den Städten hinaus aufs Land, in Landkommunen zu beobachten, dann folgte die Aussteiger- und Auswanderungswelle in Richtung Süden. Ein paar Jahre später schlug der Trend wieder um. Die Rückkehr in die Städte setzte ein, steigerte sich schnell zur Kultivierung einer neuen Urbanität. Kleidung, Ernährung, Wohnung wurden zu Kultbereichen hochstilisiert, Geld, Karriere und Konsum stiegen in der Rangskala der Werte. Damit war das Ende der antiautoritären Verweigerung besiegelt – eine Rückkehr in das alte Partnerschafts- und Familienmodell fand allerdings nicht statt. Double Income, no Kids – so lautet zum Beispiel die Devise junger, karriereorientierter Paare, die wegen des Jobs auf Kinder verzichten. Diese Lebensweise, unter dem Kürzel DINKs aus den USA zu uns herübergekommen, hat sich zwar in der Bundesrepublik nicht in dem Maße durchgesetzt wie in den USA, ihre Ausstrahlungskraft ist aber auch hier zu spüren. So manche Distanz-Beziehung scheint jedenfalls davon beeinflußt.

So neu und aufregend Diskussionen über Lebensweisen und Experimente auch scheinen, vieles davon ist schon einmal gelebt und durchdacht worden. Ein kulturhistorischer Überblick würde, selbst wenn er sich auf das ‹living apart together› beschränkte, an dieser Stelle zu weit gehen. Müßte er doch von vielen Völkern berichten – zum Beispiel von den Ewe in Ghana, den Minangkabau auf Sumatra, den Aymara in Peru –, bei denen das Zusammenleben von Paaren keineswegs selbstverständlich war oder ist. «Dislokale Ehen», wie die Ethnologie diese Partnerschaften nennt, existierten und existieren in ganz unterschiedlichen Varianten: Männer und Frauen wohnen zum Beispiel auch nach der Eheschließung weiter mit ihrer jeweiligen Herkunftsfamilie zusammen, oder die Männer leben in Männerhäusern. Bei einigen Völkern ist die Dislokalität auf eine gewisse Zeit beschränkt, auf den Beginn der Ehe oder die Zeit der Geburt eines Kindes, bei anderen ist sie ein durchgehendes, dauerhaftes Element.

Solche Lebensformen wurzeln zum Teil in tradierten Familienstrukturen, die sich über die Mutter und nicht über den Vater definieren (Matrilinearität und -lokalität), sind zum Teil aber auch gegenwärtigen Notwendigkeiten geschuldet. Der Mangel an Arbeit, mit der Geld verdient werden kann, macht zum Beispiel viele afrikanische Männer zu Wanderarbeitern, und auch die Rassenpolitik Südafrikas zwingt schwarze Familien zu einer getrennten Lebensweise. Während Frauen und Kinder in den Homelands leben müssen, wohnen die Männer in Massenunterkünften am Rand der weißen Städte.

Ein kulturhistorischer Überblick müßte auch viele Personen unseres Kulturkreises erwähnen, zum Beispiel die Schriftstellerinnen Bettina von Arnim (1785–1859) und George Sand (1804–1876). Bettina von Arnim fühlte sich auf dem ländlichen Gut ihres Mannes nicht wohl und zog es vor, mit den Kindern viele Monate im Jahr in Berlin zu leben, während Achim von Arnim in Wiepersdorf blieb. Vierzehn Jahre der zwanzigjährigen Ehe lebte das Paar an zwei verschiedenen Orten, weil sich ihre divergierenden Lebensvorstellungen nicht an einem realisieren ließen. George Sand trennte sich nach neunjähriger Ehe von ihrem Mann und hatte dann verschiedene Liebesbeziehungen, unter anderem war sie auch zehn Jahre mit Frédéric Chopin zusammen. In Paris lebten die beiden in getrennten Wohnungen, die Sommermonate aber verbrachten sie gemeinsam auf dem Landgut Nohant, das George Sand gehörte.

Auf zwei Beispiele aus unserem Jahrhundert möchte ich genauer eingehen, weil sie auch für die aktuelle Diskussion Bedeutung besitzen. In der jungen Sowjetunion wurde viel über Veränderungen der privaten Lebensweise diskutiert und mit neuen Formen experimentiert. Eine, die sich auf diesem Gebiet besonders engagierte, war Alexandra Kollontai. Sie lebte selbst – nachdem sie aus einem traditionellen Frauenleben ausgebrochen war – wechselnde Beziehungen und wohnte in der Regel nicht mit dem jeweiligen Partner zusammen. Wichtiger als das individuelle Experiment waren Kollontai die Entwürfe vom künftigen Zusammenleben der Menschen, die sie in Aufsätzen und Erzählungen skizzierte.

Familie und die Ehe sollten sich auflösen, an die Stelle des privaten Haushalts Gemeinschaftseinrichtungen treten, öffentliche Kantinen, kollektive Wohnformen. Die Beziehungen zwischen Frauen und Männern sollten ausschließlich auf «gegenseitiger Sympathie» (Kollontai, S. 219) basieren: «Die Gemeinsamkeit besteht nicht mehr im gemeinsamen Haushalt oder in den gemeinsamen Pflichten beider Eltern dem Kind gegenüber...» (Kollontai, S. 222). Ein «freies Liebesverhältnis» mündete daher auch nicht mehr notwendig im Zusammenleben des Paares. Zustimmend schreibt Alexandra Kollontai: «Heute... gibt es viele Paare, die einander sehr lieben, aber trotzdem nicht zusammenleben. Ziemlich oft geht ein solches Paar zur örtlichen Verwaltung und läßt sich entsprechend dem Dekret vom 18. Dezember 1917 als Ehepaar registrieren, obwohl beide Partner gar nicht zusammenleben. Die Frau wohnt vielleicht an einem Ende der Stadt und der Mann am anderen. Oder aber sie lebt in Moskau und er in Taschkent. Sie lassen ihre Ehe nur deshalb registrieren, weil sie sich gegenseitig zeigen wollen, daß sie es mit ihrer Beziehung ‹ernst meinen›. ...Andererseits sehen sie sich aber nur selten, denn beide arbeiten, und die Arbeit und die anderen gesellschaftlichen Pflichten haben gegenüber dem Privaten Vorrang» (Kollontai, S. 223). Die Phase der Experimente war in der Sowjetunion allerdings nur kurz und endete 1930 mit einer Neuaufwertung der traditionellen Familie.

Ein anderes, viel bemühtes Beispiel sind die beiden Kultfiguren der Studenten- und der Frauenbewegung, Jean-Paul Sartre und Simone de Beauvoir. Die beiden waren von 1929 bis zum Tod Sartres 1980 ein Paar, blieben aber bewußt unverheiratet, weil sie die «Einmischung der Gesellschaft» in ihre «Privatangelegenheiten» ablehnten (Beauvoir 1986, S. 307). Sie erhoben keinen sexuellen Ausschließlichkeitsanspruch auf den anderen und bekamen keine Kinder, weil sie ihr Leben dem Schreiben widmen wollten. Auch weigerten sie sich, in einer gemeinsamen Wohnung zu leben. Viele Jahre mieteten sie sich in Hotels ein, die nicht weit voneinander entfernt lagen, und verbrachten einen Großteil ihrer Zeit in Cafés, wo sie auch arbeiteten und aßen. Während des Krieges nahm Simone de Beauvoir sich allerdings ein Zimmer mit Küche und kochte für sich und Sartre, aber diese Arbeit war mehr ein Gebot der Stunde als der Wunsch nach einem gemeinsamen Hausstand. «Die Hausfrauenarbeit sagte mir wenig zu», schreibt Simone de Beauvoir in ihren Memoiren, «und um mich damit abzufinden, griff ich zu einem bewährten Mittel. Ich erhob die Nahrungssorgen in den Rang einer Manie, in der ich drei Jahre lang verharrte» (Beauvoir 1979, S. 430). In den fünfziger Jahren kauften sich beide eine eigene Wohnung. Erst als Sartres Augen immer schlechter wurden, verbrachte er die Nächte häufiger in der Wohnung von Simone de Beauvoir – zuvor hatten sie nur in den Ferien gemeinsam übernachtet.

Der beschriebene Individualisierungsprozeß besitzt nicht nur ökonomische, soziale und weltanschauliche Dimensionen, sondern auch seelische, psychische. Die Auflösung der vorgegebenen Lebensmuster macht es für den einzelnen notwendig, statt der alten Orientierungen eigene Vorstellungen zu entwickeln. Jeder muß sich auf sich selbst besinnen, auf seine Bedürfnisse, seine Wünsche, seine Fähigkeiten. Und in den Partnerschaften haben es die Menschen letztlich nur noch mit dem konkreten Gegenüber zu tun. Nicht mehr der gemeinsame Haushalt mit seinen Komponenten Versorgung gegen Fürsorge bildet die Basis einer Beziehung. Ausschlaggebend werden die gegenseitige Zuneigung, die erotische Attraktion, die gemeinsamen Interessen, die Fähigkeit, miteinander zu kommunizieren etc. Das Ideal der romantischen Liebe, die als «eine ganzheitliche, die ganze Person des oder der anderen meinende, sinnlich-sexuelle und seelisch-geistige Liebe» (Schenk, S. 232) zu verstehen ist, kann endlich ungehindert durch äußere Schranken realisiert werden. Auch dieses Ideal ist wie das der Persönlichkeitsentwicklung ein Produkt der bürgerlichen Gesellschaft, hat also eine rund zweihundertjährige Geschichte. Wenn aber alle wirtschaftlichen und versorgenden Funktionen von Partnerschaft tendenziell fortfallen, wenn Frauen und Männer nichts mehr außer ihrer Zuneigung verbindet, sie sich also ganz ‹unbehindert› aufeinander einlassen können, kommen sie sich näher als jemals zuvor. Aber diese Nähe macht auch Angst, Angst vor der Verschmelzung mit dem anderen, Angst vor dem Verlust der eigenen Identität. Eine Angst, die ihrerseits wieder den Wunsch nach Distanz erzeugt.

Die Möglichkeit und der Wunsch nach Nähe werden auch noch aus einer anderen Quelle gespeist als aus der des romantischen Liebesideals. Die Anforderungen der ‹Marktgesellschaft› wecken ebenfalls das Bedürfnis nach Nähe, nach Kommunikation, wie der Soziologe Ulrich Beck beobachtet. «Einerseits werden Männer und Frauen in der Suche nach einem ‹eigenen Leben› aus den traditionellen Formen und Rollenzuweisungen freigesetzt. Auf der anderen Seite werden die Menschen in die Zweisamkeit, in die Suche nach dem Partnerglück hineingetrieben. Das Bedürfnis nach geteilter Innerlichkeit, wie es im Ideal der Ehe und Zweisamkeit ausgesprochen wird, ist kein Urbedürfnis. Es wächst mit den Verlusten, die die Individualisierung als Kehrseite ihrer Möglichkeiten beschert» (Beck 1986, S. 175). Die Möglichkeit der

Nähe ist also gleichzeitig ein Gewinn und ein Ausdruck von Verlust.

Somit lassen sich zwei entgegengesetzte Bewegungen ausmachen: eine Bewegung der Distanzierung, der Auflösung von Bindungen, die ein verstärktes Bedürfnis nach Nähe in der Partnerschaft weckt, und eine Bewegung der unbeschränkten Annäherung, die ihrerseits wieder den Wunsch nach Distanz hervorruft. Ein ähnlich widersprüchliches Reaktionsmuster kann man auch im Umgang mit der Totalität beobachten, die das romantische Liebesideal impliziert. Romantische Liebe meint die ganze Person, nicht nur einzelne Seiten, einzelne Funktionen – und fordert von der geliebten Person auch alles. Verstärkt wird diese Forderung noch durch die Auflösung der traditionellen Bindungen an Eltern, Geschwister, Verwandte. Damit wird der Partner letztlich zum wichtigsten Menschen überhaupt, der idealiter alle Wünsche erfüllen soll. Die Einsicht, daß mit diesem Anspruch ein einzelner Mensch überfordert ist, daß mit diesem Anspruch eine Partnerschaft überfrachtet wird, setzt sich erst allmählich durch.

Aber auch ohne eine solche Einsicht erzeugt die Fülle der Ansprüche eine Gegenreaktion: den Wunsch, sich von den Bedürfnissen des anderen nicht auffressen zu lassen, den Wunsch nach Distanz – und manchmal sogar die generelle Abwehr solcher Bindungen.

Die Psychologie beobachtet die widersprüchliche Konstellation ausgeprägter Bedürfnisse nach Nähe *und* nach Distanz sehr genau. Der Analytiker Michael Lukas Moeller erklärt zum Beispiel das starke Bedürfnis nach Nähe, nach Verschmelzung und Einssein mit dem Fehlen des Vaters in der modernen Familie. «Miniatur-Matriarchate» (Moeller, S. 23) mit einem «Trabanten-Vater» (Moeller, S. 25) machten es dem Kind schwer, sich aus der symbiotischen Beziehung zur Mutter zu lösen – zumal die Mutter auch noch als ständig überlastete Person erlebt werde. Ein erwachsener Mensch mit diesem Erfahrungshinter-

grund bleibe immer auf der Suche nach einer solch symbiotischen Beziehung.

Aber «wirkliche Liebe akzentuiert das Anderssein» (Moeller,
S. 27), betont Moeller – und ist sich darin einig mit einer ganzen Reihe anderer Psychologen, die eine Abgrenzung der Partner voneinander für wichtig und notwendig halten. Erich
Fromm zum Beispiel nennt eine symbiotische Beziehung, die
nur die Nähe betont, «unreif» (Fromm, S. 29). Eine reife Liebe
charakterisiert er dagegen als «eine Vereinigung, bei der die eigene Integrität und Individualität bewahrt bleibt» (Fromm,
S. 31).

Der Psychiater und Psychotherapeut Jürg Willi spricht nicht
von einer «reifen Liebe», sondern von einer «gesunden Ehe»,
in der sich Mann und Frau einerseits als Paar fühlen, einander
Raum und Zeit einräumen, andererseits aber doch klar voneinander unterschieden bleiben und klare Grenzen zwischen sich
respektieren.

Auch Willi entwirft damit – ähnlich wie Moeller und Fromm –
ein Partnerschaftsideal, in dem Nähe *und* Distanz, Verbundenheit *und* Eigenständigkeit vorhanden sind und in einem ausgewogenen Verhältnis zueinander stehen. Die vermeintliche
Gegensätzlichkeit von Nähe und Distanz muß damit als unum-
gängliche Bewegung zwischen zwei Polen verstanden werden.
Individuelle Aufgabe eines jeden Paares ist es, die ihm eigene,
entsprechende Balance herzustellen.

Aber wie gesagt, hier wird ein Ideal beschrieben – in unserer
Gegenwart hat Jürg Willi beobachtet, daß es «eine der größten
Schwierigkeiten in Paarbeziehungen (ist), die Trennung in der
Liebe zu akzeptieren, den Partner in seiner Andersartigkeit zu
respektieren und sich nicht für ihn aufzugeben» (Willi, S. 17/
18). Das heißt nichts anderes, als daß der Aspekt der Nähe viel
stärker ausgeprägt ist als der der Distanz – was letztlich nicht
verwundert, da das romantische Liebesideal seit zweihundert
Jahren Denken und Fühlen prägt. Trotz der Schwierigkeiten im
Umgang mit der Distanz warnt Willi davor, Ungebundenheit

und individuelle Selbstverwirklichung zu einseitig und zu unnachgiebig zu praktizieren. Und mit Sorge konstatiert er, daß «mit Abgrenzungsprinzipien in großem Maße experimentiert» (Willi, S. 17) wird.

Die Idealvorstellung vom «reifen Paar», vom ausgewogenen Verhältnis zwischen Nähe und Distanz in allen Ehren. Angesichts der Probleme, die Paare heute mit dem Phänomen der Distanz haben, bleibt unverständlich, warum Frauen und Männer nicht darin bestärkt werden, den Umgang mit der «Trennung in der Liebe» zu erlernen, warum sie nicht dazu ermutigt werden, Distanz auszuprobieren, ja mit ihr zu experimentieren. Wie sollen sie sich neue Verhaltensweisen anders aneignen, wie sollen sie neue Verhaltensweisen entwickeln?

Statt dessen wird ein harmonisch-ausgeglichenes Partnerschaftsideal entworfen, zu dessen Realisierung – wenn die jeweiligen Beobachtungen stimmen – die Menschen kaum in der Lage sind.

Ich halte es für richtig, zum Experiment mit Distanz zu ermuntern. Das ‹living apart together›, das sich genau im Spannungsfeld von Nähe und Distanz bewegt, könnte eine Möglichkeit sein, den Umgang mit Distanz zu erlernen. Zwar ist sie in dieser Lebensweise auf den ersten Blick eine feste räumliche und zeitliche Größe und keine psychische, die Menschen müssen sie aber verinnerlichen, um mit ihr leben zu können. Zudem kann die äußerlich vorgegebene Distanz auch ein Hilfsmittel sein, um Distanzwünsche bewußt zu machen, rechtfertigen und leben zu können.

Lebendiges Liebesleben und die Hilflosigkeit der Statistiker

So offensichtlich es ist, daß «Liebe auf Distanz» als eine Art, Partnerschaft zu leben, ihren Ausnahmecharakter verliert, so schwer ist es, genaue Zahlen zu diesem sozialen Phänomen zu erhalten. Ich hatte zwar keine Schwierigkeiten damit, Männer und Frauen zu finden, die über entsprechende Erfahrungen verfügen und bereit waren, Auskunft zu geben, quantitativ faßbar sind Distanz-Beziehungen aber kaum. Die Statistiker sind immer noch am gängigen Familienmodell orientiert, daher sind in ihren Daten selten Hinweise auf Paare zu finden, die keinen gemeinsamen Alltag haben. So bleibt nur die Möglichkeit, punktuelle Informationen über die Verbreitung dieser Lebensweise zusammenzutragen.

Einen ersten Hinweis geben einzelne Berufsgruppen. Das *fliegende Personal* umfaßt in der Bundesrepublik laut Auskunft der größten deutschen Fluggesellschaft circa 15 000 Personen, die Zahl steigt zur Zeit rapide an. Rund 16 000 *Seeleute* hat die bundesdeutsche Berufsgenossenschaft registriert, und 50 000 *Fernfahrer* sind nach Angaben der zuständigen Gewerkschaft auf unseren Straßen unterwegs. Die Zahl der *Pendler* ist eine stark konjunkturabhängige Größe. In der ostfriesischen Region ging es zum Beispiel Mitte der achtziger Jahre um eine Größenordnung von vier- bis sechstausend Personen, das waren sieben bis acht Prozent der beitragspflichtig Beschäftigten. In anderen ‹strukturschwachen Gebieten›, wie die bisherigen Randregionen mit hoher Arbeitslosigkeit verharmlosend genannt werden, im Bayrischen Wald zum Beispiel, sieht es nicht anders aus. Astronomische Größenordnungen erreicht die Zahl der Pendler im Burgenland, einer ländlichen Region Österreichs. Hier sind insgesamt 70 Prozent der unselbständig Beschäftigten Pendler, von ihnen arbeiten 30 Prozent außerhalb des Burgenlandes (Fischer, S. 101).

Weitere, ebenfalls nur indirekte Hinweise geben Statistische Jahrbücher, erste Ergebnisse der Volkszählung und Erhebungen von Meinungsforschungsinstituten. Die Zahl der *Ein-Personen-Haushalte* nimmt in der Bundesrepublik seit Jahren ständig zu, 1950 waren es 18,5 Prozent, 1985 33,6 Prozent aller Haushalte und absolut 8,86 Millionen Personen. Mehr als die Hälfte von ihnen sind Frauen (64,9 Prozent). Altersspezifisch betrachtet, findet man Ein-Personen-Haushalte besonders bei Menschen unter 25 und über 65 Jahren (62,8 Prozent bei den unter 25jährigen, 56,2 Prozent bei den über 65jährigen). Frauen und Männer, die einen Ein-Personen-Haushalt führen, sind aber weder identisch mit Singles noch mit der hier zur Debatte stehenden Personengruppe. Auch Partner Nichtehelicher Lebensgemeinschaften und Wohngemeinschaften werden unter den Begriff Ein-Personen-Haushalt subsumiert, wenn sie nicht ausdrücklich angeben, in einer Wirtschaftsgemeinschaft zu leben. Die Soziologinnen Sibylle Meyer und Eva Schulze (1989) berechnen allein für die «tatsächlichen Singles» (die sie als Menschen ohne feste Partnerschaft zwischen 25 und 45 Jahren definieren) eine Zahl von 24,4 Prozent aller Ein-Personen-Haushalte (1985), das sind 8,1 Prozent aller Haushalte. Die restlichen 75,6 Prozent der Ein-Personen-Haushalte werden sich zum großen Teil auf Menschen unter 25 und über 65 Jahren verteilen, genaue Zahlen existieren noch nicht.

Eine andere, indirekte, Möglichkeit des Zugangs bieten die *Nichtehelichen Lebensgemeinschaften.* Ihre Zahl bewegte sich je nach Untersuchung im Jahr 1982 zwischen 600 000 und 1,25 Millionen, gemittelt sind das zwei Prozent aller Haushalte. 1987 waren es bereits sechs Prozent. Das Meinungsforschungsinstitut EMNID weist darauf hin, daß meist nur zusammenlebende Paare erfaßt werden, damit aber ein Drittel der Paare ausgeklammert bleibt, das sich als Nichteheliche Lebensgemeinschaft begreift, aber nicht zusammenlebt (vgl. Meyer/Schulze 1989). Damit wäre ein direkter Anhaltspunkt für die Größenordnung von Distanz-Beziehungen gegeben – hinzu kommen allerdings noch verheiratete Paare, die nicht zusammenleben.

Schließlich kann man die statistischen Größen *doppelte Haushaltsführung* und *zweiter Wohnsitz* zu Rate ziehen. 3,8 Prozent der Bevölkerung gaben bei der Volkszählung von 1987 an, daß sie einen zweiten Wohnsitz haben. Eine Gleichsetzung mit Distanz-Beziehungen ist allerdings nicht möglich, Menschen mit zwei Wohnsitzen müssen nicht unbedingt eine feste Partnerschaft führen.

Genau läßt sich also die Anzahl der Paare, die in einer Distanz-Beziehung leben, nicht beziffern, ich schätze auf der Basis des vorgestellten Zahlenmaterials die Größenordnung auf maximal fünf Prozent.

Die Auskunftswilligen

Für das Projekt «Liebe auf Distanz» habe ich fünfundzwanzig Personen interviewt, fünfzehn Frauen und zehn Männer. (Eine genaue Übersicht mit biographischen Daten befindet sich im Anhang.) Bei allen bin ich auf eine große Bereitschaft gestoßen, sich ausfragen zu lassen, obwohl die zwei, drei Stunden des Interviews häufig von der knappen Zeit abgingen, die das Paar zur gemeinsamen Verfügung hatte! Für einige war es offensichtlich eine willkommene Gelegenheit, einmal grundsätzlich über ihre Beziehung nachzudenken und sich die Frage zu stellen: Wo stehen wir jetzt? Nur ein Interview ist geplatzt – aus einem bezeichnenden Grund: Eine Frau fand einfach keine Zeit. Sie hatte gerade einen Job in einer anderen Stadt angenommen und war nun dabei, die nächste Wochenendbeziehung zu organisieren.

Mit einer Ausnahme sind alle Interviews Einzelinterviews, obwohl unter den fünfundzwanzig Personen fünf Paare sind. Mir war es wichtig, die Meinung jedes einzelnen zu erfahren, die Rücksichtnahme auf den Partner bzw. die Partnerin nicht durch die Gesprächssituation zusätzlich zu verstärken. In fünfzehn Fällen habe ich nur durch die Augen einer Person auf das Paar blicken können – meistens war es aus organisatorischen Gründen nicht möglich, mit beiden Partnern zu sprechen. Es ist allerdings auch nicht mein Ziel, den unterschiedlichen Blick zweier Menschen auf das gemeinsame Leben zu analysieren.

Bei der Auswahl meiner Interviewpartner war es mir wichtig, möglichst viele Varianten von Distanz-Beziehungen zu erfassen. Das Spektrum, das sich daraus ergibt, sei hier kurz skizziert. Unter meinen Interviewpartnern gibt es Paare, die

- unfreiwillig auf Distanz leben, und Paare, die sich bewußt für ein solches Leben entscheiden;
- diese Lebensform auch langfristig akzeptieren, und andere, die alles tun, um sie zu beenden;
- die fünf Minuten voneinander entfernt wohnen, und solche, zwischen denen zehntausend Kilometer liegen;
- die sich jedes Wochenende sehen, und Paare, bei denen es keine Regelmäßigkeit gibt;
- die bereits mehrfach Erfahrungen mit Distanz-Beziehungen gemacht haben, und andere, die sich nur einmal und nie wieder darauf einlassen wollen;
- die heute eine «Liebe auf Distanz» leben, und solche, deren ‹living apart together› beendet ist, weil sie zusammenwohnen oder sich getrennt haben;
- die sich nur ‹auf Distanz› kennen, und Paare, die auch zusammengelebt haben;
- die Kinder haben, und solche, die ihre Lebensweise für unvereinbar mit Elternschaft halten.

Was die Varianten und Einstellungen angeht, besteht also kein Mangel an Vielfalt. Auch hinsichtlich des ‹Familienstands› sind alle Möglichkeiten vertreten. Sechs Personen sind verheiratet, acht sind geschieden oder leben vom Ehepartner getrennt (wobei fünf mit dem Ehepartner nicht in einer Distanz-Beziehung lebten), elf sind unverheiratet.

Das ‹living apart together› dauert bei den meisten Paaren überraschend lang (die Zeit der gesamten Beziehung ist oft noch länger), insgesamt zwischen einem und zwanzig Jahren. Sechs Interviewpartner leben oder lebten zwischen einem und drei Jahren in einer solchen Beziehung, zehn zwischen dreieinhalb und fünf Jahren, sechs zwischen sechs und zehn Jahren. Die drei längsten Beziehungen dauerten bzw. dauern sechzehn, achtzehn und zwanzig Jahre.

Was das Alter und den Beruf angeht, ist es mir nicht gelungen, eine ähnliche Vielfalt wie in den bisher genannten Punkten zu organisieren. Die beiden ältesten Gesprächspartner sind siebenundvierzig Jahre alt, die jüngste ist vierundzwanzig, das Durchschnittsalter liegt bei achtunddreißig. Durch die Konzentration auf die Dreißig- bis Vierzigjährigen kommt eine wichtige Gruppe zu kurz: die alten Menschen, die noch einmal eine neue Partnerschaft eingehen, sich aber nicht mehr auf ein Zusammenleben einlassen. Es wird allerdings zu fragen sein, ob die beschriebene Altersstruktur zufällig ist oder ob die Beziehungsform den Bedürfnissen der mittleren Generation besonders entgegenkommt.

Eine ähnliche Frage stellt sich bei den Berufen und bei der sozialen Schicht. Von meinen fünfundzwanzig Gesprächspartnern haben achtzehn eine Hochschulbildung, zwei sind gerade dabei, eine solche Ausbildung abzuschließen. Unter den achtzehn sind Lehrer und Professoren, Sozialwissenschaftler, Historiker und Geologen, eine Ökonomin, eine Journalistin, ein Gymnastiklehrer, eine Chemikerin, ein Pastor, eine Computerfachfrau, eine Politikerin. Interessant ist neben der starken Repräsentanz sozialer Berufe die recht hohe Zahl derjenigen, die sich mit den sogenannten Zukunftstechnologien befassen – mit Computern, Umweltschutz, Gentechnologie. Die fünf Interviewpartner ohne Universitäts-Ausbildung arbeiten als Stewardeß, Krankengymnastin, Luftfahrt-Angestellte, Bohrinsel-Techniker und als Hausfrau.

Die Überrepräsentanz von hochqualifizierten Berufen und damit auch die Überrepräsentanz von Menschen mit tendenziell hohem Einkommen (wenn sie nicht gerade arbeitslos sind oder eine ABM-Stelle haben) wirft die Frage auf, ob bei der Auswahl meiner Interviewpartner wirklich der Zufall am Werk war. Für mich standen bei der Suche nach Interviewpartnern andere Kriterien im Vordergrund als Ausbildung und Beruf. Aus dem vorliegenden (sozialen) Ergebnis ergibt sich die Frage, welche Rolle Einkommen und Schichtzugehörigkeit bei der Lebensform «Distanz-Beziehung» spielen.

PAAR-PORTRÄTS

Fünfundzwanzig Personen, fünfundzwanzig Interviews – aus ihnen habe ich einige ausgewählt, die ich nun in kleinen Porträts näher vorstellen möchte. Mit dieser Auswahl will ich zeigen, wie breit aufgefächert das Spektrum der konkreten Beziehungen ist, die unter den Begriff der Distanz-Beziehung fallen. Die persönlichen Geschichten vermitteln außerdem einen lebendigen Eindruck von der Praxis dieser Lebensform, davon, wie die verschiedenen Individuen mit ihr zurechtkommen und wie sie sie beurteilen.

Die Äußerungen der Personen stammen zwar (mit einer Ausnahme) aus Einzelinterviews, ich habe sie hier aber zum Teil zu Paar-Porträts zusammengefügt. Dadurch ergeben sich an einigen Stellen interessante Spannungen und Relativierungen. In anderen Fällen erschien es mir aufschlußreicher, die Darstellung auf die Perspektive einer Person zu konzentrieren, ohne das Korrektiv des Partners zu berücksichtigen.

Die Macht der Verhältnisse: Unfreiwillige Distanz

«Liebe auf Distanz» hat Tradition – vor allem bei Menschen mit ‹fahrenden Berufen›. Früher waren es Händler, Jäger, Krieger, heute sind es Handlungsreisende, Lkw-Fahrer, Piloten und Stewardessen, Seeleute, Fischer, Soldaten. Die Eigenart ihres Berufes, das Unterwegs-Sein und der ständige Ortswechsel, prägt die gesamte Lebensorganisation dieser Menschen. Die Männer –

traditionell sind die ‹fahrenden Berufe› Männerberufe – bleiben längere Zeit von zu Hause fort und kehren erst dann wieder zurück, wenn die Arbeit erfolgreich beendet ist. Das Zuhause – das sind in der Regel die Frau und die Kinder. Noch heute kommt hier der Familie die Funktion zu, die ihr die bürgerliche Gesellschaft seit zweihundert Jahren zuschreibt: Für den Mann ist sie primär der Ort der Reproduktion, der Erholung und Entlastung, und die Frau hat die Aufgabe, die Bedingungen dafür herzustellen.

Stütze, Zuhause, Zufluchtsort: Seit achtzehn Jahren Seemannsfrau

Uschi S. ist 41 Jahre alt und Hausfrau. Sie ist seit achtzehn Jahren mit Hans S. verheiratet und hat vier Kinder (7, 9, 14, 22). Der Mann arbeitet schon über fünfundzwanzig Jahre als Hochseefischer, er hat sich hochgearbeitet und ist heute Mitbesitzer eines Frischfischtrawlers. Als ich Uschi zum Interview treffe, ist Hans S. gerade wieder zu einer Fangreise aufgebrochen.

«Unser Leben lief schon immer so – und es wird wohl auch weiter so laufen», kommentiert Uschi die Situation, und das klingt keineswegs resignativ, sondern ganz zufrieden. Zwei, drei Wochen ist Hans, ihr Mann, in der Regel fort; von H. aus fährt sein Schiff weit nach Norden und Nordwesten, um zu fischen. Fangen die Männer wenig, bleiben sie länger auf See, auch länger als drei Wochen; haben sie Glück, kehren sie früher zurück. Das Schiff liegt drei Tage im Heimathafen, wird entladen, gereinigt, gewartet – und dann geht es wieder los. Feiertage bleiben bei diesem Arbeitsrhythmus unberücksichtigt, und auch mit dem Urlaub ist es bei Hans schwierig. «Vier Wochen, ein, zwei Reisen bleibt er zu Hause und macht seinen Urlaub. Aber das weiß man vorher nicht – auch nicht, ob er überhaupt Urlaub macht, es kann auch sein, daß er das ganze Jahr durchfährt. Wir sind auch die ganzen Jahre noch nie verreist. Denn wenn mein Mann zu Hause ist, dann will er auch zu Hause bleiben. Er ist ja sonst immer unterwegs.»

Im letzten Jahr hatten sie Glück – oder Pech, wie man es nimmt. Eine Schiffswinde war defekt, die Reparatur dauerte neun Wochen, und so lange war Hans zu Hause. Uschi hat diese Zeit in schöner Erinnerung – auch deshalb, weil ihr Mann viel erledigt und weggearbeitet hat, was sonst ihre Aufgabe gewesen wäre. «Ich hatte mehr Freizeit, und er konnte etwas mit den Kindern unternehmen. Ich brauchte einfach nicht alles zu machen.» Nur fällt nach solch langen Phasen des Zusammenseins der Abschied viel schwerer als sonst: «Die erste Zeit fehlt er einfach. Wenn er im Rhythmus alle drei Wochen nach Hause kommt, dann geht es. Aber wenn er länger zu Hause war und dann wieder weg muß – das fällt mir schwer. Dann muß ich mich erst wieder ans Alleinsein gewöhnen.»

Als Uschi Hans kennenlernte, fuhr er bereits seit sieben Jahren zur See, auf einem Froster, einem Schiff, auf dem der Fisch gleich verarbeitet und eingefroren wird. Uschi wußte also zumindest theoretisch, worauf sie sich einließ, als sie Hans heiratete. Erfahrungen mit dem Seemannsleben hatte sie allerdings nicht, in ihrer Familie gibt es keine Seeleute. «Die ersten Jahre waren hart», erinnert sie sich, «aber dann gewöhnt man sich irgendwie daran, und nachher kennt man es gar nicht mehr anders.»

Von Anfang an blieb sie zu Hause, versorgte die Wohnung und die kleine Tochter, die sie in die Ehe mitgebracht hatte. Als die anderen Kinder kamen, stieg Hans auf einen Frischfischfänger um, dessen Fangreisen kürzer sind: «Damals kam er alle drei Monate nach Hause, da haben die Kinder ihn nicht mehr erkannt! Und das wollte er nicht mehr mitmachen.» Ein paar Jahre später kaufte sich die Familie ein großes Grundstück auf dem Dorf, nicht weit vom Heimathafen des Schiffes, und baute ein Haus. Uschi zog die Kinder groß, nahm den kranken Vater zu sich und pflegte ihn, besorgte Haus und Garten – und das tut sie auch heute noch. Seit kurzem hat sie auch einen Hund, einen Boxer, über den sich neue Kontakte zur Außenwelt ergeben. Uschi ist Mitglied in einem Boxer-Club geworden, einmal in der Woche geht sie zu dessen Treffen.

Dieser Termin markiert eine deutliche Veränderung in ihrem Leben: «Ich bin bisher eigentlich nur zu Hause gewesen. Zwanzig Jahre – in keinem Sportverein, ich war nirgendwo. Ich bin abends nur zu Hause gewesen.» Von den Nachbarn wird selbst dieser eine Abendtermin mit Skepsis beobachtet – auf dem Dorf ist es immer noch so, daß eine Frau abends nicht alleine weggeht. Bislang hat sich Uschi an diese Regel gehalten, bislang wollte sie auch nicht weggehen – jetzt stört sie die soziale Kontrolle der Nachbarn doch ein wenig.

Sie sei zufrieden mit diesem Leben, sagt Uschi, sie würde dieses Leben durchaus noch einmal wählen. Sicher, es wäre schöner, wenn der Mann nicht zur See fahren würde, aber das sei nun mal so. Er brauche dieses Leben einfach: «Wenn er länger zu Hause ist, dann kribbelt's ihn, dann muß er wohl raus.» Und außerdem würde er an Land längst nicht so viel Geld verdienen wie mit dem Fischfang.

Uschis Lebensmittelpunkt sind die Kinder. Sie stiften Sinn: «Zum Versorgen und Verwöhnen bin ich schließlich da! Wenn ich die Kinder nicht hätte, würde ich arbeiten gehen, was soll ich sonst den ganzen Tag zu Hause. Aber da ich die Kinder habe, kann ich sie auch verwöhnen und für sie sorgen, wer weiß, wie lange noch…» Die Kinder vermitteln auch Nähe und Vertrautheit; und die älteste Tochter ist für Uschi – neben zwei guten Freundinnen – eine ganz wichtige Gesprächspartnerin. «Sie erzählt mir ihre Sorgen – und wenn ich wirklich welche habe, erzähle ich ihr auch davon. Wir können ganz toll schnacken!»

Sorge und Fürsorge, Nähe und Vertrautheit binden Uschi so stark an ihre Kinder, daß sie sich nur schwer von ihnen trennen kann. Letzten Sommer hat sie ihren Mann auf einer Tour begleitet. «Ich hatte nur Heimweh! Mein Mann wollte gerne, daß ich mitkomme, und die Kinder wollten gerne, daß Mama zu Hause bleibt. So – und was machst du dann? Mein Mann sagte, entweder kommst du mit oder ich bin böse. Da habe ich mich durchgerungen und bin mitgefahren. Und was hatte ich davon? Eine Woche war ich krank vor Heimweh. Ich konnte nicht mit den

Kindern telefonieren, das mußte mein Mann machen. Wenn ich ihre Stimmen hörte, kamen mir die Tränen.»

Diese starke Bindung funktioniert auch umgekehrt. «Bei den Kindern heißt es immer nur: Mama, Mama. Sie sind eigentlich auch nur mit mir zusammen, Verwandtschaft haben wir hier nicht. Und Mama ist immer da. Die beiden Kleinen (sieben und neun) kommen noch jede Nacht zu mir ins Bett.» Und die große Tochter wohnt mit ihren 22 Jahren noch mit der Mutter unter einem Dach. Sie hat zwar eine separate Wohnung, ist aber nach wie vor in das Leben der Familie eingebunden und genießt die mütterliche Fürsorge. «Ich bin wohl irgendwie 'ne Glucke. Mein Mann sagt ganz oft, ich wäre 'ne Glucke.»

Wenn Hans nach Hause kommt, fügt er sich scheinbar problemlos in das Leben seiner Familie ein. Am ersten Tag unternehmen sie manchmal etwas zusammen, machen einen kleinen Ausflug, gehen Kaffee trinken. Wenigstens einmal in den drei Tagen wollen alle zusammensein, denn viel freie Zeit hat Hans auch in dieser Zeit nicht. Er muß schon morgens um sechs wieder zum Schiff, und wann er abends zurückkommt, weiß niemand genau. Kein Wunder also, daß die Kinder ihre Verabredungen und Termine in der Regel nicht absagen, wenn der Vater zu Hause ist. Auch Uschi richtet sich in diesen Tagen nur bedingt nach ihrem Mann: «Wenn ich etwas vorhabe, führ ich das auch durch – wenn es was Wichtiges ist. Sonst verschiebe ich es auf später.» Für wichtige Dinge beansprucht sie auch das Auto, das an diesen Tagen sonst dem Mann zur Verfügung steht.

Auch wenn er zu Hause sei, spiele Hans nicht den dominanten Familienvater, erzählt Uschi. «Ich erziehe die Kinder eigentlich alleine. Daß mein Mann versucht, reinzureden oder was zu verändern, kann ich nicht sagen. Alles läuft weiter wie bisher, nur daß der Papa eben dabei ist.»

Auch wenn äußerlich alles seinen üblichen Gang geht, letztlich nimmt sich Uschi doch ein ganzes Stück zurück, wenn Hans zu Hause ist. Zum Beispiel, wenn sich Konflikte andeuten: «Wenn er am nächsten Tag weg muß, würde ich nicht wer weiß was vom Zaun brechen! Das würde ich vermeiden, da würde ich eher mal schlucken. Aber ich bin sowieso kein Mensch, der Streit sucht. Ich gehe allem aus dem Weg.»

Sie will ihrem Mann ein Zuhause bieten, einen Zufluchtsort, wo er sich auch einmal fallen lassen kann. Und das hat für Uschi viel mit einer heilen Welt zu tun, einer Welt, in der es keinen Streit, keine Spannungen, keine Konflikte gibt. Mit ihrem Bemühen scheint sie Erfolg zu haben: «Er weiß ganz genau, hier ärgert ihn keiner! Er weiß, er kann sich darauf verlassen, daß es hier gut läuft – ich nehme an, daß er es weiß.»

Auch sonst tut Uschi viel, um ihrem Mann das Leben zu erleichtern. Darauf verweist zum Beispiel die asymmetrische Kommunikationsstruktur, die zwischen den beiden während Hans' Abwesenheit herrscht. In dieser Zeit telefonieren sie viel miteinander – einfach, um voneinander zu hören, um sich Alltägliches mitzuteilen. Aber während Hans diese Gespräche nutzt, um sich zu entlasten, um von Glück oder Unglück zu erzählen, spart Uschi schlechte Nachrichten am Telefon aus. «Ich will ihm nicht mit jedem kleinen Problemchen kommen – die haben genug Probleme an Bord! Ich erzähle ihm eigentlich nur die positiven Sachen. Wenn wirklich etwas passiert ist, kann er mir sowieso dahinten nicht helfen. Und wenn er etwas wissen muß, dann reicht es, daß er's zu Hause erfährt. Dann kann er sich immer noch aufregen! Natürlich, wenn's etwas ganz, ganz Wichtiges ist, dann würde ich schon einmal fragen. Aber im großen und ganzen lasse ich ihn mit den Sachen in Ruhe. Wenn er dann nach Hause kommt, fragt er natürlich: Warum hast du mir das nicht erzählt?»

Uschi ist keine Frau, die ihre Selbständigkeit betont oder gar offen genießt – aber ihre Lebenssituation verlangt unweigerlich ein hohes Maß an Unabhängigkeit und Tüchtigkeit. Sie hat die Verantwortung für vier Kinder, für das Haus und auch für viele Angelegenheiten ihres Mannes. Bei wichtigen Entscheidungen fragt sie ihn zwar nach seiner Meinung, da sie aber letztlich mit ihnen leben muß, geht es in der Regel nach ihrem Kopf. Die

Kehrseite ist allerdings eine Reduktion auf die Familie, die Uschi bisher in einer extremen Form gelebt hat. Mit der Beschränkung auf ihren engen Lebenskreis reagiert sie nicht nur auf äußere Bedingungen wie die Kinderarbeit und die dörfliche Atmosphäre. Uschi hat sich überdies ganz auf diesen engen Lebenskreis eingelassen, weil sie glaubt, daß er ihr entspricht. Sie hat nicht das Gefühl, irgend etwas zu versäumen. «Ich brauche das nicht», kommentiert sie zum Beispiel die Reiselust anderer Leute, «weiter weg zu fahren, das brauche ich nicht. Ich habe meinen Garten, das ist mein Urlaub.»

Warum führt diese Frau ein solch traditionelles Leben? Weil es der Konvention entspricht, weil es von ihr erwartet wird? Weil es gar nicht anders geht, da Mann und Kinder eine solche Familienmutter brauchen? Oder ist das der Preis, der zu zahlen ist, wenn man unter diesen extremen Arbeitsbedingungen des Mannes eine intakte Partnerschaft und Familie haben will? Muß die Frau dem Mann zum Beispiel nicht in viel höherem Maße als in einer ‹normalen› Partnerschaft das Gefühl von Zuverlässigkeit und Sicherheit vermitteln, das Gefühl, daß er jederzeit nach Hause kommen kann?

All diese Überlegungen scheinen bei Uschi – explizit und unausgesprochen – eine Rolle zu spielen. Hinzu kommt aber auch noch ein Zeitaspekt. Als Uschi und Hans 1971 heirateten, setzte die Veränderung der privaten Lebensweisen in der Bundesrepublik gerade zaghaft ein. Für ihre Partnerschaft galten noch andere Vorzeichen als für die von Frauen und Männer, die sich erst in den letzten Jahren zusammengetan haben. Aber auch bei einem zehn Jahre jüngeren Paar, das unter ähnlichen, vielleicht noch extremeren Bedingungen als Uschi und Hans S. gelebt hat, bin ich auf eine starke gedankliche und emotionale Orientierung am traditionellen Familienmodell gestoßen. Die beiden, von denen im nächsten Porträt die Rede sein wird, wünschen sich, unter normalen Familienverhältnissen zu leben, zusammenzusein und Kinder zu haben – gerade deshalb, weil sie bisher nicht so leben konnten.

Monika R. ist 32, John S. 36 Jahre alt, er stammt von den Falklandinseln. Sie arbeitet als Geologin in H., er war die letzten drei Jahre technischer und organisatorischer Einsatzleiter auf einer Bohrinsel vor der brasilianischen Küste. Inzwischen hat er seinen Job gekündigt und wohnt ebenfalls in H. Monika und John sind seit vier Jahren zusammen, sie haben bisher immer mit extremer räumlicher Distanz gelebt.

Vor drei Monaten habe nachts um halb vier das Telefon wie verrückt geklingelt, erzählt Monika. Das konnte nur John sein, und wichtig mußte es auch sein, wenn er um diese Uhrzeit anrief. Die Vermutung bestätigte sich: «I quit», habe John ihr schon entgegenposaunt, ehe sie den Hörer am Ohr hatte. So ausgelassen und fröhlich wie am Tag seiner Kündigung habe sie ihn noch nie erlebt.

Nach drei Jahren, ergänzt John, habe er plötzlich begonnen, die Tage zu zählen, die er auf der Bohrinsel verbringen mußte. Und das Gefühl, seine Zeit zu verschwenden, sei immer stärker geworden. Da mußte er einfach kündigen. Er hoffe bloß, daß er nie mehr dorthin zurückgehen müsse, sondern irgendwo eine andere Arbeit finde. Zwar könne er jederzeit wieder dort anfangen, das sei ausgemacht – aber er sei fest entschlossen: «I never go back to Brasil.»

Vier Wochen Arbeit, vier Wochen Freizeit – das war Johns Rhythmus in den letzten drei Jahren. Während der ersten vier Wochen wurde sechzehn Stunden am Tag gearbeitet, die restliche Zeit mit Schlafen, Essen und Videos verbracht. Alkohol war streng verboten, da die Arbeit extrem gefährlich ist. Die ständige Gefahr habe ein merkwürdiges Lebensgefühl erzeugt, erzählt John. «Wenn man auf so einer Bohrinsel arbeitet, ist es, als ob man in den Krieg geht. Man weiß nicht, ob man wiederkommt.» Diese Belastung habe ihn langsam aber sicher zermürbt.

Schwierig fand John auch die Isolation von der Außenwelt.

Briefe aus der Bundesrepublik waren zwei Wochen unterwegs, telefonieren kostete zehn Dollar pro Minute und funktionierte auch nur in einer Richtung. Wenn Monika mit John reden wollte, mußte sie der brasilianischen Landstation Bescheid geben, daß John sie anrufen solle... Und eine Telex-Nachricht kam nur dann durch, wenn die Bohrinsel zufällig ihre Antenne entsprechend ausgerichtet hatte. Außerdem konnten private, persönliche Dinge kaum mitgeteilt werden, die Arbeitskollegen lasen und hörten schließlich alles mit. Für John und Monika waren die vier Wochen, in denen John auf der Bohrinsel war, im Grunde eine Zeit, in der sie fast nichts voneinander erfuhren, in der sie praktisch keinen persönlichen Kontakt miteinander hatten.

Doch dann kamen vier Wochen Freizeit – die allerdings häufig damit begannen, daß John nicht wie geplant losfahren konnte. Entweder traf seine Ablösung nicht pünktlich ein, oder es tauchten irgendwelche anderen Schwierigkeiten auf... Wenn John dann losfuhr, war er gut vierundzwanzig Stunden unterwegs, von der Bohrinsel nach Brasilien, von dort mit dem Flugzeug in die Bundesrepublik, nach H. «Wenn er wiederkommt», berichtet Monika – und wählt dabei die Gegenwartsform, so als sei das alles noch nicht zu Ende, als könne dieses Hin und Her jederzeit wieder von neuem beginnen – «ist er erst mal fertig. Dann ist er eigentlich mehrere Tage nicht ansprechbar. Ich möchte ihm alles erzählen, was ich auf dem Herzen habe, und irgendwelche schönen Dinge mit ihm tun, aber die ersten Tage will er einfach nichts hören. Das ist normal, das geht allen so – aber es ist schwierig, damit zurechtzukommen. Wir kriegen uns eigentlich regelmäßig in die Wolle. Ich denke, Mann, nichts will er machen, und ich möchte so gerne... Er kann aber nicht, weil er physisch nicht fit ist. Das sehe ich im Kopf zwar ein, aber es ist schwierig, damit zu leben. Diese Phase dauert drei, vier Tage, dann hat man einen Normalzustand, etwa zwei Wochen lang – und dann fängt er eine Woche, bevor er los muß, schon wieder an, darüber nachzudenken, was er auf der Arbeit machen muß. Und dann wird's schon wieder schwierig… Was heißt schwierig, aber man merkt den Unterschied in seinem Verhalten, in meinem selbstverständlich auch.»

In den beiden Wochen des «Normalzustands» verbrachten Monika und John so viel Zeit wie möglich zusammen. In der Regel waren das die Abende und die Wochenenden, denn Monika ist voll berufstätig und den ganzen Tag nicht zu Hause. Manchmal, und daran denkt sie mit Schrecken zurück, mußte sie in dieser Zeit auf Dienstreise gehen, «das war eine Katastrophe, eine absolute Katastrophe.» Deshalb versuchte sie systematisch, sich den Rücken frei zu halten und auch viele Dinge des täglichen Lebens auf die Zeit zu verschieben, in der John wieder auf der Bohrinsel war. «Man muß sich in der Zeit, in der er da ist, wirklich miteinander beschäftigen, sonst kann man die ganze Sache nicht aufrechterhalten», meint sie. «Man muß über so viele Dinge reden… Und etwas Wichtiges, das kann man einfach nicht in fünf Minuten besprechen – dafür braucht man schon ein bißchen Zeit.»

Freunde und Bekannte waren manchmal von diesem Verhalten irritiert. «Das ist natürlich für die Leute in meinem Umfeld merkwürdig, weil sie denken: Sonst hat sie immer Zeit, und wenn der Mann da ist, ist nichts mehr…» Dabei zogen Monika und John sich gar nicht nur auf sich selbst zurück; sie gingen aus oder besuchten manchmal auch Freunde, die meistens Monikas Freunde sind. Vor allem in der ersten Zeit war das für John gar nicht einfach, erinnert sich Monika: «Er dachte, sie nehmen ihn nicht für voll, weil er nie da ist. Und außerdem gab es Sprachprobleme…»

Auch in unserem Interview gibt es Sprachprobleme. John spricht nur wenig deutsch, und sein Englisch ist derart schnell und knapp, daß Monika mir seine Äußerungen häufig übersetzen muß. Die Folge: Er äußert sich immer weniger und immer kürzer und schweigt schließlich ganz. Am Ende antwortet Monika allein auf meine Fragen. Da mit Johns Kündigung eine Umbruchphase für die beiden begonnen hat, kommt ihr das Gespräch über die letzten Jahre nicht ungelegen. Es ist ein guter Anlaß, noch einmal darüber nachzudenken, was in der Vergangenheit so anstrengend, so unbefriedigend war – und was nun alles verändert werden kann und soll.

An ihrer alten Lebensweise, am ständigen Hin- und Herpendeln, können beide nichts Positives entdecken. Trotz meiner beharrlichen Nachfragen fallen Monika immer nur negative Aspekte ein: das viele Geld, der chronische Zeitmangel, die Notwendigkeit, ständig zu planen. Selbst die Sehnsucht nach dem anderen, die manche Paare durchaus positiv beurteilen, verbucht sie auf der Minusseite. In der Trennungszeit habe es kein «Ventil» für solche Gefühle gegeben, nicht einmal das Telefon – und wenn man dann endlich die Sehnsucht ausleben konnte, habe man schon wieder unter Zeitdruck gestanden. Zusammenfassend kommentiert Monika vier Jahre extreme Distanz so: «Es bringt einem keine Freude und es macht auch keinen Spaß. Man wird dadurch härter, man schafft mehr, man kann auch mehr aushalten – das ist natürlich läuternd. Aber man hat nichts davon! Natürlich, man wird sehr selbständig – aber das ist wahrscheinlich alles! Und selbständig war ich auch vorher.»

Heute wünschen sich die beiden ein «normales Leben», sie wollen keine Provisorien mehr, sondern irgendwo richtig zu Hause sein, sich irgendwo richtig niederlassen. Zu einem solchen Leben gehören auch Kinder. Bisher sei das völlig unmöglich gewesen, meint Monika, die in diesem Punkt sehr rational argumentiert: «Das ist einfach eine Vernunftfrage. Andere Leute können vielleicht einfach ein Kind kriegen – das will ich aber nicht, weil ich nicht weiß, wo's langgeht. Man muß schon eine Perspektive haben.»

Bei ihren Träumen vom ‹normalen Leben› denken die beiden vor allem an die Zeit des «Normalzustands», an die Wochen, in denen der Mann auch innerlich zu Hause angekommen war. Diese kurze Phase prägt ihre Vorstellungen vom künftigen, gemeinsamen Leben. Daß in dieser Zeit ein Ausnahmezustand herrschte, obwohl rein äußerlich ein «gewisser normaler Tagesablauf» existierte – das ist den beiden kaum bewußt. Der «Normalzustand» ihrer Beziehung bedeutete bisher, sich stark aufeinander zu konzentrieren, fast die gesamte Freizeit zusammen zu verbringen – und das wird in Zukunft kaum durchzuhalten sein. Von der Außenwelt werden irgendwann andere Anforderungen an das Paar herangetragen werden; auch in der Innenwelt der Beziehung werden veränderte Bedürfnisse entstehen. Außerdem könnte die Beziehung an einer solchen Konzentration aufeinander irgendwann ersticken.

Ein Bewußtsein über die Probleme zu großer Nähe von einem Paar zu erwarten, das vier Jahre lang eine von extremer Distanz geprägte Beziehung gelebt hat und nun seit drei Monaten endlich das andauernde und kontinuierliche Zusammensein genießt, ist absurd. Zumal der Mann in diesem Fall stets unter ähnlichen Bedingungen gearbeitet und gelebt hat: Schon mit dreizehn Jahren ist er zur See gefahren, später dann auf Bohrschiffe und Bohrinseln umgestiegen. Er hat nie etwas anderes als Distanzbeziehungen leben können – und mit ihnen eine Reihe schlimmer Erfahrungen gemacht. Auch Monika hat nie mit einem Partner ‹richtig› zusammengelebt, in einer gemeinsamen Wohnung mit einem gemeinsamen Hausstand. Vor diesem Hintergrund erscheint ihre Sehnsucht nach einem ‹normalen› Leben noch verständlicher.

Welch hohen Stellenwert dieses ‹normale› Leben für sie hat, wird an Monikas Kompromißbereitschaft augenfällig. «Wenn John jetzt irgendeinen Job finden würde, wo wir nicht über's Wochenende kommunizieren könnten, ich aber mitkommen könnte, dann würde ich mitgehen. Angenommen, er bekäme in England einen Job – da kann man sich nicht jedes Wochenende sehen. Dann würde ich wohl noch eine Weile hierbleiben, um zu sehen, ob es bei ihm läuft, ob es sich lohnt, und dann würde ich wahrscheinlich auch nach England gehen. Ich habe hier eine ordentliche Arbeit, sie macht auch Spaß, aber das ist nicht so viel wert, daß ich John nicht sehen wollte. Irgendeinen Job würde ich immer kriegen, sicher keinen, der hochdotiert ist, aber um mich über Wasser zu halten…» Eine Wochenendbeziehung erscheint Monika schon als eine deutliche Verbesserung, verglichen mit ihrer bisherigen Lebensweise, eine solche Variante könnte sie auch akzeptieren – aber sie ist nicht das, was sie sich wirklich wünscht. «Wir hätten schon ganz gern eine Art ‹Normalbürgertum›, eine Zeitlang. Wo einfach jeder zu Hause ist und nicht immer in der Gegend herumreist.»

Der Job auf der Bohrinsel wirkt wie eine moderne Variante des alten Goldgräberwesens – hochtechnisiert, aber deshalb nicht weniger abenteuerlich und gefährlich. Und mit dem selbstverständlichen ‹Luxus› einer geregelten Freizeit, in der man um den halben Erdball fliegt, um nach Hause zu kommen. Da die Arbeits- und Lebensbedingungen auf einer Bohrinsel extrem sind, setzen sie letztlich eine familiäre Anbindung des Mannes voraus. Irgendwo muß er einen Platz haben, um wieder zu Kräften zu kommen, und irgendwo muß es auch eine Person geben, die für ihn Dinge erledigt, die er wegen seiner dauernden Abwesenheit einfach nicht regeln kann.

Monika erfüllt diese Anforderungen durchaus: Sie meistert mit großer Selbstverständlichkeit die Aufgaben, die von einer Frau in einer solchen Situation verlangt werden. Nur ist sie selbst keineswegs mehr in der traditionellen Situation von Frauen: Sie ist beruflich engagiert und gefordert und auch innerlich nicht unbesehen bereit, in die alte Rolle zu schlüpfen – das wird an ihrer Haltung zur Kinderfrage deutlich. Insgesamt allerdings veranlaßt sie die schwierige Lebenssituation zu einer Kompromißbereitschaft, die sie Eigenes (die berufliche Stellung zum Beispiel) scheinbar problemlos opfern läßt. Das Arrangement mit den äußeren Umständen führt also in diesem Fall dazu, daß sich, mit geringen Abweichungen, die traditionelle Rollenkonstellation noch einmal wiederholt. Die schwierigen Lebensbedingungen verlangen die alte Arbeits- und Funktionsteilung auch in einer Zeit, in der sich die strikten geschlechtsspezifischen Zuweisungen immer mehr auflösen.

Sieht es unter weniger extremen Bedingungen anders aus, zum

Beispiel in einer Wochenendbeziehung, in der die Phasen der Trennung und des Wiedersehens kürzer, die Distanzen geringer sind als zwischen Brasilien und der Bundesrepublik?

Eine klassische Wochenendbeziehung: Freitags hin, montags zurück

Arthur N. ist 37 Jahre alt und arbeitet als Sozialwissenschaftler in einem Dritte-Welt-Projekt an der Universität B. Seit sechs Jahren pendelt er zwischen B. und F., wo seine Lebensgefährtin Marina und ihre beiden Kinder (23 und 12) leben. Arthur und Marina sind seit zehn Jahren zusammen, sie sind nicht verheiratet.

Arthur hat Erfahrungen mit beiden Lebensformen: Vier Jahre hat er mit Marina in F. zusammengelebt, seit sechs Jahren führen die beiden eine «Fernpendel-Beziehung», wie sie sagen. Damals bekam Arthur eine Stelle in B., die zwar finanziell nicht attraktiv war, dafür aber «eine Sache, hinter der ich inhaltlich und überzeugungsmäßig stehe». Die ursprünglich geplanten anderthalb Jahre hielten Arthur und Marina für unproblematisch: «Wir haben das damals diskutiert und gesagt, anderthalb Jahre kann ich schon mal pendeln.» Inzwischen sind daraus sechs Jahre geworden – Arthurs Vertrag wurde immer wieder verlängert, ohne daß sich daraus ein festes Arbeitsverhältnis ergeben hätte. Damit ist seine Situation nach wie vor unsicher, mehr als «einen Zeithorizont von maximal drei Jahren» kann er nicht überblicken. Das ist einer der Gründe, warum Marina weiter in F. lebt: Sie hat dort eine feste Stelle als Verwaltungsangestellte, die sie nicht aufgeben will und kann.

Für Arthur ist F. das Zuhause geblieben. Übers Wochenende fährt er regelmäßig dorthin. Freitagabend setzt er sich in den Zug – den er ganz bewußt nimmt, weil er dort noch arbeiten kann und außerdem die Umwelt nicht belastet – Montagabend geht es zurück nach B. In F. stehen am Wochenende viele Aktivitäten an. Hausarbeit wie Waschen, Putzen, Einkaufen zum Beispiel, alle größeren Arbeiten halt, die auch andere Familien am Wochenende erledigen, wenn beide berufstätig sind. Daß er seinen Teil dazu beiträgt, ist für Arthur selbstverständlich. Er hat schon ein schlechtes Gewissen, daß Marina unter der Woche wegen der Kinder stärker mit Hausarbeit belastet ist als er.

Dann fordert die kleine Tochter ihre Zeit, sie möchte spielen, toben, reden, und Arthur versucht, möglichst viel von ihr mitzubekommen, weil er gerade in dieser Beziehung merkt, «wie wahnsinnig schnell die Zeit vergeht», wie schnell sich die Tochter verändert. Und für seine Partnerschaft braucht er selbstverständlich auch Zeit – viel mehr, als er eigentlich hat.

Alles in allem bedeutet F. für ihn «Zuhause-Sein, Entspannung, intensiver Austausch». Die Familie steht im Mittelpunkt, Kontakte mit Freunden und Bekannten treten dahinter weit zurück: «Weil ich schlicht und ergreifend das Bedürfnis habe, wenn ich nach Hause komme, primär etwas mit meiner Frau zusammen zu machen und mit den Kindern. Ursprünglich habe ich gesagt, ich wohne in F., mein ganzer Lebens- und Wirkungszusammenhang ist dort, und nach B. fahre ich nur zur Arbeit.» Aber dieser Plan ließ sich nicht durchhalten, F. ist heute für Arthur vor allem der Ort der Familienarbeit und der Familienfreizeit.

Wenn er allerdings Termindruck hat, nimmt er sich auch Arbeit fürs Wochenende mit – und für den Montag sowieso. An diesem Tag geht er in eine Bibliothek, die auf seinen Arbeitsschwerpunkt spezialisiert ist, und arbeitet dort. Das ist auch der Grund, warum er erst Montagabend wieder nach B. fährt, warum er zwei ganze Tage und drei Nächte zu Hause verbringen kann, eine Nacht mehr als in einer normalen Wochenendbeziehung üblich.

In B. steht für Arthur an erster Stelle die Arbeit: «Siebzig Stunden kommen schnell zusammen in der Woche», bemerkt er mit einem gewissen Stolz. In Anbetracht der eher bescheidenen Bezahlung ein klassischer Fall von Selbstausbeutung, die Arthur akzeptiert, weil er seine Tätigkeit inhaltlich sinnvoll und wichtig findet. Ob er auch eine Tendenz zum ‹Workaholic› habe, frage ich ihn. «Es mag Leute geben, die der Auffassung sind, daß ich dazu neige. Aber ich kann nur sagen, in unserer Branche ist das anscheinend eine Berufskrankheit», erklärt er lachend. Und erzählt dann noch von seiner Mitarbeit in Solidaritäts- und Dritte-Welt-Gruppen, die auch noch seine letzten freien Abende ausfüllt.

Vielleicht kompensiert Arthur mit dieser Fülle von Arbeit und Aktivitäten sein Alleinsein unter der Woche. Er erinnert sich zwar daran, daß er auch schon in F., als er noch Tag für Tag mit seiner Familie zusammenlebte, sehr viel gearbeitet hat, sowohl beruflich als auch ehrenamtlich. Doch in B. sei es eindeutig mehr geworden, meint er.

Trotz der vielen Arbeit hat Arthur es geschafft, in B. Freundinnen und Freunde zu finden, mit denen er sich zum Essen, zum Kino oder zum Theater verabreden kann. Außerdem lebt er in einer Wohngemeinschaft, in der zwar keine engen Kontakte bestehen, in der aber ab und zu ein gemütlicher Plausch möglich ist. Spätestens dort, in seiner Wohnung, wird jedem Besucher klar, daß die Arbeit in B. Arthurs Leben bestimmt: Die Zimmer quellen von Papier und Büchern förmlich über.

Arthurs Pendelbeziehung ist letztlich eine unfreiwillige, schließlich hat er sich nicht für diese Beziehungsform entschieden, sondern für eine Arbeitsstelle, die das Pendeln mit sich bringt. Für seine Partnerschaft «ist diese Fernpendelei eher ein Störfaktor als positiv. Sie nimmt Kraft, physische Kraft, sie nimmt psychische Kraft, sie kostet Geld und Zeit – all diese Dinge.» Trotzdem beurteilt er die anstrengende Lebensweise insgesamt erstaunlich gelassen. «Ich würde sie nicht überbewerten. Daß wir jetzt über sechs Jahre so leben und daß unsere Liebe nicht abgenommen hat, sondern nach wie vor – ja, heiß und innig ist, das zeigt, daß man auch unter den diversesten Lebensumständen, wenn zwei Seelen sich nahestehen, diese Nähe halten kann.»

Danach käme es gar nicht auf die äußeren Bedingungen, sondern allein auf die Gefühle an? Nein, das glaubt Arthur auch nicht. Er hat durchaus Veränderungen in seiner Beziehung zu

Marina beobachtet, seitdem sie nicht mehr sieben Tage in der Woche zusammenleben. Diese Veränderungen beziehen sich aber mehr auf seine Stellung in der Familie, auf die Verteilung der Kompetenzen. «Wenn du zusammenwohnst, dann entscheidest du viele Sachen gemeinsam. Im ersten Jahr, als ich in B. war, lief es eigentlich noch so. Im zweiten wurde es dann problematisch. Da mußten beide die autonome Entscheidungskompetenz des anderen stärker achten. Ich mußte lernen, daß Marina Entscheidungen trifft, ohne mich zu konsultieren, und umgekehrt auch. Und dann dieses Verblüffungsmoment am Wochenende, daß plötzlich Dinge entschieden sind, ohne daß man darüber gesprochen hatte. Das hat mit Sicherheit auch zu Spannungen geführt...»

Trotzdem haben solche Veränderungen des ‹Machtgefüges› den Kern der Beziehung nicht berührt oder beeinträchtigt. «Unsere Nähe und die Tiefe unserer Beziehung sehe ich mehr auf der Ebene der seelischen Affinität zueinander, daß wir einander wirklich sehr lieben und schätzen.» Die «seelische Affinität» (Verwandtschaft) der beiden kann räumliche Distanz verkraften, sie braucht die tägliche physische Gegenwart des anderen nicht – obwohl Arthur die Bedeutung körperlicher Nähe für sich durchaus betont: «Ich suche ihre Nähe sehr. Wenn ich sie rieche und spüre, daß sie da ist, dann habe ich wieder das Gefühl, zu Hause zu sein.» Aber häufig reicht ein Telefongespräch oder ein kleiner Brief, um Nähe herzustellen, um die Verbindung mit Leben zu erfüllen.

Aus der Gewißheit ihrer «seelischen Affinität» heraus ist es für Arthur kein Problem, seiner Partnerin die Autonomie zuzugestehen, die sie von ihm erwartet, und die umgekehrte Erwartung an sie zu richten. «Marina war eigentlich immer ein sehr selbständiger Mensch – und ich hoffe, daß ich es auch ein bißchen bin. Sie ist einfach jemand, die absolut selbständig und kompetent eigene Entscheidungen trifft und ihr eigenes Leben lebt. Und mich dazu nicht braucht, eindeutig, für irgendwelche Überlebensfragen oder so. Umgekehrt denke ich, ich komme mit dem Leben organisatorisch und auch sonst klar. Unsere Beziehung ist nicht aufgebaut, um – Defizite auszugleichen, den anderen dafür zur Kompensation zu haben.» Die ausgeprägte Fähigkeit der beiden, unabhängig voneinander zu agieren, versetzt sie in die Lage, in verschiedenen Städten ein eigenes Leben zu führen und damit auch durchaus zufrieden zu sein.

Unabhängigkeit und gegenseitiger Respekt sind es wohl auch, die Arthur regelrecht empört reagieren lassen, als ich ihn frage, ob Eifersucht und Untreue für ihn eine Rolle spielen. «Ich halte beides für Unsinn, schon die Begriffe! Das sind keine Begriffe, die ich verwende, die für mich irgendeine Bedeutung haben. Ich denke, daß mit Eifersucht ein Besitzanspruch verbunden ist, ein Besitzdenken. Aber man kann Menschen nicht besitzen! Entweder habe ich diesen Menschen lieb und respektiere ihn als Persönlichkeit – oder nicht, projiziere etwas, eigene Besitzansprüche oder so, pfropfe ihm diese auf und zerstöre damit letztlich die Autonomie dieses Menschen. Auch dieser Konkurrenzaspekt, der in den Begriffen steckt… Konkurrenz gibt es in dem Bereich doch gar nicht, wir sind alle einmalig! Ich möchte mich in dieser Beziehung nicht in Konkurrenz stellen zu anderen Frauen oder Männern. Entweder ist Intensität in unserer Beziehung da oder nicht – ich sehe mich da nicht in einem Konkurrenzverhältnis. Und allgemein finde ich es positiv, wenn Menschen viele soziale Beziehungen eingehen, möglichst nicht nur oberflächliche! Das ist befruchtend für die Persönlichkeitsentwicklung eines jeden – und damit auch für die Beziehung.» Einen Widerspruch zwischen seinen Auffassungen und einer konkreten Lebenssituation hat Arthur in den Jahren seiner Beziehung zu Marina nicht erlebt.

Alles in allem verwundert es daher nicht, daß er zusammenfassend meint: «Ich würde mich noch einmal auf so eine Lebensweise einlassen, wenn es notwendig wäre. Denn sie verhindert es ja nicht, daß ich insgesamt mit der Beziehung glücklich bin. Ich könnte es mir im Prinzip schöner vorstellen, wenn wir mehr Zeit füreinander hätten, uns vielleicht einen schöneren Wohnraum leisten könnten, wenn wir zusammen wären, wenn also unsere

Ressourcen, unsere Finanz- und Zeitressourcen nicht so aufgesplittert wären.»

Oberflächlich betrachtet, wiederholen auch Arthur und seine Partnerin – die ich nicht kennengelernt habe, von der ich also nur aus Arthurs Schilderungen weiß – noch einmal das traditionelle Familienmodell. Der Mann geht fort, um zu arbeiten, die Frau bleibt zurück, mit ihr die Kinder, für die sie nun im wesentlichen allein verantwortlich ist. Aber dieses Bild stimmt nur auf den ersten Blick, auf den zweiten hat es mehr Brüche als glatte Flächen.

Arthur ist nicht der tatkräftige Mann, der sich in abenteuerliche Lebensbedingungen stürzt (wie Hans S. und John S.), sondern ein weicher, nachdenklicher Mensch mit idealistisch anmutenden Lebenseinstellungen. Er ist ein recht typischer Vertreter einer ganzen Akademikergeneration, die sich nach der Ausbildung in einem Vakuum wiederfindet und versucht, Boden unter die Füße zu bekommen. Da es keine Arbeitsstellen für sie gibt, da man sie (angeblich) nicht braucht – sind viele wie Arthur bereit, für (zu)wenig Geld zu arbeiten, mehr zu arbeiten, als bezahlt wird, schwierige private Lebensbedingungen auf sich zu nehmen. Das ist der soziale Hintergrund vieler ‹akademischer› Distanz-Beziehungen. In dieser Hinsicht unterscheiden sie sich kaum von traditionellen Pendlern. Auch die konkrete Ausgestaltung der Partnerschaften und des Familienlebens weichen von traditionellen Mustern ab. Für Arthur N. ist der Ort, an dem die Partnerin und Kinder leben, zwar auch das Zuhause, aber er erwartet nicht, daß die Frau allein dieses Zuhause herstellt, sondern fühlt sich dafür mitverantwortlich. Er erwartet zu Hause auch keine nur auf ihn orientierte Person, sondern eine selbständige Frau mit einem eigenen Lebensmittelpunkt. Seine Partnerin entspricht dieser Vorstellung offensichtlich auch, nicht zufällig betont Arthur ihre Unabhängigkeit, die er sogar für ausgeprägter hält als die eigene.

Schwierige Lebensbedingungen ergeben sich natürlich nicht nur aus großen Distanzen und langen Trennungsphasen wie bei Uschi und Hans oder Monika und John. Schwierige Lebensbedingungen können auch entstehen, wenn beide Partner pendeln, wenn der Rhythmus des Pendelns nicht zusammenstimmt, wenn außerdem noch Kinder da sind...

Extreme Zerrissenheit: Zwei Politiker in einer Familie

Christine B. ist 37 und im achten (und letzten) Jahr Bundestags-abgeordnete. Auch ihr Lebensgefährte Franz, mit dem sie knapp sieben Jahre zusammen ist, arbeitet als hauptamtlicher Politiker. Seit einem Jahr ist auch er ständig unterwegs. Die beiden haben zwei Kinder im Kindergartenalter – und eine Kinderfrau, die streckenweise die Rolle einer dritten Mutter übernimmt. In H. leben Christine und Franz mit ihren Kindern in einem großen Haus, in dem auch noch eine Freundin wohnt. In Bonn hat Christine ein kleines Appartement im Regierungsviertel.

Mir war es wichtig, mit einer Politikerin zu sprechen, die auf Bundesebene arbeitet und daher Bonn und das Leben dort kennt. Denn Bonn ist nichts anderes als eine große Ansammlung von Menschen mit Pendel-Beziehungen.

«Franz kommt vielleicht Dienstagabend, ich fahre Mittwoch früh und komme Donnerstagnacht um zwei mit dem Nachtzug wieder. Dann fährt Franz Freitagvormittag und ist das Wochen-ende weg oder kommt Sonntag um zwei und fährt Montag früh mit dem ersten Zug wieder los...» Ein solcher Rhythmus wirke vielleicht extrem, aber ihre Woche sehe häufig so aus, erzählt Christine. «Seitdem wir beide unterwegs sind, gibt's überhaupt keine Berechenbarkeit mehr für private Räume. Das Leben ist wahnsinnig zerrissen – anders als in einer Wochenendbezie-hung, wo jeder von Montag bis Freitag sein eigenes Leben orga-nisiert und man am Wochenende zusammen ist.»

Ein solches Leben, wie sie es jetzt seit einem Jahr führten, gehe physisch und psychisch schnell an die Substanz. Außerdem müsse es mit einer Reihe von Verlusten bezahlt werden – zum Beispiel mit dem Verlust sozialer Kontakte: «Ich habe kaum Freunde oder Freundinnen. Wenn sie unsere Lebenssituation kennen, wissen sie: Es ist das beste, uns in Ruhe zu lassen, sich gar nicht zu melden, bloß nicht anzurufen, weil das Telefon sowieso ständig klingelt.» Auch in der Partnerschaft bringe dieses Leben «einen Verlust von Intimität und Nähe mit sich», mehr als sie aushalten könne. Und Freizeitinteressen gingen ganz unter, klagt Christine: «Ich habe ein Instrument gespielt, habe das auch immer wieder aufgenommen, wenn ich eine Pause hatte in der Politik. Aber in einer Lebenssituation wie der jetzigen ist das aussichtslos.»

Natürlich ist Christines Leben nicht nur deshalb so anstrengend, weil sie und ihr Partner so viel unterwegs sind. Obwohl das zweifache Pendeln, das nicht im gleichen Rhythmus verläuft, die gemeinsame freie Zeit auf ein Minimum reduziert und die Situation – verglichen mit der anderer Distanz-Beziehungen – deutlich verschärft. Anstrengend ist auch die politische Arbeit – wenn sie ernst genommen wird; dann zeichnet sie sich durch großen Arbeitsumfang, hohes Tempo und ständigen Zeitdruck aus. Außerdem ist eine Abgeordnete eine ‹öffentliche Person›, von der ein offenes Ohr erwartet wird – was das ständig klingelnde Telefon zu Genüge beweist. Und schließlich sind da noch die beiden Kinder. Ihretwegen haben sich Christine und Franz entschlossen, ihren Lebensmittelpunkt in H. zu belassen und die ständige Fahrerei in Kauf zu nehmen: Die Große ist in einer guten Kindergruppe untergebracht, und für die Kleine haben sie eine verläßliche, liebevolle Kinderfrau engagiert. Aber trotz der gut funktionierenden Fremdbetreuung brauchen die Kinder ihre Eltern – und auch die wollen mit ihnen zusammensein. «Ich habe unheimlich viel Heimweh nach den Kindern», erzählt Christine, und aus dieser Sehnsucht heraus fahre sie manchmal auch früher nach Hause, als sie ursprünglich geplant habe.

Das Leben mit den Kindern hat für Christine auch eine politische Dimension. Als Abgeordnete und zweifache Mutter hat sie wie viele Frauen das Problem, Kinder und Beruf unter einen Hut zu bringen. Inzwischen ist sie davon überzeugt, daß anspruchsvolle Berufsarbeit und Kinder im Grunde nur dann zu vereinbaren sind, wenn die Leistungsanforderungen reduziert werden.

Und daß es nicht an den einzelnen Frauen (oder Paaren) liegt, wenn sie ein solches Leben nicht bewältigen. «Mein Leben läuft unter dem Etikett ‹Karrierefrau trotz Kinder›. Aber so, wie ich es jetzt lebe, geht es nicht. Ich schaffe es eben auch nicht, bezahle es mit einem riesig hohen Preis von physischem Verschleiß und Verzicht auf persönliche, private Sachen, die mir guttun würden. Und habe dazu noch eine Kinderbetreuungssituation, die überhaupt nicht übertragbar ist auf breite Teile der Bevölkerung – dieses großbürgerliche Modell mit richtiger Kinderfrau, die ins Haus kommt, wo hast du das? Und eigentlich bräuchte ich noch jemanden, der den Haushalt führt!»

Während ihrer Abgeordneten-Zeit hat Christine unterschiedliche Varianten von ‹living apart together› erlebt, daher weiß sie recht genau, was sie sich zumuten kann und was nicht. Die Grenzen, die sie benennt, sind allerdings nicht starr, sie verschieben sich manchmal, so daß kein widerspruchsfreies Bild entsteht.

Anfangs war Christine noch mit ihrem Ehemann zusammen, lebte mit ihm aber eine «viel distanziertere, kameradschaftlichere Beziehung, als ich sie jetzt mit Franz habe». Damals empfand sie das Pendeln nicht als Problem: «Wenn du kameradschaftlich zusammenlebst, keine enge Liebesbeziehung hast, dann geht das ohne weiteres, daß jeder seine eigenen Wege geht.» Dann begann ihre Beziehung mit Franz, der damals noch nicht pendelte, sondern in H. lebte und arbeitete. Da sich zwischen ihnen eine enge Liebesbeziehung entwickelte, fiel ihr die zeitweilige Trennung viel schwerer als vorher. «Diese Lebensform kannst du nicht vereinbaren mit einer wirklich intimen, sinnlich und körperlich engen Liebesbeziehung. Das geht vielleicht über eine gewisse Phase, in der du dich über die Runden retten kannst. Aber wenn du immer und immer auf und davon bist und reist…»

Als die Kinder geboren wurden, wuchs die Belastung weiter. Gleichzeitig konnte Christine ihre politische Arbeit allerdings reduzieren, wurde «selbstgewählte Hinterbänklerin», um sich Zeit für die Kinder zu verschaffen. Außerdem arbeitete Franz noch in H., hatte einen relativ geregelten, berechenbaren Tagesablauf und konnte ein Stück normalen Alltag mit den Kindern leben. In dieser Zeit verbrachten Christine und Franz in der Regel auch noch gemeinsame Wochenenden. Bis Franz ebenfalls zu pendeln begann und damit die Schraube noch weiter angezogen wurde.

Die letzte Veränderung vor Augen, relativiert Christine ihr Urteil über die Möglichkeiten von Pendelbeziehungen: «Beziehungen mit großen Trennungszeiträumen sind vielleicht möglich, wenn du die Zeit, die du zusammen hast, ganz ungestört sein kannst, zum Beispiel ohne Kinder. Mit Kindern halte ich das Ganze für extrem schwierig, ich kann es mir über einen längeren Zeitraum, über Jahre hinweg, nicht vorstellen.»

Christine hat ihre Möglichkeiten, Distanz zu leben, sehr gründlich ausgetestet, ist dabei bis an die Grenzen dessen gekommen, was sie aushalten kann. Warum sie sich so weit auf Distanz eingelassen hat, warum sie es sogar zugelassen hat, daß ihr Leben immer zerrissener wurde, dafür gibt es eine ganze Reihe von Gründen. Da sind einmal ihre feministischen Ansprüche. Christine will mitmischen, will Einfluß nehmen, ohne dafür denselben Preis zu bezahlen wie die meisten Politiker und Politikerinnen: den Preis der Partner- und Kinderlosigkeit. «Meine These ist, daß die Leute, die ich in Bonn kenne, keine engen Beziehungen leben. Diejenigen, die wirklich effektiv sind politisch, haben in der Regel überhaupt keine vernünftige Beziehung, sie sind im Grunde beziehungslos. Das gehört meines Erachtens fast dazu, wenn man in der Politik erfolgreich sein will.» Die Eigendynamik der politischen Arbeit ist sicher ein anderer Grund für Christines Grenzgänge. Aus Verpflichtungen und Aufgaben ergeben sich immer neue Verpflichtungen und Aufgaben, Sachzwänge und Notwendigkeiten. Da sei es schwer, sich herauszuhalten, sich zu entziehen – zumal politische Arbeit auch «eine starke Anziehungskraft» habe, meint Christine und schließt eine solche für sich nicht gänzlich aus: Politik bestätige und stabilisiere die Bedeutung der eigenen Persönlichkeit.

Ein weiteres Motiv leitet Christine aus ihrem Selbstverständnis her: «Die Zeit, als Franz am Ort und ich unterwegs war, fand ich sehr positiv. Wenn wir am selben Ort politisch aktiv gewesen wären, hätte ich große Schwierigkeiten gehabt, mich gegen Franz abzugrenzen, ich würde nicht gerne mit so einem starken Mann… Ich würde nicht gerne um Abgrenzung kämpfen müssen, auch wenn er's gar nicht will. Für mich war es sehr wichtig, meinen eigenen Raum, mein eigenes Umfeld zu haben und mich in dem Tempo bewegen zu können, wachsen zu können, wie ich's will.»

Allerdings werden die Möglichkeiten, das eigene Umfeld und das eigene Tempo selbst zu bestimmen, stark von den Bonner Bedingungen eingeschränkt. Zwar kann Christine als «selbstgewählte Hinterbänklerin» ihre Anwesenheit in den Sitzungswochen häufig auf drei Tage reduzieren, aber diese Zeit ist dann weniger vom Individuum Christine als von den äußeren Anforderungen und dem Bonner Lebenszusammenhang geprägt. «Im wesentlichen lebe ich in Büros und in Sitzungen – vollkommen verwahrlost, wenn du so willst. Ich habe ein kleines Appartement im Regierungsviertel und hatte eigentlich vor, mich da vernünftig einzurichten. Aber das ist einfach unterblieben, ich habe inzwischen nicht einmal mehr ein Stück Butter im Kühlschrank. Es ist völlig unmöglich, auch dafür noch Energie und Kraft zu haben. Und das ist auch kein Zuhause für mich. Ich sitze bis zum Umfallen am Schreibtisch abends, dann gehe ich zum Schlafen in die Wohnung, und dann gehe ich wieder zurück ins Büro. Es gibt kaum jemanden in Bonn, der es schafft, seine Räume mit sozialem Leben zu füllen. Das hat auch etwas damit zu tun, daß du ja nicht in der Stadt Bonn lebst, sondern in einem Ghetto von Menschen, die alle Pendler sind. Deswegen spielt sich das Leben in öffentlichen Räumen ab, man trifft sich in Kneipen… Wenn du um zwölf Uhr vom Schreibtisch aufstehst, weißt du, wenn ich da und da hingehe, treffe ich den und den. Aber an diesem Kneipenleben nehme ich überhaupt nicht teil. Wenn ich in Bonn bin, vertue ich keine Zeit mit sozialen und privaten Geschichten, weil ich schnell wieder nach Hause möchte.»

Gesucht, gewählt, gewollt: Freiwillige Distanz

Alle Paare, die bisher porträtiert wurden, leben eine unfreiwillige «Liebe auf Distanz». Es ist der Beruf des einen oder der anderen, der diese Beziehungsform mit sich bringt, weil er längere Phasen der Abwesenheit erfordert und die Umstände es in der Regel nicht erlauben, daß der Rest der ‹Familie› nachfolgt. Eine Ausnahme ist das Politikerpaar, das wegen der Kinder nicht an den Ort der Arbeit umzieht, sondern pendelt.

Es gibt aber auch zahlreiche Paare, die sich bewußt für ein ‹living apart together› entschieden haben – aus ganz unterschiedlichen Gründen und Motiven. Schon ein erster Vergleich mit denjenigen, die unfreiwillig auf Distanz leben, zeigt, daß ihre Lebensbedingungen weit weniger extrem sind. Die größte räumliche Entfernung zwischen den Partnern beträgt 300 Kilometer, die kleinste 50 Meter!

Konzentriert und effektiv: Mit dreihundert Kilometern Abstand

Susanne V. und Philipp K. sind 37 und 35 Jahre alt und seit drei Jahren ein Paar. Susanne hat lange mit einer Freundin zusammengewohnt, lebt aber jetzt wie Philipp allein. Von Beruf sind die beiden Journalistin und Geologe.

Die Voraussetzungen waren von Anfang an klar. Als sie sich kennenlernten, lebte Susanne in M. und Philipp in F. – dazwischen liegen 300 km und drei Stunden Autofahrt. Beide fühlten und fühlen sich sehr an ‹ihre› Stadt gebunden: Susanne schätzt an M. die Großstadtatmosphäre, wohnt deshalb auch mitten im Zentrum. Philipp findet das kleinere F. als Stadt einfach schöner und interessanter; außerdem hat er dort eine große Wohnung gemietet, die trotz Stadtnähe eine ländliche Umgebung bietet. Aber das ist es natürlich nicht allein, was Susanne in M. und Philipp in F. hält. Der Grund für ihre Standorttreue ist die Arbeit, sind die konkreten Arbeitsbedingungen. Susanne arbeitet als freiberufliche Journalistin – und M. ist die Stadt, wo die besten

Arbeits- und Auftragsbedingungen für sie existieren. Philipp hatte bereits verschiedene Arbeitsstellen ausprobiert, als er in F. endlich einen Job fand, der seinen Vorstellungen weitgehend entsprach: «Mein Beruf ist jetzt eigentlich genau so, wie ich ihn immer wollte. Ich komme viel herum, sehe Landschaften, lerne Leute kennen, mache nicht immer das gleiche. Und wenn eine Sache abgeschlossen ist, kann ich wieder etwas Neues anfangen.» Außerdem bietet ihm die Stelle gute Aufstiegsmöglichkeiten – und Philipp nimmt diese Chance auch wahr. Er ist sehr engagiert und arbeitet viel, im Schnitt fünfzig Stunden in der Woche. Trotzdem glaubt er, «daß Karriere nur so weit gehen kann, bis die Ausbeutung des Ich beginnt. Dann hört Karriere auch auf! Wo allerdings diese Grenze ist, weiß ich nicht», räumt er ein.

In Sachen Karriere ist Susanne mindestens genauso engagiert wie Philipp, sie wirkt fast noch entschiedener und eindeutiger als er: «Ich habe mich immer für meine Karriere, für das Schreiben entschieden», erzählt sie. Schon mit achtzehn, als sie mit einem Mann zusammen war, dem das traditionelle Familienmodell vorschwebte, und auch später stand immer wieder der Beruf an erster Stelle. «Deshalb waren auch solche Entscheidungen, zum Beispiel nach M. zu gehen, ganz klar. Da hätte mich nichts halten können.»

Auch heute haben die beruflichen Dinge bei ihr letztlich Priorität: «Man fragt mich, haben Sie Zeit, können Sie zu diesem Thema für uns recherchieren und schreiben? Und wenn ich frei bin, nehme ich es immer an und überlege nicht, das heißt ja dann, daß ich Philipp zwei, drei, vier Wochen nicht sehe. Dann ist es halt so.» In dieser Hinsicht wirken sich Susannes freiberufliche Existenz und die Unberechenbarkeit ihres Terminkalenders nicht gerade positiv auf das gemeinsame Leben aus. Andererseits ergibt sich genau daraus ein ungeheurer Vorteil für die beiden. Während Philipp an seine Stadt gebunden ist und dort auch einen Büroalltag abzuleisten hat, kann Susanne manchmal ein paar Wochen bei ihm verbringen. Wenn sie an einem großen

Manuskript arbeitet, zieht sie sich aus dem hektischen Leben in M. zurück, lebt und arbeitet eine Zeitlang in F. Dort hat sie mehr Ruhe – und ihre Telefonate kann sie auch von F. aus erledigen. Und wenn wichtige Dinge zu regeln sind, fährt sie im Notfall für ein, zwei Tage nach M. In solchen Wochen leben Susanne und Philipp also eine «normale Beziehung, wo die beiden Partner zusammenwohnen» (Philipp) – sehen sich aber, wie andere Paare auch, natürlich nur für ein paar Stunden am Abend.

Ein anderes ‹Highlight› ist der gemeinsame Urlaub, für ihn macht Susanne auch eine Ausnahme von der Regel, daß Termine und Arbeit vorgehen. Er muß natürlich sehr langfristig geplant werden, aber dann fahren die beiden vier, fünf Wochen durch die Welt, nach Indonesien, nach Algerien, in die Türkei. In dieser Zeit sind sie ununterbrochen zusammen: «Da bleiben wir wirklich Tag und Nacht zusammen», erzählt Susanne.

Auch sonst versucht Susanne, wenn sie zu Philipp fährt, die gemeinsame Zeit auf mehrere Tage auszudehnen. Ein bißchen steuert sie ihre Termine halt doch, verhält sich nicht ganz so kompromißlos, wie sie sich manchmal äußert. Mit diesen verlängerten Wochenenden schafft sie einen gewissen Ausgleich – denn in der Regel sehen sich die beiden nur alle zwei, drei Wochen, manchmal sogar in noch größeren Abständen.

In der Zwischenzeit telefonieren sie miteinander, jeden zweiten, dritten Tag, erzählen sich, was sie erlebt haben, wie sie sich fühlen. Und sie schreiben sich auch, keine Tagebücher, keine detaillierten Berichte ihrer Alltagserlebnisse, sondern häufig nur ein paar Zeilen, die aber ausreichen, um in engem Kontakt zu bleiben. Selbst an Tagen, an denen sie nichts voneinander hören, ist der andere gegenwärtig. Philipp: «Du kannst trotz räumlicher Ferne, wenn es zeitlich nicht überdehnt wird, bei jemandem sein, den du gerne hast. Es ist nicht unbedingt eine negative Empfindung, wenn er nicht da ist. Sondern du bist mit deinen Gedanken und Gefühlen dort und weißt, was der andere tut. Das kann vielleicht besser sein, als wenn du mit jemandem zusammenlebst und bist ganz woanders.» Und Susanne bestätigt: «Ich habe nicht das Gefühl, daß er nicht an mich denkt, wenn er sich telefonisch nicht meldet. Oder daß da plötzlich ein Loch ist.»

Diese emotionale Nähe zum anderen macht es den beiden auch möglich, mit den langen Zeiträumen des Getrenntseins recht gelassen umzugehen. «Natürlich vermisse ich ihn, aber es macht mich nicht hilflos», erzählt Susanne. «Ich bin zwar traurig, wenn ich weiß, ich sehe ihn ein paar Wochen nicht. Aber es ist kein lähmendes Gefühl, so daß ich nicht weiterarbeiten kann, nicht weiterexistieren kann. Solchen Aussagen begegnet man ja immer wieder – aber das ist bei mir überhaupt nicht der Fall.» Philipp geht es ähnlich: «Einsame Abende hatte ich bisher kein einziges Mal. Ich gehe aus, treffe mich mit Freunden, lese oder mache irgendwas. Ich habe mich bisher nie alleine oder einsam gefühlt.» Doch dann überlegt er weiter: «Manchmal vielleicht doch. Wenn du wirklich Probleme hast und niemand da ist, wenn du jemand brauchst, und er ist nicht da. Das kommt ja auch vor – und das ist nicht so gut. Aber ich will mich nicht festbeißen an solchen Sachen. Natürlich denke ich, es wäre schön, wenn wir zusammen wären. Aber daß ich mich total darauf fixiere, auf dieses Gedankengespinst, das kann ich mir und das will ich mir nicht leisten. Manchmal habe ich mich in einer solchen Situation in den Zug gesetzt und bin nach M. gefahren, obwohl ich rein rational gar nicht konnte. Aber das war bisher sehr selten.» Ihre emotionale Nähe ist also keine Belastung für die beiden, im Gegenteil: Beide sind in der Lage, produktiv mit Sehnsucht und Alleinsein umzugehen – und auch einmal spontan zu reagieren.

Ein solches Verhalten ist nur mit der Eigenständigkeit der beiden Personen zu erklären, mit ihrer Fähigkeit, bei aller Nähe auch ein Stück Distanz in der Beziehung aufrechtzuerhalten. Sehr konkret zeigt sich diese Mischung aus Nähe und Distanz an Susannes und Philipps Einstellung zur Wohnung des anderen. «M. bleibt für mich letztlich mein Zuhause», überlegt Susanne, «aber F. ist auch ein bißchen Zuhause. Für Philipp ist es sehr, sehr wichtig, daß ich mich bei ihm zu Hause fühle, er tut alles mögliche dafür. Das finde ich wunderbar, ich empfinde auch die

Wärme eines Zuhauses bei ihm. Eigentlich müßte ich sagen: Ich habe immer das Gefühl, daß ich zwei Zuhause habe – M. ist die Stadtwohnung und F. die Landwohnung. Aber im Hinterkopf respektiere ich, daß die Wohnung in F. Philipps Wohnung ist. Ich verbreite mich dort nicht so wie bei mir zu Hause. Wenn ich tagsüber schreibe, ist das Wohnzimmer immer voller Papier und Bücher. Aber wenn ich weiß, daß er bald kommt, packe ich meine Sachen weg, dafür gibt es ein paar Regale bei ihm. Ich mache das eigentlich auch aus Respekt vor ihm. Wenn jemand bei mir zu Besuch ist und seine Sachen liegen überall herum, dann stört mich das nämlich auch, wenn ich nach einem harten Tag nach Hause komme.»

Philipp hält sich viel seltener in Susannes Wohnung auf als sie in seiner, dringt dadurch weniger in ihren Bereich ein, erlebt seltener das Problem, sich dort abgrenzen zu müssen. Daher sind seine Gefühle wohl auch weniger ambivalent. «Susannes Wohnung ist auch ein Zuhause für mich. Ich bin sehr gerne dort. Für mich ist es die Stadtwohnung, du kommst aus der Tür und bist mitten in der Stadt, mitten im Getümmel. Ich finde es eigentlich ganz toll, ab und zu mal in der Stadt zu sein... Und ihre Wohnung ist sehr gemütlich, ich fühle mich dort sehr wohl.»

Für Susanne und Philipp stehen die positiven Seiten ihrer «Liebe auf Distanz» eindeutig im Vordergrund. Die «typischen Routinemerkmale, die ich von früheren Beziehungen kenne, sind einfach nicht da», hat Philipp erfahren. «Diese Routine- oder Verschleißerscheinungen, wenn man zusammenwohnt, treten bei uns nicht auf. Zum Beispiel die Diskussionen um Bagatellen, um putzen, einkaufen, spülen – Diskussionen, unter denen eigentlich jede Beziehung mehr oder weniger leidet. Das hat mich in der Beziehung, die ich vorher hatte, manches Wochenende gekostet oder manchen Tag, der einfach im täglichen Kleinkrieg untergegangen ist. Diese Zeit habe ich jetzt einfach für etwas anderes, für etwas Besseres, meine ich. Gut, dafür sehen wir uns seltener – aber die Bilanz, die würde mich einmal interessieren. Natürlich ist es auch abhängig von den Personen, nicht nur von der Form der Beziehung», räumt er ein.

Auch andere Dinge laufen verblüffend reibungslos, beobachtet Philipp immer wieder. «Wir haben eigentlich nie Anlaufschwierigkeiten, um uns wieder zu finden. Das kann ja auch wertvolle Zeit kosten an einem begrenzten Wochenende.» Auch Streit ist zwischen den beiden ausgesprochen selten. Philipp ist sogar der Meinung, daß «Zank und Streit in unserer Beziehung gegenüber einer normalen Beziehung, wo die beiden zusammenwohnen, seltener auftreten. Wir waren bisher noch nicht in der Situation, wirklich grundsätzliche Dinge auszutragen, wo einfach zwei Anschauungen aufeinanderprallen.» Eine Einschätzung, die Susanne bestätigt.

Eigentlich ist es erstaunlich, daß Gedanken an eine Veränderung der Lebenssituation überhaupt auftauchen. In diesem Punkt deuten sich auch divergierende Positionen an, die den beiden selbst anscheinend gar nicht bewußt sind. «Wir haben viele gemeinsame Interessen, viele Parallelen», überlegt Philipp. «Dazu gehört auch das Interesse, unsere Kontakte zueinander räumlich und zeitlich enger zu machen. Aber ich glaube, wir wissen beide, daß sich dann irgend etwas Einschneidendes bei einem von uns beiden ändern muß, im beruflichen Umfeld. Von Susanne würde ich nie verlangen, daß sie ihren Beruf aufgibt. Und sie ist eingebunden in M. Insofern wird es wahrscheinlich so sein, daß ich mich dorthin orientiere. Obwohl ich – und das weiß sie auch, ich mache keinen Hehl daraus – nicht unbedingt in M. leben wollte.» «Es ist völlig klar», bestätigt Susanne Philipp in diesem Punkt, «daß ich auf jeden Fall eine Wohnung in M. behalten muß.» Den Gedanken an ein Zusammenleben schiebt sie lieber weit weg: «Ich weiß nicht, ob ich mit ihm zusammenwohnen wollte. Wenn, dann wahrscheinlich in einem großen Haus, wo jeder seine eigene Wohnung hätte. Ich weiß es einfach nicht, es ist zu hypothetisch.» Und dann ergänzt sie lachend: «Ich muß allerdings zugeben, daß ich zwischendurch einmal gedacht habe... Und nicht weil das Pendeln mir auf die Nerven gegangen wäre. Jedenfalls war auf einmal die Phantasievorstellung da: Wäre das schön, wenn Philipp und ich in einem Häuschen im Wald wohnten! Das waren vielleicht fünf Minuten, wo ich mir das vorgestellt habe.»

Vergleicht man dieses Paar mit der Abgeordneten Christine B. – was angesichts der Karriere-Orientierung ohne weiteres möglich ist –, springt der Unterschied in der Gelassenheit bzw. Angespanntheit förmlich ins Auge. Daß dafür zum großen Teil die Kinder verantwortlich sind, hat das Gespräch mit Christine an vielen Stellen deutlich gemacht. Die kinderlose Susanne denkt aus ihrer Perspektive ähnlich, sie kann sich einfach nicht vorstellen, daß eine Lebenssituation wie die ihre und Kinder miteinander vereinbar sind.

Zufriedenheit mit einer Distanz-Beziehung kann aber letztlich nicht an der Kinderfrage festgemacht werden. Eine positive Einstellung zum ‹living apart together› hängt wohl entscheidend vom jeweiligen Verständnis von Nähe und dem Bedürfnis danach ab. Wenn Paaren körperliche Nähe, erotische Anziehung und Sexualität besonders wichtig sind, scheinen sie den Mangel, den die räumliche Trennung mit sich bringt, auch als besonders schmerzlich zu empfinden. Paare dagegen, die Beziehungsebenen wie emotionale Nähe und gedankliche Verbundenheit in den Vordergrund rücken, Ebenen, die sich trotz räumlicher Distanz aufrechterhalten und partiell auch bestätigen lassen, erleben offenbar keine vergleichbaren Mangel- und Verlustgefühle. Nun ist ein offenes Gespräch über die eigenen erotischen Gefühle und sexuellen Bedürfnisse nicht unbedingt Sache eines jeden (und das kann dazu führen, dieses Thema in den Interviews auszusparen), trotzdem liegt der Schluß nahe, daß hier ein Lebensbereich tangiert wird, der beim Urteil über die Lebbarkeit von Distanz-Beziehungen eine entscheidende Rolle spielt.

In den Äußerungen von Susanne und Philipp wird aber auch deutlich, daß Nähe und Distanz ganz unmittelbar und wörtlich verstanden werden müssen. Wohnung, Räume und Gegenstände sind Ausdruck der Person, ihrer Individualität und ihres Lebensgefühls – und verlangen aus diesem Grund Achtung und Respekt.

Nach vielen Experimenten: Zwei Frauen mit Freunden außer Haus

Katharina H. und Helke B., 34 und 36 Jahre alt, wohnen schon mehr als zwei Jahre zusammen. Beide haben einen festen Partner – Katharina seit anderthalb, Helke seit fast fünf Jahren –, aber die Männer leben allein, nicht weit von den Frauen entfernt. Katharina arbeitet als Lehrerin, Helke ist Ökonomin und hat sich vor einiger Zeit selbständig gemacht.

Die Neubauwohnung liegt unterm Dach, die Aussicht ist phantastisch: Auf der einen Seite geht der Blick bis zur Innenstadt, auf der anderen bis zu den Hügeln am Stadtrand. Das Zentrum der Drei-Zimmer-Wohnung bildet ein geräumiger Wohn- und Eßraum, der große Tisch, die sechs Stühle und die angrenzende, gut ausgestattete Küche zeigen, daß die beiden Frauen gerne Leute zum Essen einladen.

Katharina bewohnt das kleinere Zimmer, das nach Südwesten geht und einen Balkon hat, sie nutzt den Raum zum Wohnen, Schlafen und Arbeiten. Das dritte Zimmer mit Erker und Stadtblick gehört Helke, für die der Raum vor allem ein Ort ist, wo sie sich entspannen kann. Alles in allem: eine bis ins Detail liebevoll ausgestattete Wohnung, ein belebtes Zuhause.

Katharina und Helke wohnen hier seit zweieinhalb Jahren. Ganz bewußt sind sie damals auf Vorschlag von Katharina zusammengezogen. Sie kannten sich bereits recht gut und wußten, daß sie in wesentlichen Punkten – «was Leben, Lebenszusammenhänge und bestimmte feministische Ansprüche angeht» (Katharina) – einer Meinung waren. Geplant haben sie ihr künftiges gemeinsames Leben aber nicht. «Wir sind zusammengezogen ohne Ansprüche, haben nicht gesagt, wir machen jetzt dies und jenes zusammen. Unausgesprochen war klar, daß wir uns gegenseitig nicht einschränken und so gut wie alles akzeptieren, was die andere macht» (Katharina). Auf dieser minimalen Basis haben sich die beiden zusammengerauft – was ohne Auseinandersetzungen und Kompromisse natürlich nicht ging und nicht geht. Inzwischen ist es den beiden Frauen gelungen, eine Form des Zusammenlebens zu entwickeln, mit der sie rundherum zufrieden sind. «Wir haben die Nähe und die Distanz, die wir uns beide vorstellen. Es gibt bestimmte Gemeinsamkeiten, so daß wir uns gut verstehen und auch gut zusammen leben können. Aber wir haben es nicht so nah und dicht, daß wir alles miteinander teilen wollten und müßten» (Helke). Was sie zum Beispiel nicht teilen, ist das Telefon. Für beide ist es ein so wichtiges Kommunikationsmittel, daß jede ein eigenes braucht.

Die Organisation des gemeinsamen Haushalts läuft reibungslos und streßfrei. Fürs Saubermachen haben die beiden eine Putzfrau engagiert, die restlichen Hausarbeiten erledigen sie je nach Zeit, Lust und Laune. Diese Regelung ohne festgelegte Aufgaben und Pflichten ist ihnen wichtig. Wichtiger als ein funktionierender Haushalt ist den beiden Frauen die Kommunikation miteinander, das Erzählen, Austauschen, Herzausschütten, das durch das Zusammenwohnen eine größere Intensität bekommt als in einer normalen Freundschaft. Nur haben sie oft viel zuwenig Zeit dazu; bei beiden nimmt der Beruf einen großen Raum ein. Katharina arbeitet an einer Versuchsschule, die von ihr viel Engagement verlangt, Helke steckt den größten Teil ihrer Energien in den Aufbau ihres Finanzberatungsbüros, mit dem sie sich vor einiger Zeit selbständig gemacht hat.

Und außerdem haben beide einen Partner und eine Partnerschaft, für die sie Zeit benötigen. Sie treffe ihren Freund oft eine Woche lang gar nicht, erzählt Katharina. «Wir versuchen zwar, uns auch in der Woche zu sehen und etwas zusammen zu unternehmen, aber das gelingt uns nicht immer. Am Wochenende verbringen wir meistens einen ganzen Tag zusammen, allerdings auch nicht jedes Wochenende. Außerdem treffe ich mich mit Dennis nur dann, wenn wir richtig verabredet sind, ich hab's nicht gerne, wenn er einfach so vorbeikommt. Ich möchte mich darauf einstellen und selber Lust dazu haben – und ich will auch nein sagen können. Für mich ist das eine bewußtere Umgehensweise mit dem ‹Gut› einer Beziehung und mit dem, was Leben für mich bedeutet.» Helke und ihr Freund sehen sich noch seltener als Katharina und Dennis: «Wir haben gerade unseren Terminkalender für den nächsten Monat gemacht», erzählt sie, «das ist oft sehr schwierig, weil wir beide wahnsinnig viel zu tun haben, auch an den Wochenenden. Sich spontan häufiger oder länger zu treffen, ist kaum möglich. Deshalb müssen wir uns bestimmte Tage richtig systematisch freihalten. Das hört sich zwar für Außenstehende ziemlich pervers an, aber für uns ist es eine Form, mit der wir gut leben können. Im nächsten Monat treffen wir uns wahrscheinlich nur viermal, an einem Wochenende einen ganzen Tag. Das ist auch für uns wenig – aber, weil wir bald zusammen in Urlaub fahren, ist es nicht so schlimm.»

Für Katharina und Helke ist diese Lebensweise – gemeinsamer Alltag mit einer anderen Frau, sporadische, verabredete Treffen mit dem Partner – eine Konsequenz aus ihren bisherigen Erfahrungen. «Ich habe alle Wohnformen, die es gibt, schon durchgemacht», resümiert Helke. «Mit dem Partner in einer Wohngemeinschaft, allein in einer Wohngemeinschaft, mit einem Mann alleine, in einer traditionellen Kleinfamilie, also Vater-Mutter-Kind, ganz alleine, mit einem Mann, mit dem ich keine Beziehung hatte, mit einer Frau mit Kind – und jetzt mit Katharina zusammen. Und das ist praktisch das Fazit, ich kann es mir anders nicht schöner vorstellen.»

Katharinas Erfahrungen sind nicht ganz so vielfältig: Einmal hat sie mit einem Freund (Gerd) zusammengelebt, die meiste Zeit aber in Wohngemeinschaften – mit und ohne den jeweiligen Partner. Besonders gefallen hat ihr eine Frauen-Wohngemeinschaft, weil dort alle für Behaglichkeit sorgten und eine «warmherzige Atmosphäre» herrschte. «Ich finde es einfach toll», erinnert sie sich, «wenn jemand sieht, wie's einem geht, wenn man nach Hause kommt. Und im Zweifelsfall auch jederzeit bereit ist, mit mir zu reden, wenn es sein muß...»

Diese Erfahrungen haben ihre Ansprüche geprägt – Ansprüche, die im Zusammenleben mit einem Mann, mit ihrem ehemaligen Partner (Gerd) nicht erfüllt wurden. «Das Zusammenwohnen mit Gerd fand ich dürftig, es war viel kälter als mit den Frauen. Ich fühlte mich schon von vorneherein zuständig für alles Behagliche, bekam aber nichts zurück. Gerd legte wenig Wert aufs Wohnen – aber für mich gehört die Wohnung zu mir. Das bin ich, das ist mein Zuhause, da muß ich mich wohl fühlen.» Katharina hält die Einstellung ihres ehemaligen Partners übrigens nicht für einen Einzelfall, sie hat häufig bei Männern beobachtet, «daß sie einfach eine ganz andere Wohnkultur haben». Womit sie eher eine Wohn-Unkultur meint, eine Form von Unbehaustheit.

Wenn es um das Zusammenleben mit einem Mann geht, denkt Helke sofort an ihre Erfahrungen mit einem ganz alltäglichen, doch ausgesprochen konfliktreichen Punkt: der Hausarbeit. Ihr geht diese Arbeit leicht von der Hand – und daneben sieht sie ihren Freund, der sich zwar Mühe gibt, der sich auch kümmert und sorgt, aber einfach langsam und umständlich ist. Bei ihm «dauert alles einfach so wahnsinnig lange, daß es mich im Zusammenleben nerven würde. Ich glaube, daß ich dann doch schneller bestimmte Sachen machen würde, Flicken und Nähen zum Beispiel, auch wenn wir das anders vereinbart hätten. Das kenne ich schon – und das will ich gar nicht erst einreißen lassen.» Noch ein Grund, um mit dem Freund nicht zusammenzuleben. Für Katharina ist die Verweigerung häuslicher Dienstleistungen am Freund genauso selbstverständlich: «Es interessiert mich nicht, wie er seine Hausarbeit regelt, wann er das macht», sagt sie ganz gelassen.

Die negativen Erfahrungen im Zusammenleben mit einem Mann sind aber nur die eine Seite. Für eine Beziehung auf Distanz spricht bei beiden Frauen das positive Lebensgefühl, das ein ‹living apart together› bei beiden auslöste und auslöst. Katharinas Beziehung zu Gerd begann bereits in der Zeit ihrer Frauen-Wohngemeinschaft, also ein paar Jahre bevor sie mit ihm zusammenzog. Damals lebte und arbeitete er in B., 350 Kilometer entfernt. Natürlich hatte sie «ganz viel Sehnsucht», wünschte sich, den Mann öfter zu sehen, aber gleichzeitig erlebte sie «in der Woche ein beschwingtes Gefühl. Was ich auch immer tat, ich war niemandem Rechenschaft schuldig. Richtig frei habe ich mich gefühlt! Und wenn wir uns an den Wochenenden trafen, haben wir uns so aufeinander gefreut, daß wir gelernt haben, sie nicht mit Kleinigkeiten zu überfrachten.» In dieser Zeit erlebte Katharina auch einen enormen Zuwachs an Selbständigkeit und Leistungsfähigkeit – woran nicht nur die Distanzbeziehung, sondern auch die Endphase der Ausbildung, in der sie gerade steckte, beteiligt war: «Ich hatte meine Freundinnen als Rückhalt, aber ich hatte ganz oft das Gefühl: Toll, daß ich das alleine schaffe.» Ohne einen Partner, der jederzeit Händchen hält.

Für Helke sind Unabhängigkeit und Ruhe die wichtigsten Aspekte ihrer gegenwärtigen Beziehung. «Ich habe das Gefühl, ich brauche auch mein eigenes Leben... Wenn ich unheimlich geschafft bin von der Arbeit, dann muß ich mich in meinen Sessel verziehen können und einfach zwei Stunden vor mich hin gucken, ohne daß jemand irgend etwas von mir will. Ich glaube nicht, daß das so einfach wäre, wenn man zusammenleben würde.» Und dann wird sie grundsätzlich: «Das hat wohl auch etwas damit zu tun, wie intensiv jemand arbeitet und lebt und was eine Beziehung überhaupt bedeutet im Leben. Wenn sie das ein und alles ist, stellt sich die Wohnfrage wohl anders. Aber wenn eine Beziehung oder Liebe oder Partnerschaft eine ganz wichtige Sache im Leben ist, aber eben nur eine, dann relativiert sich vieles. Für mich ist das Wichtigste meine Arbeit – und für meinen Freund ist es genauso, seine Arbeit ist ihm auch das Wichtigste. Diesen Konflikt: Deine Arbeit ist dir wichtiger als ich – den gibt es bei uns nicht. Und dadurch ist unsere Beziehung auch frei von diesen Wahnsinns-Überfrachtungen, von diesen Erwartungen, was sich in ihr alles abspielen muß und was der andere alles repräsentieren muß. Deshalb läuft es auch so gut bei uns, glaube ich.»

Daß sie damit nicht nur mögliche Aspekte einer Beziehung

ausklammert, sondern auch potentiellen Konflikten ausweicht, ist Helke durchaus bewußt. Manchmal kommen ihr deswegen auch Zweifel, im Grunde glaubt sie aber, den richtigen Weg zu gehen: «Ich finde es toll, eine sehr enge Beziehung zu einem Menschen zu haben, ohne daß sie von vorneherein belastet ist mit unerwünschten Dingen. Also die positiven Seiten zu leben und das, wozu man keine Lust hat, auszuklammern. Wenn zum Beispiel Konfliktstoff da ist, es gar nicht erst zu Konflikten kommen zu lassen, indem man die Sachen wegorganisiert – durch Nicht-Zusammen-Leben.» Einen solchen Konfliktstoff hat sie auch konkret vor Augen. Ihr Freund hat einen Sohn, der zwar bei der Mutter lebt, aber recht häufig beim Vater zu Besuch ist. Helke mag dieses Kind nicht besonders, fühlt sich von ihm genervt und geht ihm daher aus dem Weg. «Er sagt immer, das sei ein Bereich seines Lebens, und ich verhielte mich dazu ignorant. Aber ich stehe dazu. Ich habe keine Lust, das zu ändern. Wir sehen uns sowieso so selten, warum muß ich mich in dieser geringen Zeit auch noch damit herumschlagen, zu diesem Kind eine positive Beziehung zu entwickeln. Dazu habe ich einfach keine Lust, er soll mich damit in Ruhe lassen.»

Möglicherweise hängt Helkes Abwehr damit zusammen, daß sie selbst ein Kind hat, das bei seinem Vater lebt und das sie selten sieht.

Katharina will sich bei der Frage nach dem Wichtigsten im Leben nicht so eindeutig festlegen wie Helke. «Ich glaube schon, daß mir eine Partnerschaft sehr wichtig ist, ich würde mir etwas vormachen, wenn ich sagen würde, sie wäre nicht so wichtig. Ich bin auch sehr glücklich, daß ich seit anderthalb Jahren wieder eine feste Beziehung (mit Dennis) habe. Aber ich habe nie gelitten, als ich keinen Freund hatte. Es war für mich durchaus vorstellbar geworden, mein Leben lang allein zu bleiben. Das ist auch jetzt noch so. Die Beziehung ist keine Bedingung dafür, daß ich mein Leben in einer bestimmten Form führe. Auch ohne Beziehung würde alles so weitergehen, glaube ich. Sie ist so etwas wie... nicht wie Gesundheit, aber wie ein guter Appetit, etwas zusätzlich Bereicherndes.» Wie bei Helke ist auch in der Beziehung zwischen Katharina und Dennis der andere nicht für alles zuständig, auch hier gibt es nicht diesen totalen Anspruch an den anderen. Probleme zum Beispiel bespricht Katharina nicht unbedingt mit ihrem Freund, weil es Dinge gibt, die sie mit anderen lieber und auch besser bereden kann. Insofern haben die Beziehungen zu anderen Menschen, vor allem zu Freundinnen, für diese Frau einen ähnlichen Stellenwert wie die Partnerschaft – auch emotional. «Es ist natürlich eine andere Emotionalität, aber die ist genauso intensiv.»

Katharina ist sich übrigens sicher, daß es ihrem Freund genauso geht. Er hat «überdurchschnittlich viele, auch intensive Beziehungen zu Männern», er hat ein sehr gutes Verhältnis zu seiner Noch-Ehefrau: «Sie treffen sich sehr häufig und sind auch sehr vertraut miteinander. Aber ich bin überhaupt nicht eifersüchtig», ergänzt Katharina immer noch ein wenig erstaunt, weil sie sich in der Beziehung zu Gerd durchaus als eifersüchtige Person erlebt hat. «Dennis und ich bedeuten uns in einer gewissen Weise viel – da kann er anderen meinetwegen auch viel bedeuten, das hat dann aber nichts mit uns zu tun.»

Die beiden Frauen begreifen ihre Lebensweise letztlich als Experiment. Sie wollen ausprobieren, ob die bewußte Distanz auf Dauer nicht zu einem freieren, realistischeren und entspannteren Umgang mit dem Partner führt, als sie im traditionellen Modell des Zusammenlebens erfahren haben. Sie wollen auch ausprobieren, ob ihnen ein weiblicher Lebenszusammenhang auf Dauer nicht mehr Rückhalt, mehr Kraft gibt als die traditionelle Lebensweise, in der Frau und Mann zusammenleben.

Bei Katharina und Helke gibt es keinen äußeren Grund, keinen äußeren Anlaß, eine «Liebe auf Distanz» zu leben. Darin unterscheiden sie sich auch von Susanne und Philipp, die zwar ihre Beziehungsform bejahen, sie aber nicht explizit gewählt haben. Die beiden Frauen haben sich bewußt dazu entschieden, eine «Liebe auf Distanz» zu leben. Katharina benennt zwei wichtige Motive: «den Wunsch, unabhängig und selbstbestimmt zu leben, und die Einsicht, daß eine Liebesbeziehung ein ‹Gut› ist, das man pflegen muß, das durch Alltäglichkeit und Unachtsamkeit leicht zu beeinträchtigen ist.» Helke fügt ein weiteres Motiv hinzu: die Prioritätensetzung. Eine Liebesbeziehung ist in ihren Augen nur ein wichtiger Lebensbereich neben anderen wichtigen Lebensbereichen, deshalb räumt sie ihr keinen alles bestimmenden Einfluß ein. Daß sich daraus eine Entlastung für die Beziehung ergibt, daß damit übersteigerten Wünschen und Bedürfnissen, die alle auf den Partner gerichtet werden, ein Ende bereitet wird, ist ein wichtiger Nebeneffekt. Der allerdings hat gravierende Folgen für die (bei uns dominante) Vorstellung von der romantischen Liebe – er demontiert sie nämlich.

Während bei Helke und Katharina die «Liebe auf Distanz» ein Ergebnis von Erfahrungen ist, bildet sie beim nächsten Paar, das ich porträtieren möchte, den Ausgangspunkt der Beziehung.

Eine Chance, aufeinander zuzugehen: Sieben Jahre bewußte Distanz

Dorine S. und Frank K. S. sind 33 und 35 Jahre alt, von Beruf Krankengymnastin und Lehrer, seit mehr als sechs Jahren zusammen und davon zweieinhalb Jahre verheiratet. Als ich sie zum Interview treffe, hat Frank eine Wohnung in R. und ein Zimmer in B., Dorine lebt in B. in einer Wohngemeinschaft mit einer Frau und ihrem Kind. Aber diese Lebenssituation ist mitten im Umbruch. Dorines Mitbewohnerin will ausziehen, Frank wird dann in B. mit Dorine zusammenziehen.

Als Frank sich gerade entschlossen hatte, seinem Studienort B. den Rücken zuzukehren und sich ganz auf eine neue Arbeit und eine neue Stadt einzulassen, verliebte er sich bei einem Sommerfest in B. «Das war schon eine starke Verliebtheit, eine richtige Wolke.» Nach einigem Hin und Her wurde daraus eine Beziehung. Ungewöhnlich war es für Frank nicht, eine Freundin in einer anderen Stadt zu haben, bisher lebten alle Frauen, mit denen er längere Zeit zusammen war, in anderen Städten. «Da war Abstand dazwischen, den brauchte ich scheinbar auch.»

Auch für Dorine, die neue Liebe, war es nichts Besonderes, mit dem Partner nicht zusammenzuleben. Sie war und ist vor allem auf weibliche Lebenszusammenhänge orientiert: Schon seit vielen Jahren wohnt sie mit anderen Frauen und deren Kindern zusammen, in der krankengymnastischen Praxis, in der sie arbeitet, hat sie ausschließlich mit Kolleginnen zu tun, und außerdem besitzt sie einen großen Feundinnenkreis. Mit einem Mann hatte sie bisher bewußt noch nicht zusammengelebt, die physische und psychische Nähe, die dadurch entsteht, glaubte sie nicht ertragen zu können. «Das hängt ganz klar mit meiner persönlichen Geschichte mit Männern zusammen, vor allem mit dem sexuellen Mißbrauch durch meinen Vater, als ich ein Kind war.»

Die äußeren Bedingungen waren günstig. M., wo Frank in den ersten beiden Jahren unter der Woche arbeitete und wohnte, ist nur hundert Kilometer von B. entfernt. Und als Referendar in der Lehrerausbildung konnte er recht flexibel mit seiner Zeit umgehen, konnte sich sogar manchmal leisten, auszuflippen und einen Kollegen zu bitten, seinen Unterricht zu übernehmen. Außerdem ließen die hundert Kilometer einen Abendbesuch durchaus zu; wenn die beiden einander brauchten oder wenn sie sich unbedingt sehen wollten, fuhr Frank für einen Abend und eine Nacht nach B. Zudem schien das Leben in zwei Städten zeitlich befristet zu sein. Als Lehrer, davon war auszugehen, würde Frank wohl kaum eine Stelle bekommen, er würde sich nach seiner Ausbildungszeit beruflich umorientieren müssen.

So schien es zuerst auch zu kommen. Am Ende der Ausbildung kehrte Frank mit einer knallharten Absage der Schulbehörde in der Tasche nach B. zurück und suchte sich dort ein Zimmer in einer Wohngemeinschaft: «Wir wollten nicht zusammenziehen. Das hatte irgend etwas mit ‹Freiheit behalten› zu tun, jeder hatte seinen eigenen Raum, seine eigenen Freunde», erinnert sich Frank. Aber ehe er dazu kam, sich in B. wieder einzurichten, fragte die Schulbehörde telefonisch an, ob er drei Tage später eine Stelle in R. antreten könne. Bis zum Abend müsse er Bescheid geben! Für Frank war es keine Frage, sich für diese Stelle zu entscheiden: Er wollte Lehrer werden, und er brauchte auch die Bestätigung, die eine gesellschaftlich anerkannte Position vermittelt. Und die Beziehung zu Dorine hatte sich unter dem Vorzeichen «Wochenendbeziehung» bisher positiv entwickelt. Daher tauchte «die Frage, läßt du die Stelle wegen der Beziehung sausen, gar nicht richtig auf». Für Dorine war klar, daß sie in B. bleiben würde. Die Freundinnen, die Familie, die Arbeitsstelle zurücklassen und Frank hinterherziehen, erst einmal nur auf ihn angewiesen sein, das war für sie nicht vorstellbar. «So sehr wollte ich mich nicht auf einen Mann verlassen, ich wollte mich mehr auf mich verlassen und auf meine Freundinnen.»

Für Frank begann damit ein «zersplittertes», «zerrissenes» Leben: Er wohnte unter der Woche in O., arbeitete in R., und Dorine lebte weiter in B. Fünfmal in der Woche pendelte er zwischen Arbeits- und Wohnort, einmal zwischen seinem Wohnort O. und B. Auch in B. hatte Frank noch ein eigenes Zimmer, denn am Wochenende wollte das Paar nicht gänzlich aufeinander angewiesen sein, nicht immer aufeinanderhocken.

Trotz seiner regelmäßigen Anwesenheit in B. wurde es für Frank immer schwieriger, seine alten Freundschaften aufrecht-zuerhalten – die Freunde gingen davon aus, daß er und Dorine das Wochenende für ihre Beziehung brauchten, und zogen sich weitgehend zurück. In O. lernte er zwar schnell neue Leute kennen, aber für diese Kontakte wäre mehr Zeit nötig gewesen, um sie zu intensivieren. Während bei Frank Verluste, Zerrissenheit und Zeitmangel dominierten, wurden Dorines Freundschaften immer «schöner, voller, runder», wie Frank es empfand, sie knüpfte sich ein immer festeres Netz, um das Frank sie zunehmend beneidete.

Aber nicht nur in diesem Punkt driftete das Leben der beiden auseinander. Frank und Dorine waren voll damit beschäftigt, ihren Alltag zu bewältigen – und taten es zunehmend für sich, ohne dem anderen noch viel davon mitzuteilen. «Am Anfang haben wir noch relativ viel telefoniert», erinnert sich Frank, «aber dann gab's irgendwann nur noch Chaos. Die Verständigung über Telefon klappte nicht.» Und die beiden Tage des Wochenendes reichten nicht aus, sich wieder aneinander zu gewöhnen, sich mitzuteilen, zueinander zu finden.

Den Unterschied zwischen den beiden Wochenhälften, erzählt Dorine, habe sie nicht gut aushalten können. «Einen Teil der Woche ganz für mich allein zu haben und plötzlich dann ganz viel kompakte Nähe – das ist mir schwergefallen.»

An den Wochenenden entstand immer öfter die Situation: «Man hatte ein Bild, wie es sein sollte, offen, fröhlich, begeistert, verliebt – und das klappte nicht» (Frank). Statt dessen gab es Streit, Fremdheitsgefühle, Unverständnis: «Wenn ich Freitag abends nach B. gekommen bin, hatten wir schon ein richtiges Ritual. Wir haben uns entweder gefetzt oder angeödet oder angeschwiegen» (Frank).

Die neue Lebenssituation brachte also das bis dahin offenbar vorhandene Gleichgewicht von Nähe und Distanz völlig durcheinander. Wie sehr es aus den Fugen geraten war, zeigten die widersprüchlichen Vorstellungen über die Gestaltung der gemeinsamen Zeit. Einerseits hatten beide – unausgesprochen – die Vorstellung und den Wunsch, die Tage, die sie zusammensein konnten, auch zusammen zu verbringen, sich in dieser Zeit aufeinander einzulassen. Zugleich existierte das Bedürfnis, «am Wochenende trotzdem noch Distanzen einzuhalten» (Dorine), sich auch am Wochenende mit anderen Leuten zu treffen oder allein etwas zu unternehmen – jedenfalls wirklich das zu tun, wozu man Lust hatte. «Bei mir», erzählt Frank, «ist ganz stark eine Angst davor da, sich nur noch aufeinander zu beziehen und so eine seltsame Einheit zu werden, bei der man nicht mehr erkennen kann, wo man selber ist.» Aber diese Angst vor dem Verlust der eigenen Konturen in denen eines Paares verband sich bei beiden mit dem Wissen darum, daß ihnen genau diese Einheit vorschwebte – Frank vielleicht noch stärker als Dorine. «Ich neige wahrscheinlich auch dazu, viel auf den anderen abzuladen, wirklich immer zusammensein zu wollen und dann auch viel

Initiative abzugeben.» Dagegen hatte bisher das Nicht-Zusammen-Wohnen geholfen, nun stellte sich heraus, daß damit das Problem im Grund nur verschoben, ausgelagert worden war.

Wie sie aus diesen Widersprüchen herausgekommen sind, können Frank und Dorine nicht richtig erklären. An irgendeinem Punkt ihrer Auseinandersetzungen, ihrer Mißverständnisse, ihrer Sprachlosigkeit erkannte Dorine: «Ich habe mich überhaupt nicht auf ihn eingestellt. Im Grunde war ein Mann ein Störelement in meinem Leben. Wir haben uns zwar immer getroffen, aber eigentlich wollte ich gar keinen Mann haben in meinem Leben.» Un-eigentlich wollte sie ihn wohl doch, denn sonst hätte sich nicht ein anderer Gedanke angeschlossen: «Wenn ich die Beziehung will und auch will, daß es weitergeht und nicht immer weiter auseinandergeht, sondern wieder zu mehr Nähe kommt, dann muß ich auch einen Schritt auf Frank zu machen. Und zwar einen wichtigen Schritt.» Dorine entschied sich für einen Schritt, der bis heute seine Symbolkraft nicht eingebüßt hat – die Ehe. Trotz aller Vorbehalte gegen die staatliche Sanktionierung einer Partnerschaft erschien ihr die Ehe geeignet, ihre grundsätzliche Entscheidung für die Beziehung zum Ausdruck zu bringen und ihre Bereitschaft zu signalisieren, vor Schwierigkeiten und Konflikten nicht davonzulaufen, sondern sich mit ihnen auseinanderzusetzen.

Frank initiierte zur gleichen Zeit wichtige Veränderungen der Alltagsroutine. Er kümmerte sich um eine Veränderung seines Stundenplans, die ihm ein längeres Wochenende bescherte, verlagerte seinen Lebensmittelpunkt wieder nach B. und zog in eine Wohnung in der Nähe seiner Schule. Schritte, die seine Zerrissenheit ein Stück weit reduzierten und den ständigen Zeitdruck, die ständige Zeitknappheit entschärften. Außerdem reichte er einen Versetzungsantrag ein – der, wenn er einmal positiv entschieden würde, das Ende des Pendelns über große Distanzen, wenn nicht gar das Ende der Distanz-Beziehung bedeuten würde.

Damit war zwar der Grundkonflikt zwischen dem Wunsch

nach Eigenständigkeit auf der einen und Nähe auf der anderen Seite nicht aufgelöst. Aber durch die Entspannung der äußeren Bedingungen und das symbolische Bekenntnis zueinander schufen die beiden sich bessere Möglichkeiten, ihre Bedürfnisse zu artikulieren. «Ich merke, ich bin jetzt offen dafür, mich mit ihm auch über Dinge des Zusammenlebens auseinandersetzen zu wollen – und nicht zu sagen: Das ist schwierig, deshalb will ich jetzt lieber Abstand haben. Jetzt kann ich sagen, es ist schwierig, laß uns darüber reden», erzählt Dorine. Sie suchte sich für diese Auseinandersetzung allerdings zusätzlich professionelle Hilfe; sie begann eine Therapie, um ihr Kindheitstrauma, den jahrelangen sexuellen Mißbrauch durch den Vater, offensiv anzugehen. Dadurch gelang es ihr zunehmend, «viele alte Verletzungen abzutragen. Sie sind nicht mehr so dicht, daß sie mich in meinem Verhalten prägen und mich Männern gegenüber abweisend machen. Jetzt kann ich oft die Sachen näher an mich herankommen lassen, ohne daß sie mich total beängstigen.»

Eine gewachsene Bereitschaft zur Auseinandersetzung produziert natürlich keine friedlichen Zeiten, sondern läßt im Gegenteil immer neue Irritationen, Widersprüche und Krisen an die Oberfläche treten. Bei Dorine und Frank geht es dabei immer wieder um das Verhältnis von Nähe und Distanz, das in ganz unterschiedlichen Bereichen, in ganz unterschiedlichen Ausformungen auftaucht. Dorine über die ‹neuste› Variante ihres Grundkonflikts: «Frank wollte lange nicht, daß ich etwas mit seinem beruflichen Alltag zu tun habe. Das habe ich lange hingenommen, aber allmählich merke ich, daß es mich stört, aus diesem Teil seines Lebens rausgehalten zu werden. Wenn ich von einer Sache gerne etwas mitbekommen würde und er genau das ausdrücklich ablehnt – dann verletzt mich das. Anfang des Jahres hatte ich das Gefühl, er zieht zu viele Grenzen und läßt mich nicht richtig an sich heran… Da hatten wir massive Auseinandersetzungen, es ging zum Teil auch darum, ob wir uns trennen. Ich kann es einfach nicht aushalten, wenn ich so stark ausgeschlossen werde von dem, was er fühlt und lebt. Im Endeffekt hat diese Auseinandersetzung dazu geführt, daß Frank sich sehr viel intensiver mit sich selber auseinandersetzt.» Vor kurzem hat er sich zu einer bioenergetischen Therapie entschlossen, um seiner Starrheit und seinen Verkrampfungen entgegenzuwirken.

Inzwischen können sich Frank und Dorine so weit auf die Nähe zum anderen einlassen, daß sie in B. zusammenziehen wollen. Wenn der Versetzungsantrag durchkommen sollte, heißt das nichts anderes, als ständig zusammenzuleben. Frank gefällt die Vorstellung, aber Dorine ist manchmal nicht ganz wohl, wenn sie sich diese Situation ausmalt. «Wenn ich denke, er ist dann immer, immer, immer hier in der Wohnung! Und die paar Stunden, die er in der Schule ist, überschneiden sich vielleicht noch mit meiner Arbeitszeit – das finde ich manchmal erschreckend.»

Die Bereitschaft, sich perspektivisch auf die Nähe des Zusammenlebens einzulassen, hat aber noch andere Wurzeln als die zunehmende Fähigkeit zur Auseinandersetzung. Sie liegen in einem gewachsenen Selbstwertgefühl und in einem Paarverständnis, das den Bedürfnissen des einzelnen, seiner Entfaltung und Entwicklung einen hohen Stellenwert beimißt. Frank beschreibt es so: «Ich weiß mittlerweile genauer, was ich will und wo ich Defizite habe, etwas zu wollen. Und ich bin mir inzwischen ganz sicher, daß ich nur überleben kann, wenn ich etwas für mich tue – und daß das nicht gegen Dorine gerichtet ist.»

Ein solches Wissen, das nicht auf der Ebene der Einsichten verharrt, sondern sich auch in Verhalten umsetzt, erzeugt letztlich innere Unabhängigkeit. Dorine und Frank haben versucht, sich diese innere Unabhängigkeit über den Umweg äußerer Freiräume und Distanz anzueignen. Ein Stück weit ist es ihnen auch schon gelungen – deshalb sind sie in der Lage, die äußere Distanz immer weiter zu verringern und auch die inneren Barrieren allmählich abzubauen. Daß sie jetzt, nach fast sieben Jahren Partnerschaft, noch nicht an einem Ende angekommen sind, wissen beide. «Am Wochenende komme ich her», beschreibt Frank seine gegenwärtige Gefühlslage, «und weiß ich vom Kopf her, daß ich eigentlich meine eigenen Sachen machen will – und daß

Dorine froh ist, wenn ich meine eigenen Sachen mache und nur dann mit ihr zusammen bin, wenn ich Lust dazu habe. Trotzdem macht es mir ein schlechtes Gewissen, mich für Samstag mit einem Freund zu verabreden.»

Wie für Helkes und Katharinas Partnerschaften stehen also auch bei Dorine und Frank Selbständigkeit und Unabhängigkeit im Mittelpunkt. Für beide sind diese Ziele nur über einen langen und komplizierten Lernprozeß erreichbar, in dem sie sich unter anderem auch mit dem herrschenden Partnerschaftsideal und mit traditionellen Formen von Partnerschaft auseinandersetzen müssen.

Dorine und Frank konnten viele Jahre lang nur über eine ‹eingebaute› Distanz miteinander leben, sie brauchten die räumliche Trennung als Hilfsmittel, um Raum für die Entfaltung der eigenen Person zu haben. In dem Moment aber, in dem beide das Gefühl haben, genügend Unabhängigkeit und Selbständigkeit zu besitzen, können sie sich – anders als Katharina und Helke – der räumlichen Distanz entledigen!

In der Beziehung von Dirk A. läßt sich der umgekehrte Verlauf beobachten: eine Aufhebung der räumlichen Nähe zugunsten von Distanz. Die Funktion allerdings, die der räumlichen Trennung verliehen wird, ist ähnlich wie bei Dorine und Frank – sie soll eine Beziehungskrise bewältigen helfen.

Ein Weg der Krisenbewältigung: Zwei Wohnungen in einer Straße

Dirk A. ist 41 Jahre alt und von Beruf Gymnastiklehrer. Mit Rike, seiner Partnerin, ist er vierzehn Jahre zusammen, seit sechseinhalb sind die beiden verheiratet. Micki, ihr Sohn, ist sieben. Dirk und Rike haben in verschiedenen Wohnkonstellationen gelebt: zusammen in einer Wohngemeinschaft, zu zweit, in zwei Städten, siebzig Kilometer voneinander entfernt – und nun leben sie in zwei Wohnungen mit fünfzig Metern Distanz dazwischen.

«Ich wohne in zwei Wohnungen, in der Lessingstraße 8 und in

der Lessingstraße 25», erklärt Micki manchmal anderen Kindern. Diese souveräne Beschreibung seiner Wohnsituation hat Dirk schon häufiger von seinem siebenjährigen Sohn gehört. Er zieht daraus den Schluß: Die Situation ist so klar, daß der Junge sie seinem Alter entsprechend begreifen und akzeptieren kann.

Daß seine Eltern nicht zusammen in einer Wohnung leben, daß er manchmal beim Vater, manchmal bei der Mutter wohnt und schläft, ist für Micki nichts Besonderes. Schließlich ist er diesen Wechsel seit fast vier Jahren gewöhnt. Und auch bei anderen Kindern seiner Umgebung gibt es Familienkonstellationen, die vom Bild der ‹normalen› Familie abweichen. Einige leben mit der Mutter zusammen, ein Kind beim Vater, andere pendeln zwischen Mutter und Vater, die sich getrennt haben – was bei Mickis Eltern ja nicht der Fall ist. Die ‹komplette› Familie, meint Dirk, sei für die Kinder in Mickis Alter aus der eigenen Lebenserfahrung heraus längst nicht mehr die einzig mögliche Variante.

Dirk, Rike und Micki sind nicht nur wegen der beiden Wohnungen keine ‹normale› Familie. Hinter dem räumlich getrennten Leben der beiden Erwachsenen steht ein neues Partnerschaftsverständnis, das sich in den vielen Jahren ihrer Beziehung herauskristallisiert hat. Dirk, der hier allein zu Wort kommt, beschreibt es so: «Wir definieren uns bis heute darüber als ‹Paar›, daß es Sachen gibt, die wir zusammen als etwas Schönes erleben können. Das kann miteinander schlafen sein, das kann ein Urlaub sein, das kann ein schöner gemütlicher Abend sein. Aber wir haben immer das Ziel, genau zu gucken, was gerade ist. Eine Beziehung gerät schnell in gewisse Gewohnheiten hinein, in einen Trott – und das erlebt man ja nicht nur negativ, sondern auch als schön und verführerisch. Deshalb ist es wichtig, immer wieder Aufmerksamkeit dafür zu entwickeln, was du selber wirklich willst, wann du dich wirklich wohl fühlst.»

Hier kommen zwei Aspekte zur Sprache, die sich vom herkömmlichen Partnerschaftsverständnis unterscheiden und die auch von anderen Paaren, die ‹apart together› leben, immer wieder genannt werden: die Position des einzelnen, des Individuums in einer Beziehung und die Ablehnung eines Alltags, der in Gewohnheiten versinkt. Verhindern läßt sich ein solches Versinken, so Dirk, indem beide Partner aufmerksam und aufrichtig sind – und ganz bewußt in der Gegenwart leben. Solche Anforderungen machen das Leben anstrengend, und Dirk kann sie häufig nicht in die Tat umsetzen, weil sie ihn überfordern. «Ich merke, daß diese Ziele unheimlich schwer zu erreichen sind. Das läßt sich leichter erzählen als leben. Ich kann es immer nur versuchen.»

Trotz aller Schwierigkeiten hat sich Dirks Leben verändert, seitdem er versucht, diese Vorstellungen zu realisieren. So sind zum Beispiel einige Freundschaften intensiver geworden, weil Dirk sie ernster nimmt und mehr Energie in sie hineinsteckt. Und da er die eigenen Bedürfnisse und Interessen ernster nimmt, weil sie eine andere Legitimation bekommen haben, kann er sie viel besser, entspannter ausleben. Unter diesen Voraussetzungen ist Dirk stärker als früher in der Lage, sich auf Gemeinsamkeiten mit Rike einzulassen. Lange hat er zum Beispiel mit Micki alleine Urlaub gemacht, seit zwei Jahren fahren sie zu dritt, Dirk, Rike und Micki. «Wir können einen gemeinsamen Urlaub als etwas Schönes erleben – und das ist erst mal genug.» Aus einem gemeinsamen schönen Erlebnis folgt eben nicht, daß gemeinsame Erlebnisse zur Selbstverständlichkeit werden oder daß nun alle gemeinsamen Erlebnisse schön werden...

Eine wichtige Voraussetzung für ein Leben in der Gegenwart, für ein Leben nach eigenen Bedürfnissen ist für Dirk die eigene Wohnung. «Ich will etwas Eigenes, wo mir niemand reinredet. Das brauche ich einfach. Ich kann hier meine Sachen so stehen lassen, wie ich will, und Rike kann drüben so wohnen, wie sie will. Es kommt für mich überhaupt nicht in Frage – und für Rike auch nicht –, sich in irgendeiner Form vorzustellen, daß wir in einem Haus wohnen, auch nicht auf zwei verschiedenen Stockwerken.» Das Leben mit fünfzig Metern Abstand bedeutet für Dirk aber nicht nur mehr Raum und damit mehr Spielraum. Es zwingt ihn immer wieder dazu, sich die Frage zu stellen, wo er sich aufhalten will, was er eigentlich tun will. Die getrennten Wohnungen wirken wie ein Signal, das ihn an seine Lebensvorstellungen erinnert, wie ein ständiger Hinweis darauf, daß es keine Selbstverständlichkeiten gibt, sondern daß immer wieder neu entschieden werden muß. Bewußt gesetzt haben Dirk und Rike dieses Signal allerdings nicht, in der Geschichte ihrer Beziehung bedeutete die räumliche Trennung ursprünglich das Ende.

Wie stark Traditionen und Gewohnheiten das Zusammenleben beeinflussen und vorhandene Bedürfnisse zudecken können, läßt sich an Dirks und Rikes Geschichte genau beobachten. Als die beiden ihre Beziehung aufnahmen, waren sie noch Studenten und lebten in einer Wohngemeinschaft. Mit Rikes erster Stelle begann eine über vierjährige Wochenendbeziehung. Sie zogen zu zweit in eine Wohnung in B., mit zwei, später drei Zimmern, wo Dirk sich ständig, Rike nur am Wochenende aufhielt. Unter der Woche lebte Rike in D., siebzig Kilometer entfernt; dort hatte sie eine kleine Zwei-Zimmer-Wohnung. Dirk genoß es, in der Woche allein zu leben: «Ich hatte ein eigenes Leben, konnte jeden Tag frei gestalten, konnte mir überlegen, was ich abends mache.» Er nutzte die Wohnung ganz, stellte sie – er ist ein Sammler und Bastler – langsam voll. Rikes Vorstellungen von Wohnen entsprach das nicht, aber offene Auseinandersetzungen darüber fanden nicht statt: «Es war eher so, daß Rike das ein Stück ertragen hat. Sie wünschte sich etwas anderes, aber es kam nicht zu Auseinandersetzungen, die vielleicht Klarheit geschaffen hätten: Wollen wir es anders machen? Wollen wir getrennte Bereiche haben, wollen wir jeder ein eigenes Zimmer haben? Das ist erst später eskaliert.»

Eine andere Sache ertrug Rike ebenfalls – Dirks an- und ausdauernde Untreue. Immer wieder begann er Beziehungen mit anderen Frauen, die zwar für ihn die Partnerschaft mit Rike nicht in Frage stellten, mit denen er Rike aber verletzte und belastete. Wenn Rike sich allerdings ihrerseits in einen anderen Mann verliebte (was in all den Jahren nur ein paarmal geschah), reagierte Dirk mit heftiger Eifersucht.

Seine ‹Geschichten› verliefen immer wieder nach demselben Muster: Er verliebte sich in eine andere Frau, begann eine Beziehung mit ihr, versuchte, sie vor Rike zu verbergen – bis sie nicht mehr zu verbergen war. Nach einer Weile entschied sich meist die (neue) Frau für eine Trennung, denn Dirk fiel es schwer, Klarheit zu schaffen.

In der Phase der Wochenendbeziehung lebte Dirk also nicht nur in räumlicher Distanz zu Rike, er schaffte sich mit seinen ‹Nebenbeziehungen› ein weiteres Distanzierungsmoment.

Auch als Rike wieder nach B. zog, in die Wohnung, in der Dirk bisher die meiste Zeit allein lebte, änderte sich an Dirks Frauengeschichten nichts. Schnell geriet die Beziehung in eine so deutliche Krise, daß die beiden sie nicht mehr ignorieren konnten. Wieder stellte Dirk Distanz her – indem er sich für einen halbjährigen Auslandsaufenthalt entschied. «Das war ein Einschnitt. Wir haben beide gesagt, wir lassen alles offen in der Zeit, jeder hat alle Möglichkeiten. Und offen ist auch, was passiert, wenn ich zurückkomme.»

Die Rückkehr wurde zu einem «wirklich freudigen, herzlichen Wiedersehen. Es war, als ob wir uns wieder neu ineinander verliebt hätten. Trotzdem war alles ganz unbestimmt und auch sehr verhalten, weil jeder gedacht hat, wir müssen aber auch Abstand halten und erst einmal sehen, was hinterher kommt. Aber es kam nichts hinterher, es war wirklich ein Sich-Neu-Erleben. Und daraus ist auch der Wunsch und die Entscheidung entstanden, ein Kind zusammen zu haben.» Mit diesem Entschluß und seiner Realisierung rückten die beiden so nah zusammen, wie sie bisher noch nie waren.

Schon während der Schwangerschaft entwickelten sich neue Spannungen: Die beiden konnten immer schlechter miteinander reden, sie stritten sich viel, zogen sich voneinander zurück. Und Dirk begann wieder eine Beziehung mit einer anderen Frau. An diese Zeit erinnert er sich heute mit zwiespältigen Gefühlen. «Der Tag hatte viel mit Funktionieren und Gewohnheiten zu tun, aber wenig mit Nähe zwischen uns. Man machte alles mögliche für das Kind … Und abends sah man fern, legte sich ins Bett und schlief ein.» Diese negative Sicht habe er allerdings erst im nachhinein entwickelt, fügt Dirk hinzu, seit er wisse, daß Rike in dieser Zeit auch ganz andere Wünsche und Bedürfnisse gehabt habe. Ihm selbst sei dieses Leben häufig schön und gemütlich vorgekommen.

Schließlich trennten sich die beiden, nach einigem Hin und Her zog Rike in die Wohnung, in der sie bis heute lebt. Die Kinderarbeit teilten sie auf, dieses Moment der Gemeinsamkeit wollten sie beibehalten. Nach über einem Jahr – in dem beide andere Beziehungen hatten – näherten sie sich wieder einander an, nahmen die Beziehung vorsichtig wieder auf. Die Vorzeichen hatten sich allerdings geändert: Die beiden wollten einen offenen, bewußten Umgang miteinander und mit sich selbst.

Immer wieder war es also für diesen Mann wichtig, Distanz zur Partnerin herzustellen – über die ‹freie› Woche, die er ganz nach seinen eigenen Bedürfnissen gestalten konnte, über die ‹Nebenbeziehungen› zu anderen Frauen, über den Auslandsaufenthalt. Rückblickend weiß er: «Ich brauche immer ein Stück Distanz. Das ist ein ganz wichtiger Teil, der sich durch mein Leben zieht. Es gibt sicher eine Vorgeschichte, ich weiß zwar nicht genau, welche … Jedenfalls wollte ich bisher immer nach einem gewissen Zeitraum soviel Distanz haben, um auch noch selber entscheiden zu können, was ich will. Das ist in allen Beziehungen so gewesen, und einige sind an diesen Schwierigkeiten auch zu Bruch gegangen.»

Und immer, wenn die Partnerin ihm zu nah kam, reagierte er mit Passivität – in der Zeit der Wochenendbeziehung war er ausgerechnet am Freitagabend, wenn Rike nach B. kam, todmüde. Und als Micki geboren war, war der unternehmungslustige, aktive Dirk plötzlich nur noch dazu in der Lage, den Abend zu Hause vor dem Fernseher zu verbringen.

Verstanden hat er seine Flucht- und Ausweichversuche lange nicht, dazu hat es einiger Anstöße von außen bedurft. Zum Beispiel von Rikes Seite, die irgendwann aufhörte, alles zu «ertragen», sondern anfing, von Dirk abzurücken und zu artikulieren, was *sie* alles nicht mehr will, wo *ihre* Grenzen sind. Oder durch seine Arbeit, wo er täglich mit Verhaltensweisen konfrontiert wurde und wird, die ihn auch selbst betreffen – zum Beispiel mit der Schwierigkeit, in der Gegenwart zu leben und nicht alle Wünsche und Träume auf eine Zukunft zu projizieren. Schließlich durch eine Familientherapie, die er mit Rike eine Zeitlang durchgestanden hat und in der sie begonnen haben, richtig miteinander zu reden. Erst spät begann dieser Mann zu begreifen, wieviel Distanz er braucht und daß er erst über diese Distanz in der Lage ist, auch Nähe zuzulassen. Erst heute vermag er, sich diese Distanz wirklich zuzugestehen und sie auch zu leben – und sie sich nicht auf Umwegen zu nehmen, ohne Rücksicht auf die Verletzungen, die er damit anrichtet. «Mir geht es heute wirklich besser. Ich kann vieles, was ich lebe und wie ich lebe, richtig genießen. Und ich habe auch nicht das Gefühl, ich vernachlässige die Familie und setze mich ab.»

GELEBTE NÄHE – GELEBTE DISTANZ

Wie unterschiedlich die Motive, das Erleben und die Praxis von Distanz-Beziehungen sein können, wie komplex die Geschichte der jeweiligen Person, des jeweiligen Paars ist, haben die acht Porträts deutlich gemacht. Sie haben auch gezeigt, daß nicht nur äußere Faktoren eine Rolle spielen, ob zum Beispiel die «Liebe auf Distanz» freiwillig oder unfreiwillig gelebt wird, ob sie nur eine vorübergehende Phase ist oder auf Dauer angelegt ist. Zur Vielschichtigkeit des Gesamtbildes tragen subjektive Einstellungen und der persönliche Umgang mit Gefühlen genauso entscheidend bei. In diesen Zusammenhang gehören etwa:

- die Bedeutung, die der Liebesbeziehung im Leben eingeräumt wird. Für Helke B. ist das ‹living apart together› eine adäquate Form der Beziehung, weil sie die Partnerschaft nur als einen Lebensbereich neben anderen betrachtet. Hat die Liebe dagegen einen zentralen Stellenwert wie bei Monika R., wird Distanz zum Partner als massive Einschränkung der Bedürfnisse erlebt.
- die ‹Ebene›, auf der sich eine Partnerschaft abspielt. «Wenn du kameradschaftlich zusammenlebst, keine enge Liebesbeziehung hast, dann geht das ohne weiteres, daß jeder seine eigenen Wege geht.» Mit einer engen Liebesbeziehung aber sei das anders, betont Christine B., die Erfahrungen mit verschiedenen Formen von Distanz-Beziehungen gemacht hat. Eine enge Liebesbeziehung könne Entfernungen auf Dauer nicht verkraften, das merke sie an der eigenen Befindlichkeit. Claudia R., die das kameradschaftliche Verhältnis zu ihrem Mann als Grundlage ihrer Ehe betrachtet, bestätigt Christi-

nes Erfahrung aus entgegengesetzter Perspektive: Sie kommt mit der Distanz zum Partner gut zurecht.

- der Zustand einer Beziehung. Susanne V. und Philipp K. sind miteinander glücklich – ein Gefühl, das entscheidend zum positiven Urteil über ihre Lebensweise beiträgt. Irene W., die sich vor einem Jahr von ihrem Partner getrennt hat, fragt sich bis heute, ob die Distanz nicht ein entscheidender Grund für das Scheitern der sechzehnjährigen Beziehung war. Ute H. und Ulf K. schließlich, die vor einiger Zeit auseinandergezogen sind, nachdem sie zwölf Jahre zusammengewohnt hatten, machen die Erfahrung, daß die Distanz ihre Konflikte entkrampft und das Zusammensein neu belebt. Damit erleben sie das ‹living apart together› als eine Möglichkeit, die Krise ihrer Beziehung zu lösen.

- das Temperament und die Lebenseinstellung jedes einzelnen. Arthur N. haßt Dramatisierungen und ist in der Lage, sich mit unveränderlichen Bedingungen zufriedenstellend zu arrangieren. Katharina H. ist neugierig und betrachtet eine Distanz-Beziehung auch als Experiment. Philipp K., ein ausgesprochen rationaler Mensch, lehnt es ab, sich Gefühlen von Einsamkeit und Alleinsein hinzugeben.

Trotz aller Vielschichtigkeit drängt sich die Frage auf, ob es nicht auch durchgängige Merkmale und Strukturen in diesen Beziehungen gibt: zum Beispiel bestimmte Probleme, die immer wieder auftauchen, spezifische Verhaltensweisen, die durch die distanzierte Lebensweise der Paare entstehen, vielleicht auch spezifische Voraussetzungen bei den einzelnen Personen, die sie Distanz-Beziehungen eingehen oder sogar suchen lassen. Mit diesen Fragen im Hinterkopf will ich die Vorgeschichte, den gemeinsamen Alltag und den Alltag, den die Partner jeweils alleine verbringen, genauer betrachten. Ich möchte Verbindungslinien zwischen den Interviewpartnern herstellen und wichtige Gemeinsamkeiten herausarbeiten. Solche Gemeinsamkeiten können nie für alle gelten, stets sind verschiedene Umgangsweisen,

Konflikte, Voraussetzungen zu berücksichtigen. Da es hier um das Verbindende geht, lasse ich die jeweiligen ‹Abweichungen› in diesem Kapitel weitgehend beiseite.

Vorgeschichten

Distanz-Beziehungen haben Vorgeschichten – Beziehungs-Vorgeschichten, Familien-Vorgeschichten, die hier aber nur anhand einiger Aspekte skizziert werden sollen.

Die erste Vorgeschichte dreht sich um die Herkunftsfamilie, aus der meine Gesprächspartner und -partnerinnen stammen, um das Leben und Erleben der eigenen Person in dieser Gruppe und um die Beziehung der Eltern zueinander. Es sind vor allem die Frauen, denen als Jugendlichen «alles zu eng war zu Hause». «Ich habe mich ziemlich kontrolliert gefühlt, was meine Aktivitäten nach außen anging», erzählt Irene W. «Und dadurch, daß der Wunsch immer stärker wurde: Raus, raus, raus, endlich selbst entscheiden können, wie ich wann was machen will, rückten die anderen Aspekte – eine Familie zu haben, wo man viel zusammen machte, wo es auch ziemlich bunt und lustig war – stark in den Hintergrund.» Die traditionelle Familie, in der vor allem die Töchter behütet werden, damit ihnen nichts ‹passiert›, funktionierte bis in die sechziger Jahre hinein noch relativ ungebrochen. Als Gegenreaktion erzeugte sie ein starkes Unabhängigkeitsbedürfnis, das sich bei den Mädchen allerdings immer weniger als Sehnsucht nach einer eigenen Familie äußerte, sondern als Wunsch nach einer eigenen Wohnung, nach einer Ausbildung, nach Liebesabenteuern.

Auch bei den Männern, die in den letzten Kriegsjahren geboren sind, ist von häuslicher Enge die Rede, allerdings in einem anderen Sinne: Die kleinen Söhne wurden von ihren Müttern vielfach an den Platz des abwesenden oder fehlenden Partners gesetzt. Die so entstehende enge Mutterbindung weckte bei den

Heranwachsenden ein starkes Bedürfnis nach Trennung, nach Ausbruch. Jan H. zum Beispiel entschied sich mit siebzehn für den Seemannsberuf: «Ich wollte einfach weg. Und suchte natürlich einen extrem maskulinen Beruf, was auch kein Zufall war, aus Identifikationsproblemen heraus.»

Für viele Frauen und Männer spielten die Beziehung der Eltern und das Bild, das sie bei ihnen als jugendlichen Betrachtern hinterließ, eine große Rolle. «Ich hatte immer den Eindruck», erinnert sich Ulf K. heute, «das ist eine Beziehung, da tut sich nichts. Die Ehe ist die gemeinsame Organisation des Alltags – und darüber hinaus gibt es eigentlich nichts.» Frank K. S. hat ähnliches erlebt: «Meine Eltern leben wirklich nur zusammen. Sie haben in den letzten zwanzig Jahren niemanden bei sich gehabt, und sie sind zu niemandem gegangen. Und die Rollenaufteilung war nach einigen Auseinandersetzungen auch ganz klar. Mein Vater machte vorwiegend Überstunden und meine Mutter vorwiegend Haushalt, wurde immer bitterer und staute immer mehr Aggressionen an.» So wie meine Eltern will ich nicht leben – mit diesem Vorsatz sind viele als Jugendliche aus dem Elternhaus ausgezogen. Mit dem Negativbild der elterlichen Beziehung vor Augen haben sie begonnen, eigene Erfahrungen mit Partnerschaften zu machen.

Die zweite Vorgeschichte handelt von diesen Erfahrungen. Sie sind für viele meiner Gesprächspartner und -partnerinnen ein wichtiger Grund, heute eine «Liebe auf Distanz» zu leben. Zwei Drittel der Frauen und Männer kennen das Zusammenleben und -wohnen aus eigener Anschauung, zum Teil aus freien Lebensgemeinschaften, zum Teil aus traditionellen Ehen. Alle diese Beziehungen sind wieder auseinandergegangen. Peter L. erzählt, daß er «völlig unvorbereitet» gewesen sei «auf die Fährnisse einer Partnerschaft. Und wenn man dann nicht gerade Glück hat, geht das natürlich schief. Man weiß alles mögliche, aber man weiß nichts darüber, was man machen muß, damit zwei Menschen über die Dauer einigermaßen vernünftig und produktiv miteinander umgehen.» Philipp K. hört man heute noch an, wie sehr ihm die «typischen Routine-Erscheinungen» einer Beziehung, die Diskussionen um Kleinigkeiten und um Hausarbeit auf die Nerven gefallen sind. Ute H. betrachtet diesen Kleinkrieg aus einer betont weiblichen Perspektive. Ihre Ansprüche und Erwartungen an den Partner, die gemeinsame Hausarbeit und die gemeinsame Freizeit betreffend, wurden immer wieder enttäuscht, sie war einerseits gestreßt, andererseits frustriert und gelähmt. «Wir haben richtig nebeneinander hergelebt – aber mich aufraffen und etwas anderes machen konnte ich auch nicht.»

Katharina H. schließlich hat im Zusammenleben mit dem Partner die Unmöglichkeit erfahren, einen Lebensraum zu schaffen, der den Vorstellungen beider Seiten entsprach: «Wir waren auch gar nicht in der Lage, glaube ich, uns über diese langen Zeiträume, die sich beim Zusammenleben ergeben, miteinander zu beschäftigen.»

In diesen Erklärungsversuchen klingen zwei grundlegende Probleme an: Die Bewältigung des gemeinsamen Alltags und der gemeinsamen Alltagsarbeit birgt ein Konfliktpotential in sich, mit dem meine Gesprächspartner und -partnerinnen in ihren damaligen Beziehungen nicht konstruktiv umgehen konnten. Hinzu kommt die Gefahr, nach einer Zeit längeren Zusammenlebens nebeneinander herzuleben, die Unfähigkeit, auf Dauer gemeinsame Interessen und ein Interesse an Gemeinsamkeit zu entwickeln. In diesem Punkt trifft sich die eigene Lebenserfahrung mit der Leere, die viele in der Beziehung der Eltern beobachtet haben.

Ein drittes, immer wieder benanntes Problem ist die große Nähe, die im Zusammenleben entsteht. Jan H., der ein knappes Jahr mit einer Partnerin unter einem Dach wohnte: «Es hat etwas mit der physischen Enge zu tun. Wobei natürlich nicht das Physische entscheidend ist, sondern das Seelische. Ich konnte diese Nähe nur schwer aushalten – und sie auch. Wir haben uns ganz auf uns bezogen, obwohl wir das beide eigentlich gar nicht ausgehalten haben. Aber anders konnten wir uns auch nicht verhalten.» Auf den ersten Blick scheint es so, als bilde diese Erfahrung einen absoluten Kontrapunkt zum Nebeneinander-Herleben, das Katharina H. und Ute H. beschreiben. Sie beklagen fehlende Nähe – Jan H. zu große Nähe. Doch vielleicht verhalten sich die beiden Aussagen zueinander wie zwei Seiten einer Medaille? Einer Medaille mit Namen ‹symbiotische Zweierbeziehung›, die eine ständige Bezogenheit aufeinander postuliert und an der die realen Beziehungen gemessen werden. Ständige Bezogenheit aufeinander ist weder aushaltbar noch auf Dauer realisierbar, lebt aber als Ideal unvermindert weiter. Ausgehend von dieser Idealvorstellung wird dann die Wirklichkeit einer Beziehung als Mangel (an Nähe) empfunden oder – wenn die Nähe nicht aushaltbar ist – als eigenes Versagen interpretiert.

Gemeinsame Zeit: Ziel der Sehnsucht und Schauplatz der Konfrontation

Eins ist allen Frauen und Männern, die ‹apart together› leben, gemeinsam – ihr Alltag setzt sich aus zwei unterschiedlichen Lebensweisen zusammen. In der einen Hälfte leben sie ohne den Partner, meistens allein, in der anderen mit dem Partner zusammen, häufig sogar auf engem Raum. Die Phase des Alleinseins ist durch Arbeit geprägt, und die Zeit des Zusammenseins steht in der Regel unter der Überschrift ‹Freizeit›. Mit ihr möchte ich beginnen.

Einstimmungsrituale

Bedingt durch den Arbeitsrhythmus und andere feste Verpflichtungen, sehen sich knapp die Hälfte der Frauen und Männer regelmäßig jedes Wochenende, sie führen also eine Wochenendbeziehung. Bei den anderen sind die Zusammenkünfte unregelmäßig, häufig liegen auch größere zeitliche Abstände zwischen den Treffen.

In der Regel werden die Zusammenkünfte vorher fest verabredet. Obwohl viele beruflich über eine gewisse Flexibilität verfügen, ihre Arbeit einteilen oder mit Kollegen absprechen können, besuchen sie den anderen nur selten spontan – eigentlich nur, wenn ‹Not am Mann› (bzw. an der Frau) ist, wenn jemand einen Hilferuf losläßt oder krank ist. Sehnsucht, Einsamkeit oder einfach nur die Lust, den Partner zu sehen, sind für die meisten kein Anlaß, sich auf den Weg zum anderen zu machen. Und Überraschungsbesuche kommen so gut wie gar nicht vor – selbst bei den Paaren nicht, die dicht beieinanderwohnen. «Wir haben vereinbart», erzählt Heinz K., «daß keiner losfährt, den anderen zu besuchen, ohne es vorher abgesprochen zu haben. Ich will nicht hier hinfahren, und sie ist nicht da oder hat etwas anderes geplant... Denn dann beginnt der Ärger oder der Frust.» Nur bei Uschi S., deren Mann zur See fährt, sind Überraschungen möglich. Der Arbeitsrhythmus des Mannes ist unkalkulierbar, und so kommt es immer wieder vor, daß der vorher festgelegte Termin des Wiedersehens sich verschiebt.

Es ist aber nicht nur die Arbeit, die bei Terminabsprachen berücksichtigt wird. Manche Paare beziehen auch Hobbies, politische Aktivitäten, individuelle Vorlieben und Abneigungen des einzelnen in ihre Planung ein. Stefan A. zum Beispiel ist ‹Fußballer› – wenn samstags ein Spiel stattfindet, fährt Cathrin Z. nicht zu ihm. Der Mann von Claudia R. mag keine Feste, an solchen Wochenenden bleibt er manchmal in seiner Stadt, und Claudia geht alleine feiern.

Trotz der Toleranz, die sich hier andeutet, ist es für Paare, die nicht zusammenleben, schwierig, mit der Divergenz der Interessenlagen umzugehen. Auch wenn sie sich gegenseitig Spielräume zugestehen, ist ihnen doch unbehaglich bei der Alternative: Entweder ich mache meine Sachen, oder wir sehen uns. «Es kommt schon einmal vor», so Stefan A., «daß ich in A. etwas

Tolles vorhabe, aber auch zu Cathrin nach K. fahren könnte. Manchmal rufe ich dann an und sage, ich habe keine Lust zu kommen. Das muß ich natürlich gut verpacken, damit Cathrin das nicht in den falschen Hals bekommt und sauer ist. Aber oft kommt das nicht vor, es ist nicht so, daß aus einer solchen Situation immer ein Machtkampf wird. Meistens können wir das irgendwie koordinieren.» Nicht nur Stefan und Cathrin empfinden einen gewissen Druck, die wenige Zeit, die sie gemeinsam haben könnten, auch tatsächlich miteinander zu verbringen. Selbst Paare, die in einer Stadt in zwei Wohnungen leben, kennen dieses Gefühl – obwohl sie die Alternative als weniger hart empfinden und sie sich ihnen auch weniger hart stellt. Schließlich verfügen sie über bessere Ausweichmöglichkeiten und können auch flexibler reagieren. Zudem haben sie deutlichere, klarere Grenzen gezogen, als sie sich entschieden, nicht zusammenzuwohnen. Der Wunsch, die gesamte Freizeit zusammen zu verbringen, ist bei ihnen weniger ausgeprägt als bei Paaren, die weit voneinander entfernt leben.

Rückt der verabredete Termin des Treffens näher, beginnt bei vielen eine Vorbereitungsphase. Monika R. zum Beispiel versucht, schon möglichst viele Dinge zu erledigen, bevor John S. kommt, um die gemeinsame Zeit nicht unnötig zu verkürzen. Heinz K. hat mit seiner Freundin verabredet, daß «immer der, der zu Hause ist – also in der Gastgeberrolle –, für das Essen zuständig ist, sich also Gedanken macht, was könnte auf den Tisch kommen, einkauft und in der Regel auch kocht.» Einige Frauen und Männer denken auch schon darüber nach, was sie in der gemeinsamen Zeit unternehmen könnten, verabreden sich mit Freunden, kaufen Karten für ein Konzert. Wie ein gerngesehener Gast wird der Partner von demjenigen empfangen, der die Mühe der Reise diesmal nicht hat, der zu Hause bleiben kann. Natürlich ist das nicht immer so und natürlich auch nicht bei allen Paaren, vor allem bei denjenigen nicht, die dicht beieinander wohnen. Aber Elemente dieses Verhaltens sind auch bei ihnen vorhanden.

Wichtiger als die organisatorische Vorbereitung ist die emotionale Einstimmung auf das Zusammentreffen. Allein das deutliche Ende des Arbeitsalltags, markiert durch Kofferpacken und Reise, Planung und Vorbereitung der gemeinsamen Tage, erzeugt schon eine gewisse Hochstimmung, die durch die Vorfreude auf den anderen und die Sehnsucht, die sich in der Zeit der Trennung aufgebaut hat, noch gesteigert wird.

Daß nicht nur Paare, die erst kurze Zeit zusammen sind, eine solche Hochstimmung empfinden, bestätigt Irene W., die sechzehn Jahre «Liebe auf Distanz» lebte: «Das war immer wie ein neues Verliebtsein.» Ulf K. und Ute H., die vierzig Autominuten voneinander entfernt leben und sich diese Situation vor einem Jahr bewußt geschaffen haben, beobachten einen wichtigen Unterschied zu früher, als sie sich jeden Abend sahen: «Wenn Ulf kommt, dann freue ich mich richtig. Sonst kam er gewohnheitsmäßig, ich hatte nicht das Gefühl, er kommt, weil er mich und die Kinder sehen will. Jetzt kommt er auch, weil er sich freut, uns zu sehen.» Der Unterschied zwischen Gewohnheit und bewußtem, verabredetem Sehen ist auch für viele andere Paare, die ein ‹living apart together› wählen, wichtig. Die bewußte Hinwendung zum anderen und die dazwischenliegende Zeit des Nicht-Sehens erleben sie als Momente der Spannung und der Steigerung. Zwar kann man sich vorstellen, daß auch das wöchentliche Zusammentreffen Züge von Routine bekommt – davon hat allerdings nur einer meiner Gesprächspartner erzählt.

Knapp die Hälfte der Männer und Frauen wechselt sich im Hin- und Herfahren regelmäßig mit dem Partner ab. Bei den anderen gibt es eine deutliche Präferenz für einen Ort, für eine Wohnung, einige definieren auch eine Wohnung als die gemeinsame – zum Beispiel dann, wenn der Mann während der Arbeitszeit in einem solchen Provisorium lebt, daß die Wohnung der Frau zum selbstverständlichen Ort der Freizeit wird. Wenn Kinder da sind, gilt die Wohnung, in der Frau und Kinder leben, als gemeinsames Zuhause, und der Mann ist derjenige, der zwischen diesem Zuhause und dem Arbeitsort pendelt. Daß insgesamt Männer wesentlich häufiger pendeln als Frauen, deutet – trotz äußerer Gründe – auf das traditionelle Verständnis der Frauenrolle und der dazugehörenden Häuslichkeit hin.

Umarmung oder Zusammenprall: Die erste Begegnung

Ungeachtet der Einstimmungsrituale und Hochstimmungen darf man sich das erste Zusammentreffen nicht unbedingt als ein beglücktes Einander-in-die-Arme-Sinken vorstellen. In dem Augenblick, in dem sich die beiden Menschen gegenüberstehen, stellen sich bei vielen plötzlich Gefühl und Bewußtsein einer Distanz ein, die angesichts der vorausgegangenen Hochstimmung erschreckt. Wie die Paare diese Situation bewältigen, hängt vom Temperament, von der Art und vom Zustand ihrer Beziehung ab. Sandra S. und ihr Freund sind vor allem in den ersten Jahren ihrer Partnerschaft Hals über Kopf über diesen Graben hinweggesprungen und haben ganz schnell Nähe hergestellt: «Er kam an, wir sind ins Bett – oder ich kam an und wir sind ins Bett.» Andere Paare tasten sich vorsichtiger aneinander heran: «Erst mal wird erzählt und Abendbrot gegessen. Dann ist ein bißchen Abschlaffen angesagt, ein Gläschen Wein trinken, ein bißchen Musik hören – und irgendwann zeitig ins Bett und kuscheln» (Heinz K.).

Bei Paaren mit Kindern stehen diese erst einmal im Vordergrund: «Wenn ich nach Hause komme, legen die Kinder gleich los: Mami, Mami, gestern ist wieder etwas passiert... Dann muß ich zuhören, beruhigen und trösten, muß also sofort weitermachen. Das ist eigentlich das Anstrengende daran», erzählt Roswitha W., die als Stewardeß ständig unterwegs ist. In den vielen Jahren, die sie bereits in diesem Beruf arbeitet, hat sie außerdem mehr als einmal die Situation erlebt: «Der Partner wartet auf einen und freut sich – aber man kann gar nicht so sehr ‹Hurra› schreien, weil man einfach anstrengende Tage hinter sich hat und nur schlafen möchte.» Monika R. kennt diese Situation aus der umgekehrten Perspektive: «Wenn er wiederkommt, ist er erst mal fertig, hat mehrere Nächte nicht geschlafen und eine vierundzwanzigstündige Reise hinter sich. Dann ist er eigentlich mehrere Tage nicht ansprechbar. Es ist natürlich schwierig, damit zurechtzukommen. Wir kriegen uns eigentlich regelmäßig in die Wolle.»

Bei Dorine S. und Frank K. S. kam es eine Zeitlang am ersten gemeinsam verbrachten Abend zu heftigen Auseinandersetzungen. Eine Reaktion, die Elemente von Abwehr und Annäherung enthält und als Versuch verstanden werden muß, das Verhältnis zueinander immer wieder neu abzuklären: «Wir konnten es eigentlich erst am nächsten Tag schaffen, wieder zusammenzukommen», erinnert sich Dorine. Auch Dirk A. erlebte zeitweise den ersten Abend als Fiasko: Wenn seine Freundin ankam und sich auf den gemeinsamen Abend freute, war er nur «schlapp». Was mit schöner Regelmäßigkeit zu einer Auseinandersetzung führte.

Dorine hat für Situation und Reaktion eine einleuchtende Erklärung zur Hand: «Das Problem war, sich wieder aufeinander einzulassen. Ich habe im Grunde von dem, was die ganze Woche über war, noch nicht Abschied nehmen können. Ich war voll von meinem Leben in B., bin dann nach O. gekommen und sollte voll einsteigen in das Beziehungsleben. Aber das war für mich oft ein solcher Bruch, daß ich es überhaupt nicht ausgehalten habe.» Zum Glück hat sie einen Weg gefunden, mit ihrer Befindlichkeit umzugehen: Sie hat sich an diesen Abenden gleich schlafen gelegt und erst am anderen Morgen mit ihrem Partner zu reden begonnen. Aber es fällt schwer und gelingt beileibe nicht immer, zu einer solchen Gelassenheit zu finden, dazu ist die Situation zu sehr mit widersprüchlichen Gefühlen und hochgespannten Erwartungen belastet.

Zu wenig Zeit für so viele Wünsche

Ist der erste Abend vorbei, beginnen die meisten Paare zu überlegen, wie sie die gemeinsame Zeit verbringen wollen. Ein gewisses Quantum Hausarbeit liegt an, die Kinder fordern Zeit, man möchte sich mit Freunden treffen, ausgehen, miteinander reden und ins Bett gehen, sich ausruhen. Viele wollen auch alleine etwas unternehmen, eigene Freunde treffen, Sport treiben, lesen oder arbeiten. Angesichts dieser vielen zum Teil einander ausschließenden Wünsche und Bedürfnisse haben die meisten Paare das Gefühl, zuwenig Zeit zu haben – unabhängig davon, wie lange sie tatsächlich zusammensein können. Die Klage über den Mangel an gemeinsamer Zeit ist ein durchgängiges Element in allen Distanz-Beziehungen.

Aus diesem Mangelgefühl heraus neigen viele dazu, die gemeinsame Zeit regelrecht durchzuorganisieren. Nur zwei Frauen erzählen, daß sie am Wochenende häufig einfach in den Tag hineingelebt haben – bei beiden spielt interessanterweise Sexualität eine große Rolle: «Wenn ich Freitagabend kam, hatten wir bis Montag Zeit», erinnert sich Christine B. «Da liegst du Samstag den ganzen Vormittag im Bett, irgendwann stehst du auf und gehst in eine Café frühstücken, dann gehst du noch mal ins Bett und am Abend ins Kino, in den Nachtfilm.» Bei Fränzi N. und ihrem Mann war der Sonntag der Tag des Faulenzens: «Wir haben gegessen, dann hieß es, man könnte eigentlich Mittagsschlaf halten – und dann kam man eigentlich nicht mehr aus dem Bett. Da hast du geschlafen, miteinander geschlafen, dann vielleicht ein bißchen gelesen, dann noch einmal miteinander geschlafen. Das war nicht das Müdesein – die absolute körperliche Nähe war wichtig.»

Daß die Fülle der Wünsche die gemeinsame Zeit letztlich überfrachtet, liegt auf der Hand. Aber Paare, die auf Distanz leben, haben offensichtlich ein starkes Bedürfnis, nachzuholen – nachzuholen, was ‹normale› Paare unter der Woche vermeintlich alles zusammen tun können. Nur die Partner, die dicht beieinander wohnen und sich dadurch auch einmal zwischendurch treffen können, empfinden dieses Nachholbedürfnis nicht. Sie können, wie etwa Helke B., beim Partner vorbeigehen und gukken, «ob da noch Licht ist oder ob er schon da ist. Dann kann man auch mal einfach reinschauen, ohne verabredet zu sein.»

Die tendenzielle Überfrachtung der gemeinsamen Zeit aber erzeugt eine Anspannung, die sich schnell zum Zeit- und Erfolgsdruck auswachsen kann. Ist die Zeit knapp oder wird sie als zu knapp empfunden, dann müssen Gespräche, Aktivitäten und Genüsse den Erwartungen möglichst entsprechen. Geht etwas schief, kann man sich nicht einigen, will der eine dies und die andere das, entstehen Frustrationen. Unweigerlich stellt sich das Gefühl ein, eine Möglichkeit verpaßt zu haben, die nicht mehr eingeholt werden kann. Das belastet das nächste Wochenende noch mehr, zieht die Schraube der Erwartungen noch weiter an. Im Laufe der Zeit gelingt es zwar den meisten, aus den vielen enttäuschenden Erfahrungen zu lernen und den Mechanismus der Überfrachtung zu durchschauen, aber die Veränderung der Gefühle und Bedürfnisse vollzieht sich nur allmählich, so daß sie manchmal die Dauer einer Beziehung überschreiten.

Ersehnte Harmonie und notwendiger Zwist

Weil die gemeinsame Zeit so sehr von der Wunschvorstellung «offen, fröhlich, begeistert, verliebt» überlagert wird, wie einer meiner Interviewpartner formuliert, fällt es vielen Paaren schwer, sich auseinanderzusetzen und zu streiten. Zumal der Streit in unserer Gesellschaft, vor allem in den Mittelschichten, nicht als eine notwendige Form begriffen wird, sich über unterschiedliche Positionen und Interessen Klarheit zu verschaffen und eine Einigung auszuhandeln. Streit gilt vielmehr als untrügliches Anzeichen dafür, daß man sich nicht versteht.

Um so mehr erleben Paare, die unter Zeit- und Erfolgsdruck stehen, Streit als negatives Moment, das sie – häufig auch unbewußt – vermeiden. «Ich bin kein sehr streitlustiger Mensch», überlegt Ulf K., «Streit und lustig verbinde ich ganz bewußt, denn ich denke, man muß sich auch streiten können, muß in der Lage sein, Sachen auszutragen. Ich kann das nicht sehr gut – und außerdem habe ich oft den Wunsch, das Zusammensein am Wochenende sehr harmonisch zu gestalten.» Hier trifft sich mangelnde Streitlust mit einer «Wochenendstimmung» und geht eine fatale Verbindung ein: Vorhandene Probleme werden nicht angesprochen und Auseinandersetzungen möglichst vermieden. Es kommt noch ein weiterer Punkt hinzu, der ebenfalls charakteristisch für Distanz-Beziehungen ist und der das Streiten noch schwieriger macht. Ulf K.: «Wenn wir uns streiten, habe ich das Gefühl, das muß auch am Wochenende ausgetragen sein. Wenn das nicht passiert, fahre ich nämlich mit einem blöden Gefühl weg, weil die Sache unerledigt ist.» Im Zwist auseinandergehen zu müssen, «mit dem üblen Gefühl, sich nicht versöhnt zu haben, das, was passiert ist, nicht aus der Welt geschafft zu haben» (Irene W.) – diese Vorstellung macht angst und führt zu einem Vermeidungsverhalten – übrigens bei Männern dem Anschein nach häufiger als bei den Frauen.

Selbst diejenigen, die es gar nicht schaffen, sich «aus Vernunft» nicht zu streiten, sondern «sich immer für den Konflikt entscheiden» (Irene W.), finden es nicht leicht, in Distanz-Beziehungen mit diesem Problem umzugehen. Christine B. hat die Beobachtung gemacht, daß sie vorsichtiger geworden ist: «Ich glaube, daß wir sorgfältiger gucken, wo die Konflikte herkommen, und nicht gleich draufhauen. Wenn du viel Zeit hast, dann kannst du manchmal ohne Hemmungen richtig auf den Putz hauen – weil du das auch wieder zusammengesetzt kriegst. Aber in einer Distanz-Beziehung hast du nicht soviel Zeit.»

Helke B. glaubt, daß sie und ihr Partner sich gut streiten können, und erzählt von heftigen Auseinandersetzungen. Wenig später räumt sie allerdings auch ein, «daß es Konflikte gibt, die nicht zu Ende ausgetragen werden oder die gar nicht zu dem Punkt gebracht werden, wo offensichtlich wird, daß etwas ausgetragen werden muß. Ich glaube, daß zumindest für bestimmte Konflikte eine Fluchtmöglichkeit vorhanden ist.»

Eine Fluchtmöglichkeit, die sich aus der distanzierten Lebensweise ergibt, weil die Partner bestimmte Situationen einfach vermeiden oder umgehen können. Die Notwendigkeit, Konflikte auszutragen und zu bewältigen, grundsätzlich vorausgesetzt, stellt sich dennoch die Frage, ob ein solches Ausweichen vor bestimmten Konflikten – wenn es bewußt praktiziert wird – nicht auch sinnvoll sein kann. Helke, die keine generelle Konfliktvermeidungsstrategie verfolgt, verteidigt ihr Verhalten: «Ich finde es auch legitim, sich eine solche Situation zu schaffen. Genau wie eine Beziehung nicht für alles da sein muß, um alles zu besprechen zum Beispiel, genauso müssen auch nicht alle Konflikte dort gelöst werden. Ich habe keine Lust dazu, und ich stehe auch dazu! Mir ist klar, daß ich mich nicht so verhalten könnte, wenn wir zusammenwohnen würden.»

Streit und Auseinandersetzung können aber auch noch eine ganz andere Dimension bekommen. Fränzi N. und Jan H. erinnern sich, daß sie immer dann Auseinandersetzungen mit ihren Partnern führten, «wenn's vorher besonders schön und intensiv war. Die meisten Auseinandersetzungen wurden sicherlich von mir initiiert, um darüber wieder Distanz herzustellen» (Jan H.). Bei Fränzi N. gehörte Streit beinahe regelmäßig zum Ablauf des Wochenendes dazu: «Sonntagabend fing es schon an mit dem Streit, man mußte ja den Abstand wieder kriegen.» Montagmorgen ging der Streit weiter, bis Fränzi losfahren mußte.

Streit ist also nicht nur ein Mittel, um sich nach der Zeit der Trennung wieder einander zu nähern, sondern auch eines, das eine seelische Loslösung voneinander möglich macht, die der räumlichen Trennung wohl vorausgehen muß. Diese Funktion hat der Streit offensichtlich gerade für Menschen, die eine große Nähe zum Partner erleben, eine Nähe mit ausgeprägten körperlichen, erotischen Anteilen. Warum ausgerechnet sie zum Mittel der beinahe gewaltsamen Distanzierung greifen, kann ich nur vermuten: Menschen, die ihre Grenzen anderen gegenüber weitgehend aufgeben, brauchen ein Hilfsmittel, um diese Grenzen irgendwann erneut aufzurichten, um sich wieder distanzieren zu können.

Symbiose und Distanz

Paaridylle mit Zwangscharakter?

Die Nähe, die Paare mit einer Distanz-Beziehung in der gemeinsamen Zeit herzustellen in der Lage und bereit sind, und die Distanz, auf der sie auch in dieser Zeit bestehen, können nicht nur unter dem Gesichtspunkt des Streits betrachtet werden. Schließlich ist mit dem Thema Nähe und Distanz ein Kernpunkt der Beziehungsform angesprochen. Wenden wir uns zuerst einem äußeren, scheinbar rein quantitativen Aspekt zu: der Zeit, die Paare zusammen verbringen. Ungefähr ein Drittel der Frauen und Männer ist in der gemeinsamen Zeit auch ständig mit dem Partner zusammen – versucht also, über den Faktor Zeit eine möglichst große Nähe und Intensität herzustellen. Ein Verhalten, das einerseits auf den Zeit- und Erfolgsdruck zurückgeführt werden muß, unter dem die Paare stehen und den sie durch ständiges Zusammensein zu mildern hoffen. Andererseits spielt das symbiotische Paarverständnis eine Rolle, das eine starke Bezogenheit der Partner aufeinander postuliert, den einzelnen als Teil eines Ganzen begreift, als Teil, der ohne den anderen nicht – oder nichts – ist.

Fränzi N., die sich vor zwei Jahren von ihrem Mann getrennt hat, bezeichnet die gemeinsamen Wochenenden nachträglich als «Idylle»: «Wir waren abgetrennt von der Welt. Wir hatten hier unsere Idylle, waren nur aufeinander bezogen und haben alles zusammen gemacht. Wir waren keine Minute ohne den anderen.» Monika R. und John S. kapseln sich zwar nicht in dieser extremen Form von der Außenwelt ab, aber auch sie versuchen,

möglichst alles zusammen zu machen und keine Einzelunterneh-
mungen zu starten.

Wenn Paare unter extremen Distanzbedingungen leben, über
Wochen fast vollkommen voneinander abgeschnitten sind, haben sie kaum die Möglichkeit, einen kontinuierlichen Ge-
sprächszusammenhang aufrechtzuerhalten. Das erklärt ihr Bedürfnis, sich dermaßen stark aufeinander zu konzentrieren und
in der gemeinsamen Zeit nur als Paar in Erscheinung zu treten,
ein Stück weit. Doch andere Paare, die sich fast jedes Wochenende sehen und auch in der Zwischenzeit miteinander telefonieren können, verhalten sich durchaus ähnlich.

Arthur N. zum Beispiel hat «schlicht und ergreifend das Bedürfnis, primär etwas mit meiner Frau zusammen zu machen
und mit den Kindern». Zu Beginn seiner Wochenendbeziehung
hatte er noch viele Kontakte in F., wo seine Familie wohnt und
wo er bis dahin ebenfalls gelebt hatte. «Aber ich habe es nicht
fertiggebracht, diese Beziehungen und Aktivitäten aufrechtzuerhalten, nach einer Weile habe ich eigentlich alles gekappt», erzählt er. Andere Aktivitäten gehen von der gemeinsamen Zeit
mit der Partnerin, mit der Familie ab, verlangen ihrerseits Aufmerksamkeit und Energie und tragen so zur Überforderung der
Kräfte bei. Indirekt verweist diese Erfahrung auf ein weiteres
Motiv, aus dem sich Paare derart aufeinander konzentrieren: Bei
den meisten hat der eine in der Stadt der anderen keine eigenen
sozialen Beziehungen, die er am Wochenende pflegen könnte
oder müßte. Damit ist die ausschließlich gemeinsam verbrachte
Zeit letztlich sowohl Ausdruck eines Bedürfnisses nach Gemeinsamkeit und Nähe als zugleich auch Ausdruck eines Mangels.

Bei Paaren, die in einer Stadt wohnen, gibt es diese Mangelsituation natürlich nicht. Hier können beide ihren gewohnten Aktivitäten auch am Wochenende nachgehen, können eigene Bekannte und Freunde treffen.

Für mehr als die Hälfte der Frauen und Männer ist nicht von
vornherein klar, ob sie ihre Freizeit mit dem Partner oder der
Partnerin zusammen verbringen oder ob jeder alleine etwas un-

ternimmt. Hier gilt es, sich auseinanderzusetzen, die eigenen Bedürfnisse genau zu bestimmen, Vereinbarungen zu treffen – für die meisten Paare eine schwierige Prozedur.

Stefan A. und Cathrin Z., Frank K. S. und Dorine S. sind zwei Paare, die sich mit diesem Problem nach wie vor herumschlagen, obwohl sie in diesem Punkt einen Lern- und Entwicklungsprozeß durchlaufen haben. Anfangs verbrachten beide Paare die gemeinsame Zeit fast ausschließlich zusammen, stellten irgendwann aber fest, daß dies eigentlich ihren Bedürfnissen nicht entspricht. Frank: «Im Grunde hatte ich schon eine miese Einstellung dem Wochenende gegenüber: Das ist jetzt die unfreie Zeit. Die Zeit unter der Woche war die freie Zeit!» In der er allein bestimmen konnte, was er tun und lassen wollte. Stefan beschreibt ein ähnliches Gefühl: «Wenn ich freitags komme, dann bin ich zweieinhalb Tage mit Cathrin zusammen, auf einem Fleck. Und das ist schwierig, weil ich zwischendurch gern einmal zwei Stunden arbeiten würde oder zwei Stunden allein sein möchte. Aber so bin ich Cathrin völlig ausgeliefert.» Die Sprache der beiden Männer macht drastisch klar, wie stark sie die ununterbrochene Nähe zur Partnerin als Einschränkung, ja als Zwang empfunden haben und empfinden. Ihren Partnerinnen geht es ähnlich – sie sind es übrigens auch, die zuerst darauf bestanden haben, Phasen der Distanz einzubauen und sich gegenseitig mehr Freiraum zuzugestehen.

Der Schritt von der Einsicht in die eigene Bedürfnisstruktur hin zu ihrer Verwirklichung ist allerdings nicht einfach. Das Ideal der symbiotischen Zweierbeziehung ist derart tief verankert, daß es immer wieder neu die Berechtigung individueller Interessen in Frage stellt. Deshalb brauchen die Betroffenen auch lange, bis sie wirklich realisieren, daß eigene Interessen der Beziehung nicht schaden, sondern im Gegenteil der individuellen Entwicklung und damit auch der Partnerschaft nutzen. Auch wenn diese Dinge grundsätzlich geklärt sind, bleibt manchmal ein schlechtes Gewissen, wenn man sich etwa am Wochenende mit Freunden verabredet – obwohl es eigentlich die Zeit für gemeinsame Unternehmungen wäre. Diese Ausbrüche aus der Symbiose sind sehr häufig von der Angst begleitet, die Partnerin oder den Partner zu verletzen. Übrigens stellt sich für Paare, die in einer Stadt leben und durch getrennte Wohnungen eine klare Grenzziehung gegeneinander vorgenommen haben, dieses Problem nur noch rudimentär. Die beiden Wohnungen bedeuten schließlich nichts anderes als ‹ich will nicht ständig mit dir zusammen sein›.

Letztlich ist ein großes Quantum gemeinsam verbrachter Zeit keine Garantie für Nähe und damit auch nicht unbedingt ein Kennzeichen für das tatsächliche emotionale Verhältnis der Partner. Hier liegt auch einer der größten Irrtümer, dem viele Betrachter dieser Beziehungsform aufsitzen, wenn sie von der räumlichen und zeitlichen Distanz der Partner unmittelbar auf ihre innere Distanz schließen. Sicher gibt es Paare, bei denen dieser Analogieschluß ins Schwarze trifft. Und es gibt auch Paare, die auf die Dauer eine enge Liebesbeziehung nicht mit großer äußerer Distanz vereinbaren zu können glauben. Aber der Zusammenhang von räumlich-zeitlicher und emotionaler Nähe ist weder naturwüchsig noch zwangsläufig, sondern abhängig von persönlichen Dispositionen. Diejenigen, die eine Distanz-Beziehung leben, haben häufig die Erfahrung gemacht, daß sich diese Einsicht in Phasen subjektiver Verunsicherung oder im Umgang mit einer argwöhnisch-skeptischen Umgebung als hilfreiches Wissen erweisen kann.

Zu Hause in zwei Wohnungen?

Ein anderes äußerliches Kriterium verspricht dagegen genauere Aufschlüsse über die Nähe zwischen den Partnern. Wie man den anderen in der eigenen Wohnung aufnimmt und wie dieser sich zum ‹fremden› Domizil verhält, zeigt nicht nur, wie ein Paar miteinander umgeht, sondern erlaubt einen Einblick in die dahinterliegende Ebene der möglichen Nähe und gewünschten Distanz.

Heute hat die Wohnung zwar auch noch die Funktion, den

Besitzstand zu repräsentieren, sie wird aber immer mehr zu einer wichtigen Möglichkeit, die eigene Individualität auszudrücken. «Das bin ich», sagt zum Beispiel Katharina H. über ihre Wohnung und bringt damit diese Tendenz auf den Punkt. Aber auch wenn die Wohnung nur eine zweite Haut ist, die man ähnlich wie die Kleidung den individuellen Wünschen entsprechend herrichtet – wie kann der Partner, die Partnerin dort Eingang finden?

Für manche Paare stellt sich diese Frage gar nicht, das sei vorausgeschickt: Sie haben mit dem Partner, der Partnerin eine gemeinsame Wohnung. Für die Zeit ihrer Abwesenheit besitzen sie kein richtiges, eigenes Zuhause – sie leben auf einem Schiff, einer Bohrinsel oder in Hotels. Für die Männer ist der Ort, an dem die Partnerin lebt, das Zuhause, hier werden sie erwartet, umsorgt und aufgefangen. Der männliche Lebensrhythmus bestimmt zwar Zeitpunkt und Zeitraum des Zusammenseins, aber das Zuhause ist von den Frauen geprägt, die immer dort leben.

Für Roswitha W. stellt sich die Situation anders dar. Sie hat die Aufgabe, neben ihrem Beruf als Stewardeß für ihren Mann, der als Pilot genauso oft unterwegs ist wie sie, und die Kinder ein Zuhause zu schaffen. Auch bei dieser Familie bestimmt die Frau das Gesicht des Hauses, für diese prägende Rolle muß sie allerdings den hohen Preis der Überbelastung bezahlen. Ihr Selbstbild als «Managerin» enthält genau diese beiden Aspekte – die einflußreiche Stellung und die hohe Verantwortung.

Andere Paare, die zwei Wohnungen in verschiedenen Städten haben, betrachten eine davon als das gemeinsame Zuhause – entweder weil dort auch die Kinder leben oder weil das Paar plant, über kurz oder lang wieder gemeinsam an diesem Ort zu leben. Trotz dieser Definition (eines gemeinsamen Zuhauses) beklagen sich die pendelnden Partner häufig, daß sie dort unterrepräsentiert sind; nur bei großzügigen Wohnverhältnissen haben sie einen eigenen Raum oder einen Rückzugsort. Das beeinträchtigt allerdings nicht unbedingt das Wohlbefinden. Arthur N. etwa empfindet trotz dieser Umstände in der Familienwohnung ein Gefühl von «Zuhause-Sein, Geborgen-Sein, Entspannung, intensivem Austausch».

Meine Gesprächspartnerin Fränzi N. hat mit ihrem Mann unterschiedliche Formen von Distanz-Beziehung gelebt und dabei, was Wohnen und Zuhause angeht, eine interessante Erfahrung gemacht. Als der Mann pendelte, fand er bei ihr «seine Idylle, seine Ruhe», in die er sich fallen lassen konnte. In der umgekehrten Situation mußte sie erleben, daß ihr Mann sie nicht auffing, nicht einmal richtig aufnahm, wenn sie zu ihm kam, sondern im Gegenteil versuchte, sie aus seinem Bereich herauszuhalten. «Die Wohnung hatte ich natürlich mitgeplant, das war schon meine Wohnung, aber ich lebte dort nicht, ich füllte sie nicht richtig aus», erzählt sie. «Und er beschwerte sich immer, ich würde mich so ausbreiten und Unordnung in seiner Wohnung machen. Ich fand die Wohnung immer absolut steril…» Fränzis Mann sprach von *seiner* Wohnung, und ihren großen Koffer, den sie jedes Wochenende mitbrachte, um für alle Unternehmungen ausgerüstet zu sein, nannte er *ihren* Schrank. Das war der Raum, den er ihr zugestand!

Das Beharren auf einer Umgebung, die nur von der eigenen Person geprägt ist und in der ein anderer Mensch, auch die Partnerin, tendenziell stört, wirkt bei einem Paar, das eine Wohnung als die gemeinsame bezeichnet, befremdend. Aber auch bei Paaren, die keine der beiden Wohnungen als gemeinsame begreifen, wirkt eine radikale Grenzziehung irritierend – zumindest auf den ersten Blick.

Knapp die Hälfte der Frauen und Männer gesteht dem Partner in der eigenen Umgebung nur einen minimalen Raum zu – ein Fach im Schrank oder eine Ablage im Bad. Manche lassen nicht einmal Kosmetikutensilien oder ein paar Kleidungsstücke zum Wechseln in der Wohnung des anderen. «In der Wohnung von Stefan bin ich nicht zu Hause, da wirst du keine Spur von mir entdecken», erzählt Cathrin Z. «Aber du wirst auch hier keine Spur von Stefan entdecken. Wir reisen immer mit Koffer. Einerseits sind wir gefühlsmäßig intensiv aufeinander bezogen, auf der anderen Seite aber heißt es: Meine Sphäre! Warum das so ist, weiß ich nicht genau, ich mache das gar nicht so bewußt. Ich glaube, dahinter steckt unterschwellig der Wunsch, sich zu beweisen, wie frei man doch ist. Emotional ist man längst nicht mehr frei, längst nicht mehr die ‹unabhängige Frau›, aber irgendwo ist da die Angst, es letzten Endes einmal voll zu wagen: Zu sagen, hier bin ich, und sei du hier so viel du willst, mit allen Zahnbürsten und Rasiercremes...»

Im Umgang mit der Wohnung, der Sphäre des anderen artikuliert dieses Paar sein Mißtrauen, seine Angst, sein Zurückschrekken vor einer Bindung ‹mit Haut und Haar›, die das traditionelle Ideal von Partnerschaft im Grunde enthält. Dabei haben diese beiden das alte Ideal durchaus noch im Kopf, Heirat, Kinder und traditionelle Aufgabenteilung schließen sie für die Zukunft nicht aus. Nur ihr praktisches Leben – das entwickelt sich in eine ganz andere Richtung!

Vielleicht kann man bei Cathrin und Stefan das Beharren auf einer eigenen Sphäre mit dem Alter (24 und 25 Jahre) und der geringen Beziehungserfahrung in Verbindung bringen. Beides erzeugt wohl das Bedürfnis, sich erst einmal selbst zu finden. Aber auch Paare mit mehr Beziehungserfahrung leben, was die Wohnung des Partners angeht, wie ein Gast, der alles, was er für ein Wochenende braucht, mitbringt und wieder mitnimmt. «Dorine hat sehr lange ihr Terrain verteidigt.» Frank K. S. benutzt in diesem Satz Bilder, die deutlich machen, wie stark er die Abwehr und die Grenzziehung seiner Partnerin empfunden hat. Dabei hat dieser Mann selbst genügend eigenes ‹Terrain›, in dem er fast immer alleine lebt: eine Wohnung am Ort seiner Arbeit, und ein zusätzliches Zimmer in der Stadt, in der seine Partnerin lebt. Wenn er allein sein will, kann er sich jederzeit dorthin zurückziehen – aber die meiste Zeit des Wochenendes verbringt er in der Wohnung seiner Frau. Sie hat nur diesen Raum, für sie ist es schwieriger, sich zurückzuziehen, weil nicht sie gehen kann, sondern ihren Partner erst bitten muß zu gehen. Das führt zu einem Gefühl der Enge, der Enteignung: «Im Grunde habe ich mein Zimmer selten für mich. Frank ist ganz viel in meinem Zimmer. Ich habe schon viel um Ordnung gekämpft, wenn er seine dreckigen Socken herumliegen läßt oder seine T-Shirts... Ich habe seine Sachen weggeräumt, auch oft aus dem Zimmer rausgeräumt – was ihn verletzt hat, weil er dann das Gefühl hatte, ich werfe ihn aus dem Zimmer.» Auch wenn hier scheinbar nur um Ordnung und Unordnung, also um Hausarbeit gestritten wird, ist dahinter doch das Grundmuster erkennbar: der Wunsch, die eigene Umgebung alleine zu prägen, das Eindringen des anderen in Schranken zu halten, einen Raum des Rückzugs zu behalten, in dem der andere keine Zeichen, keine Markierungen (dreckige Socken) hinterläßt. Die Asymmetrie der Situation verschärft in diesem Fall den Konflikt noch. Ein weiterer Punkt ist wichtig. Frank erzählt, daß er sich in seinen eigenen Räumen oft nicht wohl fühlt. «Ich fand es oft nicht so schön bei mir. Dorine sagte immer, hier könnte sie es nicht aushalten – während ich der Meinung war, man müßte ein bißchen putzen.» Männliche Unbehaustheit wird uns noch öfter begegnen – hier sei eine ihrer Kehrseiten bereits erwähnt: Der Mann fühlt sich in der Wohnung seiner Frau wohler, hier entspannt und erholt er sich am Wochenende. Die Grenzziehung der Frau ist unter diesem Gesichtspunkt wohl auch als Weigerung zu verstehen, dem Partner einen solchen Erholungsraum zu bieten, den er für sich selbst nicht herstellt.

In manchen Äußerungen ist in der Betonung des eigenen Raums ein neues Paarverständnis erkennbar. Katharina und ihr Freund wohnen nur zwei Straßen voneinander entfernt. Sie achten darauf, daß sie in beiden Wohnungen gleich oft übernachten, «weil beide lieber bei sich sein wollen, ich bei mir und er bei sich». Und beide bringen jeweils ihre Utensilien mit, wenn sie die Nacht beim anderen verbringen. «Was ich zum Beispiel nicht gut fände», meint Katharina, «wenn hier ein Rasierpinsel herumstehen würde. Mir ist wichtig, daß der Status Gast ganz eindeutig ist. Das ist meine Wohnung, das ist mein Raum hier, der soll sich nicht ändern, bloß weil ich eine Beziehung zu jemandem habe oder weil ich eine Beziehung abbreche. Jetzt ist es so: Er kommt, und wenn er geht, ist er auch wieder weg. Ich denke manchmal so: Ich gehe auf einem Weg und er kommt dazu. Er kann gern ein Stück mitgehen, aber ich ändere deswegen meinen Weg nicht.»

Beziehungsbilder

Auch Bilder, mit denen Männer und Frauen ihre Beziehung charakterisieren, geben Auskunft über das Verhältnis von Nähe und Distanz in einer Partnerschaft. Sie haben gegenüber anderen Ausdrucksformen einen großen Vorteil: sie sind unverstellter, offener. Ihr Nachteil: Sie sind uneindeutiger, manchmal widersprüchlich. Möglicherweise eignen sie sich gerade deshalb zur Artikulation von Gefühlen.

Das oben benutzte Bild, nebeneinanderher auf einem Weg zu gehen, dessen Richtung aber von jedem selbst bestimmt wird, taucht in ähnlicher Form häufiger auf. Dirk A. vergleicht seine Partnerschaft mit «zwei Wegen, parallel nebeneinander, wo man händehaltend vorangeht, aber jeder auf seinem eigenen Weg. Ob ein Graben dazwischen ist, weiß ich nicht.» Susanne V. erinnert sich an eine Vorstellung von Beziehung, die sie früher immer vor Augen hatte: «Zwei Menschen in einer Beziehung sind zwei parallele Linien – überkreuzen sich also nicht. Solange diese Linien parallel laufen oder auch manchmal Wellenform annehmen, funktioniert eine Beziehung, aber wenn sie auseinanderlaufen, tut sie es nicht mehr.» Diese Bilder benennen Momente der Distanz und der Nähe, wobei das Moment der Distanz in den Varianten der Frauen besonders stark ausgeprägt ist – bei ihnen fehlt jede Berührung. Nur die gemeinsame Richtung, in die sich die Partner bewegen, und das enge Nebeneinander signalisieren ein gewisses Maß an Nähe.

Die Bilder vom Weg und den beiden Parallelen sind in der Betonung von Distanz die radikalsten, andere Entwürfe akzentuieren auch die Verbundenheit der Partner stärker, ohne sie überzubetonen. «Mich ziehen nur Männer an», berichtet Maria

H., «die ellipsenförmig um eine Beziehung herumkreisen, die einmal berühren, dann wieder abdriften, dann wieder berühren – aber niemals da sind, nicht zum Festhalten sind.» Berühren und loslassen – gerade dieser Wechsel von Nähe und Distanz ist wichtig. Ein Festhalten, eine totale Nähe würde das Ende der Anziehung bedeuten. Arthur N. erinnert sich an ein prägnantes Bild, das seine Frau einmal entworfen hat und das ihm sehr gut gefällt: «Küsse von Wolke zu Wolke». Die hinübergeschickten Küsse signalisieren zwar eine Distanz, das Bild der beiden Wolken enthält aber als solches die Möglichkeit der Verschmelzung zu einer einzigen. Auch die diffusen Ränder und das Bauschige, Weiche wecken Assoziationen von Offenheit und Anschmiegsamkeit. In diesem Punkt unterscheidet sich das Wolken-Bild deutlich von den bisher beschriebenen, die alle klare Linien aufweisen und damit deutliche Grenzen markieren.

Philipp K.s Bild steht gerade in dieser Hinsicht dem Wolken-Entwurf nahe: «Ich kann nur die Farben beschreiben, die sehr bunt sind und ineinanderlaufen und, wenn man das Bild insgesamt betrachtet, einen guten Eindruck machen. Vielleicht ist es ein Aquarell… Wenn ich Kandinsky wäre und die ‹Seeschlacht› gemalt hätte, würde ich dieses Bild Susanne widmen!» Neben der Farbigkeit, die Lebendigkeit und Vielfalt signalisiert, ist in unserem Kontext das Ineinanderlaufen wichtig, das Vermischen und Verschmelzen zweier Farben zu einer neuen.

Susanne V., seine Partnerin, entwirft für ihre Beziehung zu Philipp ein anderes Bild als das der (oben beschriebenen) Parallelen. Setzt man dieses Bild neben Philipps ‹Aquarell›, ergibt sich eine erstaunliche Übereinstimmung. Susanne wählt das Bild der Osmose, die sie so versteht: «Ein Zusammenfinden von verschiedenen Teilen – und dann entsteht ein drittes Teil.» Auch hier also taucht das Moment der Vermischung zweier Elemente auf, aus der ein spezifisches Drittes entsteht – auf Kosten der selbständigen Existenz und der spezifischen Eigenart der ursprünglichen Elemente. Damit wird eine Nähe formuliert, die ins Symbiotische geht, eine Nähe, die Unabhängigkeit und Eigenart aufhebt und keinerlei Assoziation an Distanz weckt.

Ich möchte noch einmal kurz auf die ‹Seeschlacht› zurückkommen – denn dieses Bild ermöglicht auch eine andere Interpretation. Kandinskys Aquarell akzentuiert zwei farblich und linear voneinander abgegrenzte, gegenüberliegende Bildhälften, zwischen denen sich eine wirre Fülle von Farben und Linien bewegt. Auch sie ist eher klar konturiert als durch ineinanderlaufende Farben gekennzeichnet.

Damit legt das tatsächliche Bild den Gedanken einer Verschmelzung gar nicht so nahe wie Philipps Beschreibung. Auch der Titel «Seeschlacht» betont eher ein Gegeneinander als eine Einheit. Daß dieser Titel – in Verbindung zu einer Partnerschaft gebracht – Assoziationen an einen sich dort abspielenden Kampf oder Krieg hervorruft, ist Philipp im Bemühen, ein passendes Bild zu finden, nicht bewußt gewesen. Ich möchte ihm diese Deutung auch nicht unterschieben.

Eines der von meinen Gesprächspartnern gebrauchten Bilder weist unzweifelhaft auf die Sphäre des Kampfes: das Bild vom Clinch, mit dem Jan H. eine seiner Beziehungen vergleicht. Es gehört – genau wie das von Susanne V. – zu einer dritten Gruppe von Bildern, bei denen das Moment der Distanz völlig fehlt. ‹Clinch› ist ein Terminus aus dem Boxsport und beschreibt die verbotene Umklammerung des Gegners, die diesen kampfunfähig macht. Das Bild drückt damit nicht nur größte Nähe, sondern zugleich ihre negative Seite aus: das Erstickende, Bewegungslos-Machende und das Moment des Kampfes, der Gegnerschaft der beiden Seiten.

Jan hat immer wieder eine intensive Nähe zu Partnerinnen erfahren, sie jedoch stets nur kurze Zeit aushalten können. Dann mußte er sich aus dieser Nähe befreien, durch Streit, durch Ausbrüche, durch Trennungen. Diese Nähe, die er als «Einheit», als «Verschmelzung» und auch als «Symbiose» beschreibt, stellt sich bei diesem Mann über Sexualität her, die er aber immer als bindend erlebt: «Alle Versuche, Nähe zu genießen, Sexualität zu genießen, ohne sich zu binden, sind gescheitert.» So sehr er ein «intensives, schönes Liebesleben» genießen kann, so nötig hat er auch dessen Relativierung, die Rückkehr in die Distanz. Kommt zur körperlichen und emotionalen Nähe eine räumliche hinzu, die die Möglichkeiten der Distanzierung stark einschränkt, ist die Grenze dessen, was er an Nähe aushalten kann, endgültig überschritten. Zweimal hat Jan für kurze Zeit mit einer Partnerin zusammengelebt – einmal endete die Beziehung im Clinch, das andere Mal erlosch sein sexuelles Interesse an der Frau.

Das Bild vom Clinch hat die Sprache auf das Verhältnis von Nähe und Sexualität gebracht. Ich möchte bei diesem Thema kurz verweilen, weil sich verblüffende Parallelen zwischen der Geschichte von Jan H. und Erfahrungen anderer Gesprächspartner auftun. In der Distanz-Beziehung von Sandra S. spielte Sexualität an den gemeinsamen Wochenenden immer eine große Rolle, Sexualität war ohne längeres Aneinander-Gewöhnen sofort möglich. Im Urlaub jedoch, wenn das Paar mehrere Wochen zusammen war, kam es immer wieder zur «Katastrophe»: «Am Wochenende sind wir regelmäßig miteinander ins Bett gegangen – und im Urlaub hat er sich konstant verweigert. Sobald die Nähe zu groß wurde, ging es nicht mehr.» Als die beiden nach vielen Jahren zusammenzogen, zerbrach die Partnerschaft innerhalb weniger Wochen. Der Mann zog sich vollständig von seiner Partnerin zurück, räumlich, sexuell und kommunikativ.

Auch hier ist Nähe mit einem starken sexuellen Akzent versehen, auch hier wird sie sehr intensiv erlebt – und gerade deshalb scheint sie immer nur kurzzeitig möglich. In Jans und Sandras Partnerschaften kann dieses enge Miteinander weder räumlich noch zeitlich ausgedehnt werden. Versuchen diese Paare dennoch, sich trotz ihrer negativen Erfahrungen einander weiter anzunähern, ist die Katastrophe vorprogrammiert.

Mit einer solchen Situation, die symbiotische Züge trägt, scheinen besonders massive Distanzwünsche einherzugehen. Ob dies darauf zurückzuführen ist, daß gerade die körperliche, sexuelle Nähe intensiver und vielleicht auch unbedingter und unausweichlicher empfunden wird, vermag ich nicht zu entscheiden. Maria H., in deren Distanz-Beziehung Sexualität ebenfalls eine immense Rolle spielte, meint jedenfalls: «Ich glaube, es hängt ganz stark mit Sexualität zusammen, daß es uns so schwer fällt, eigenständig, selbständig, unabhängig zu sein. Daß es immer, wo Sexualität bei Menschen oder Paaren eine große Bedeutung hat, sehr viel schwieriger ist, sich diese Eigenständigkeit zu bewahren.» Und daher – weitergedacht – massiver verteidigt oder vehementer zurückgefordert werden muß?! Maria H.: «Immer, wenn es in Beziehungen auch mit der Sexualität gut läuft, bin ich nicht frei, überhaupt nicht frei. Deshalb kann ich solche Beziehungen auch nur leben, wenn ich mir noch andere Räume oder andere Männer halte. Das hört sich zwar schrecklich an, aber es ist so.»

Kehren wir noch einmal zu den Bildern zurück. Das Verhältnis von Nähe und Distanz wird in den Bild-Entwürfen meiner Gesprächspatzner mit unterschiedlichen Akzenten versehen: Sie betonen Abgrenzung, partielle Berührung oder Verschmelzung. Was selbstverständlich nicht besagen soll, daß die drei Bildformen in idealtypischer Ausprägung auftreten. Es gibt durchaus Überschneidungen, einige Gesprächspartner finden für ihre Beziehung mehrere, konträre Bilder. Das ist wohl auf den Überraschungseffekt, den meine Frage bewirkte, sowie auf die dadurch spontan ausgelösten Assoziationsreihen zurückzuführen.

Es gibt noch einen weiteren Bildtypus, der einen bisher noch unberücksichtigten Aspekt von Nähe betont: Abhängigkeit. Die «Managerin», von deren Tatkraft der gesamte Familienbetrieb abhängt, wurde bereits erwähnt. Uschi S. erzählt, daß ihr Mann sie immer als ‹Glucke› bezeichne, wenn sie sich um alles kümmere und sorge. Den wenig schmeichelhaften Vergleich weist Uschi zurück – und als gluckenhaft empfand ich diese Frau ganz und gar nicht. Sie hat aber ihr Leben total in den Dienst der

Familie gestellt, kümmert sich intensiv um Mann und Kinder, versorgt und bemuttert sie. Vielleicht ist «Glucke» nur ein altes, negativ besetztes Bild, dessen Inhalt heute adäquater mit dem Begriff «Managerin» erfaßt wird.

Nicht die Abhängigkeit einer ganzen Familie von einer (weiblichen) Person, sondern die wechselseitige Abhängigkeit aller Individuen voneinander akzentuiert das Bild vom Dominospiel, das Peter L. verwendet: «Ich hatte ein Kind hier, eine Partnerin mit Kind in F. und bin zwischen ihnen gependelt. Das setzt ein hohes Maß an Planung voraus, nichts darf schiefgehen, sonst kommt der ganze Rhythmus durcheinander. Und wenn es an einer Stelle nicht mehr funktioniert, dann fällt das Ganze wie ein Dominospiel zusammen.» Die Steine eines Dominospiels stehen zwar einzeln, sind aber zugleich eingebunden in ein Beziehungssystem, das ihre Standfestigkeit hochgradig gefährdet: Sobald ein einziger Stein kippt, wirft er auch alle anderen um.

Ein anderes Bild gegenseitiger Abhängigkeit entwirft Dirk A. Versuchsweise vergleicht er diese Vorstellung mit dem häufig benutzten Wegmotiv: «Es könnte auch eine Schaukel, eine Wippe sein, wo jeder am Ende sitzt und der eine den anderen hochhievt. Irgendwann entsteht eine Situation des Gleichgewichts, aber meistens ist es bei uns dieses Hin und Her.» Die Gemeinsamkeit der Partner stellt sich hier nicht als Parallelität (wie beim Weg), sondern als ein Gegenüber dar. Dabei gibt es nur einen einzigen Punkt des Ausgleichs, Un-Gleichwertigkeit herrscht vor, bedingt durch die extreme Polarität des Oben und Unten. Aber wie alle Pole sind auch diese nicht nur ‹Kontrahenten›, sondern als solche auch voneinander abhängig. Letztlich darf keine Seite Übergewicht gewinnen, sonst ist es nicht mehr möglich zu schaukeln, zu wippen, und die Bewegung hört auf. So gesehen, spielt der Aspekt der Gleichwertigkeit doch wieder eine Rolle.

Das Bild von Schaukel oder Wippe hebt das Moment ständigen Austarierens hervor und betont den permanenten Verhandlungszustand der Partner, der in jeder Beziehung nötig ist. Von fern erinnert es an den Kampf, den das Bild vom Clinch thematisiert. Schaukeln oder Wippen ist zwar kein Kampf, aber doch eine Auseinandersetzung um Oben (Überlegenheit) und Unten (Unterlegenheit) – und damit um Macht. In Dirk A.s Beziehung hat es tatsächlich sehr viel Hin und Her gegeben und eine starke gegenseitige Angewiesenheit der Partner. In einem Punkt stimmt das Bild allerdings nicht: Die Distanz, die zwischen den beiden Polen existiert, war nicht von vornherein klar, sondern mußte in den vierzehn Jahren der Beziehung immer wieder ausprobiert werden.

Die Form der Abhängigkeit, die Irene W. bildlich beschreibt, läßt zwar an das Glucken-Motiv denken, grundsätzlich steht es aber dem Schaukel-Bild näher. Beide Partner waren für den anderen «das sichere Netz», «das Sprungtuch», auf das sie sich verlassen konnten, gleichgültig, wie weit sie sich voneinander entfernt hatten, gleichgültig, wie angespannt die Situation war. Zwischen Irene W. und ihrem Freund war die Situation sehr oft «bis zum Zerreißen gespannt», beide hatten aber das sichere Gefühl, daß letztlich der andere da ist. An die Schaukel erinnert die starke Polarität des Bildes, der eine Partner fällt, stürzt ab, der andere fängt ihn auf. Das geschieht wechselseitig, nicht wie im Bild der Glucke, wo es nur eine Person ist, die diese Aufgabe für die anderen erfüllt. Dem Schaukel-Motiv verwandt ist auch die Spannung zwischen zwei Polen. «Das sichere Netz» hat es Irene W. und ihrem Freund möglich gemacht, sich auszuleben und auszuprobieren, sich auf extreme Situationen einzulassen – «denn der andere hörte, wenn man rief».

Sicherheitsnetze

Damit drängt sich die Frage auf, ob in Fern-Beziehungen das Bedürfnis nach Sicherheit insgesamt stark ausgeprägt ist, ob Paare, die auf Distanz leben, sich des Partners besonders sicher sein müssen, um mit den Trennungszeiten zurechtzukommen.

Viele Frauen und Männer haben mir von ihrem Vertrauen in

den Partner erzählt und es ausdrücklich als «ziemlich ausgeprägt» charakterisiert. Nicht selten ist sogar direkt von «Sicherheit» und «Gewißheit» die Rede, beide Begriffe werden auf den Fortbestand der Partnerschaft bezogen. «Ich war mir relativ sicher. Ich hatte das Gefühl, der verläßt mich nicht», erklärt zum Beispiel Fränzi N. Ein anderes Stichwort, das in diesem Zusammenhang oft fällt, ist Treue, die in der Regel als sexuelle Treue verstanden wird. Welche Bedeutung sie hat, wird häufig erst in Situationen der Un-Treue offenbar. Verständlicherweise führen ‹Seitensprünge› zu massiven Vertrauensverlusten. Sandra S. empfand nach einer Situation, in der sie plötzlich glaubte, ihr Freund sei ihr untreu: «Das ist eine Beziehung, in der du auf Eis gehst.» Auf die Probleme von Eifersucht und Treue soll hier noch nicht näher eingegangen werden, es wird aber noch ausführlich die Rede davon sein.

Um das Gefühl von Sicherheit geht es auch dort, wo einige Interviewpartner darauf hinweisen, daß sie sich beim anderen geborgen und zu Hause fühlen. Genauso wie alle Umschreibungen der einfachen Tatsache, daß sie ein Paar sind – daß sie sich zusammengehörig fühlen, daß sie einander brauchen, daß sie eine Einheit, eine verschworene Gemeinschaft sind – eine Verbindung mit dem Partner betonen, die schwer auflösbar scheint und damit Sicherheit gewährt.

Sicherheitsbedürfnis und Sicherheitsgefühl sind also recht stark ausgeprägt – bei denjenigen sogar noch stärker, die ihre Partnerschaft gerade in diesem Punkt extrem belasten. Ob das Bedürfnis nach Sicherheit in Distanz-Beziehungen letztlich stärker ist als bei Paaren, die zusammenleben, kann wohl kaum geklärt werden. Es scheint so, daß es Paaren, die auf Distanz leben, bewußter ist, da sie aufgrund ihrer Lebensweise direkter und deutlicher damit konfrontiert sind.

Die ‹Techniken›, mit denen einige Paare ganz bewußt etwas für ihr Bedürfnis nach Sicherheit tun, bestätigen diese Vermutung. Eine dieser Techniken, die Vertrauen herstellen und festigen sollen, ist die Verbalisierung von positiven und negativen

Aspekten. Über Unsicherheit und Zweifel, über Untreue und Seitensprünge muß offen gesprochen werden – das postulieren fast alle und praktizieren immerhin einige meiner Gesprächspartner und -partnerinnen. Wobei ihnen allerdings nicht selten das bereits erwähnte Harmoniebedürfnis im Wege steht.

Ob eine weitgehende Offenheit allerdings wirklich Vertrauen produzieren und festigen kann, sei dahingestellt. Mir scheint, als würde über eine Forderung wie diese der Totalitätsanspruch auf den anderen, den die symbiotische Zweierbeziehung impliziert, hier unter einem anderen Vorzeichen noch einmal aufgegriffen und reaktiviert. So gesehen ist die Ablehnung, die Elfriede Jelinek, Schriftstellerin mit Distanz-Beziehung, dem Offenheitszwang entgegenbringt, vielleicht konsequenter: «Wir lassen uns Freiheiten. Und vor allem: Wir reden nicht über alles. Ich halte nichts von der Wahrheit. Ehrlichkeit in der Beziehung lehne ich ab» (Schwarzer, S. 109).

Eine andere ‹Technik› meiner Interviewpartner ist die der gegenseitigen Versicherung, man könne sich aufeinander verlassen; auch sie wird von vielen für eminent wichtig gehalten. Und schließlich ist ein Verhalten nötig, das Vertrauen erzeugt und wachsen läßt. Wozu zum Beispiel der Verzicht auf jegliche Art von Kontrolle durch Telefonanrufe oder Überraschungsbesuche gehört.

Wenn ein solches Bedürfnis nach Sicherheit besteht, könnte dann nicht die Ehe trotz der Brüchigkeit dieser Institution noch einmal als Mittel der gegenseitigen Versicherung funktionieren? Fränzi N. reagiert auf diese Vermutung mit einer direkten Bestätigung. Sie hat nach sechsjähriger Beziehung, in der es immer wieder Phasen der räumlichen Distanz gab, ausgerechnet zu dem Zeitpunkt geheiratet, als sie für zwei Jahre ins Ausland ging und damit die bis dahin größte Distanz herstellte: «Ich glaube, da war ein starkes Sicherheitsdenken dabei.» Für Frank K. S. und Dorine S., die nach vier Jahren ‹living apart together› heirateten, war die Ehe ein Schritt zur Intensivierung ihrer Beziehung, eine Art Bekenntnis zueinander – aber kein Versicherungsschritt.

«Die Sicherheit», meint Dorine, «hatte ich vorher auch. Daran hat die Heirat eigentlich nichts geändert.»

Bei anderen Ehepaaren steht der Entschluß, vor den Traualtar oder den Standesbeamten zu treten, nicht in Verbindung mit ihrer «Liebe auf Distanz». Sie haben meistens schon vor der Zeit des getrennten Wohnens geheiratet.

Schaut man sich die unverheirateten Frauen und Männer an, ergibt sich ein ähnliches Bild. Zwei Interviewpartnerinnen erzählen ein bißchen verschämt, daß sie manchmal an Heirat gedacht haben: «Den Gedanken habe ich lustigerweise nur gehabt, kurz bevor ich mich von ihm getrennt habe», erzählt Irene W. «Da habe ich auf einmal überlegt, wenn du jetzt einfach versuchst zu heiraten... Vielleicht aus dem Wunsch heraus, eine äußere Ordnung zu schaffen, weil es innen drin ganz finster und chaotisch aussah.» Und Ute H. erinnert sich, daß sie darüber nachdachte, als sie und ihr Freund nach Jahren des Zusammenwohnens beschlossen, nun räumlich getrennt zu leben: «Diesen Gedanken hatte ich eine Zeitlang, aber das habe ich selbst nicht ernst genommen. Ich fand es selbst völlig albern, wahrscheinlich wollte ich nur wissen, wie er reagiert. Es war mehr ein Test. Und jetzt ist es vorbei».

Die Ehe wird also letztlich immer noch als eine Möglichkeit der gegenseitigen Versicherung angesehen, auf die man daher gerade in Krisenmomenten zurückzugreifen geneigt ist. Dagegen steht eine klare Ablehnung dieser Möglichkeit, die allerdings eher selten ist: «Sicherheit durch Heiraten? Nein, das ist nur äußerliche Sicherheit. Wirkliche Sicherheit, die hat man in sich. Du kannst Sicherheit nicht von außen kriegen, das geht nicht, das ist Selbsttäuschung», erklärt Susanne V. Das haben sich die beiden Frauen, die mit dem Gedanken an eine Ehe spielten, letztlich auch gesagt – schließlich haben sie dem Impuls zu heiraten nicht nachgegeben.

Vor allem verheirateten Paaren ist der Unterschied zwischen innerer und äußerer Sicherheit bewußt, kaum eines versteht seine Ehe als verbürgte Sicherheitsgarantie. Claudia R., seit sieben Jahren verheiratet, meint: «Man darf sich eines Partners nie hundertprozentig sicher sein. Du darfst es nicht als selbstverständlich nehmen...»

Ein kleiner Nachtrag zum Schluß: Nur sechs meiner Interviewpartner sind überhaupt verheiratet, acht haben eine Ehe hinter sich. Auch diese Erfahrung mag zu ihrer Skepsis gegenüber der Institution und ihren Versprechungen beigetragen haben.

Alltag allein: Quälende Einsamkeit, lockende Freiheit

Sicherheitsbedürfnisse beziehen sich nicht einzig und allein auf die Partnerschaft. Wenn die Partnerschaft nicht mehr den Lebensmittelpunkt darstellt, wenn nicht mehr alle Bedürfnisse und Wünsche auf sie projiziert werden, dann gewinnen andere Beziehungen und Freundschaften, andere Lebensbereiche entscheidend an Bedeutung. Auch aus ihnen kann ein wesentlicher Teil an Selbstsicherheit gezogen werden. Katharina H., die bewußt nicht mit ihrem Freund zusammenwohnt, ordnet die Partnerschaft so in ihren Lebenskontext ein: «Die Beziehung ist keine Bedingung dafür, daß ich mein Leben in einer bestimmten Form führe. Auch ohne sie würde alles so weitergehen, glaube ich. Sie ist etwas zusätzlich Bereicherndes. Wenn ich zum Beispiel Probleme habe, dann gehe ich damit nicht unbedingt zu ihm. Es gibt Dinge, die ich mit anderen lieber oder besser besprechen kann, mit anderen Frauen vor allem.» Da Katharina und ihr Freund nur wenige Minuten voneinander entfernt wohnen, ist ihre Hinwendung zu anderen Menschen auch nicht aus der ‹Verlegenheit› heraus entstanden, daß der Freund nicht immer da ist. Katharina erwartet einfach vom Partner nicht, daß er alle Bedürfnisse abdecken kann, daß er für alle Probleme der beste Ansprechpartner ist.

Auch bei anderen Männern und Frauen zeichnet sich eine Reduktion der Erwartungen gegenüber dem Partner ab. Zwar ist

die Liebesbeziehung nach wie vor ein wichtiger und unverzicht-
barer Faktor im Leben, aber eben nur einer von mehreren. Ein
solches Verständnis entlastet die Partnerschaft, befreit sie von
«Wahnsinns-Überfrachtungen» (Helke B.). Und es bricht radi-
kal mit dem traditionellen, romantischen Liebesideal, nach dem
der eine ohne die andere nicht sein kann, nach dem der Partner
die zentrale Person im Leben darstellt.

Dieses Liebesideal hat übrigens für Frauen in weit höherem
Maße gegolten als für Männer, da sie durch die konventionelle
Fixierung auf den Mann (die ökonomisch untermauert war)
stärker an ihn gebunden waren als er an sie. Für Männer waren
immer auch andere Dinge – zum Beispiel der Beruf oder die
Männerbünde – wichtig und legitim, während die Frau nur das
Haus zu kennen hatte, den Mann, die Kinder und vielleicht noch
die Verwandtschaft. Eine Zuweisung, die auch noch an manchen Distanz-Beziehungen erkennbar ist: Ursprünglich wurde
diese Lebensform vor allem von Männern initiiert und praktiziert, die als Soldaten, als Seeleute, als Händler unterwegs waren
und zu Hause eine Frau, eine Familie zurückließen.

Vor diesem Hintergrund ist es nicht erstaunlich, daß die Relativierung der Partnerschaft vor allem Frauen ein Bedürfnis ist.
Auch die Aufgabe der alten Ideale gehört für sie zu einem Prozeß
der endgültigen Überwindung traditioneller Zuweisungen.

Obwohl Männer immer ‹in der Welt› waren, immer als Ak-
teure in öffentlichen Lebensbereichen auftraten, galt für sie das
romantische Liebesideal mit seiner Überschätzung des anderen
genauso wie für Frauen. Die Folge: Männer konzentrierten vor
allem ihre emotionalen Bedürfnisse auf die Partnerin. Diese
Konzentration hat sich bis heute weitgehend gehalten. Einige
meiner männlichen Interviewpartner berichten, wie lange sie gebraucht haben, um zu begreifen, daß sie nicht alle emotionalen
und kommunikativen Bedürfnisse auf die Frau konzentrieren
können. Die Einsicht, daß damit nicht nur ein einzelner Mensch
überfordert ist, sondern sie selbst auch unterfordert sind, fiel
ihnen ungeheuer schwer.

Dirk A. hat erst in einer schlimmen Krise seiner Beziehung gemerkt, daß er (außer seiner Partnerin) niemand hatte, mit dem er über seine Probleme reden konnte: «Ich habe überlegt, wen kannst du denn anrufen, du kennst doch so viele Leute. Und bin einen nach dem anderen durchgegangen und allmählich immer mehr in mich zusammengesunken. Ich habe nämlich gemerkt: Du kennst überhaupt niemanden.» Damals hat dieser Mann angefangen, sich intensiver auf andere Menschen einzulassen – und sich selbst dabei ganz anders kennengelernt. «Ich merke, es sind so viele Anteile in mir, die ich ausleben möchte und über die ich auch ganz anders in Beziehung zu anderen Menschen trete. Mit einem Freund zum Beispiel lebe ich – nicht, weil er ein Mann ist – Anteile aus, die ich von Kindheit auf kenne, zum Beispiel sich ganz spontan, von einer Minute zur anderen, für irgendeine Unternehmung zu entscheiden. Auch irgendwelche Verrücktheiten… Und das ist nicht Rikes Linie, sie macht andere Sachen gern.»

Zwar stellen nur wenige Frauen und Männer ihre Partnerschaft – was deren Wichtigkeit angeht – auf dieselbe Stufe wie andere Freundschaften und Aktivitäten; aber wenn auch die Beziehung für die meisten eine eminent große Rolle spielt, glauben sie doch, daß andere Menschen und andere Lebensbereiche für sie unverzichtbare Bestandteile ihres Alltags sind. Paare, die für ihre Beziehung eine Menge aufzugeben bereit sind, bilden mit dieser Bereitschaft eine absolute Ausnahme.

Gute Freunde oder Partnerersatz

Freundinnen und Freunde sind für fast alle Frauen und Männer, die ihren Alltag ohne den Partner leben, wichtige Vertrauenspersonen – und nicht nur ‹Lückenbüßer› in der Zeit des Alleinseins. Natürlich haben sie manchmal auch die Funktion, den abwesenden Partner zu ersetzen, aber eine solche Grundlage würde nie ausreichen, um eine Freundschaft aufzubauen.

Die Frauen, mit denen ich gesprochen habe, beziehen sich

meistens auf andere Frauen, Freundschaften zu Männern, erzählt Helke B., «wirklich gute, enge Freundschaften» seien mit
der Zeit in ihrem Leben immer weniger geworden. Diese Hinwendung zu anderen Frauen hat wenig bis nichts damit zu tun,
daß der (abwesende) Partner nicht eifersüchtig gemacht werden
soll. Hier wirkt vielmehr eine Tradition fort, die unter Frauen
schon lange Bestand hat: die Tradition der Frauenfreundschaft,
der ‹besten Freundin›, die manchmal das ganze Leben begleitet.

Die Freundin ist Vertraute, Gesprächspartnerin, Zufluchtsort
– ein Mensch, auf den man sich verlassen kann: «Ich habe schon
gedacht», erzählt Claudia, «wenn einmal etwas ist mit meinem
Mann... Der einzige Mensch, mit dem ich zusammenleben
könnte, wäre sicherlich meine Freundin. Wir haben auch schon
darüber gesprochen, was wir machen, wenn wir später im Alter
allein stehen sollten.»

Die Gesprächspartnerinnen, die sich als Feministinnen verstehen, haben solche Zukunftsprojektionen zum Teil schon jetzt in
die Tat umgesetzt und sich bewußt einen weiblichen Lebenszusammenhang geschaffen. Sie wohnen mit Frauen (und deren
Kindern) zusammen, sie arbeiten mit Frauen zusammen. Das Le-
bensmodell von Helke B. und Katharina H. befriedigt ein ganzes
Spektrum von Bedürfnissen. Die beiden Frauen teilen sich nicht
nur eine Wohnung und damit auch ein Stück Alltag, sie sind
füreinander auch Gesprächspartnerinnen, Vertraute, Unterstützung, Zuhause – und Sicherheit: «Ich habe überhaupt keine
Angst», erzählt Katharina, «Helke jemals zu verlieren. Wer soll
sie mir denn wegnehmen?» Auf den Einwand, daß doch Helke
einmal ausziehen könnte, weil sie einfach keine Lust mehr auf
dieses Leben hat, meint Katharina: «Das kann sein. Aber ich
würde das nicht als gegen mich gerichtet sehen. Wenn der Mann
auszieht, würdest du das doch als eine Entscheidung gegen dich
und für jemand anders bewerten. Aber das wäre hier nicht so.
Das ist einfach eine andere Grundlage. Schon diese Verlustängste nicht zu haben oder das Gefühl, untreu zu sein.»

Katharina beschreibt ihr Verhältnis zu Helke damit als ein nahezu ideales. Besitz- und Ausschließlichkeitsansprüche existieren ebensowenig wie Mißtrauen oder Eifersucht. Die positiven Momente dominieren derart, daß dieses Leben Züge von Unwirklichkeit bekommt. Vielleicht liegt das Geheimnis in der Distanz, die die beiden trotz aller Nähe gegeneinander bewahren, indem sie sich gegenseitig als frei agierende Personen akzeptieren. Und im Ausschluß der Erotik, der Sexualität...

Meine männlichen Interviewpartner sprechen deutlich seltener von ihren Freunden – die übrigens in der Mehrzahl Männer sind. Und wenn sie es tun, erzählen sie eher von gemeinsamen Unternehmungen als von Kommunikation und Sich-Aufeinander-Verlassen. Mit den Freunden wird gefeiert und Fußball gespielt, man ißt zusammen und bastelt am Auto, fährt gemeinsam in Urlaub, geht in die Sauna oder ins Kino. Natürlich sprechen sie auch miteinander, aber die vertrauensvolle Kommunikation hat einen deutlich anderen Stellenwert als für die Frauen. Vielleicht vollziehen sich Freundschaften zwischen Männern auf einer anderen Ebene als Freundschaften zwischen Frauen, stärker über gemeinsames Agieren als über gemeinsames Reden. Dann wäre es auch verständlicher, warum zwei Männer auf die Frage nach eigenen Freunden von Kollegen erzählen, mit denen sie gut zusammenarbeiten und mit denen sie sich besprechen. Der Beruf ist nicht nur ein wichtiger Ort der Kommunikation, sondern auch Ansatzpunkt für neue Bekanntschaften und Freundschaften.

Obwohl sie nicht viel darüber reden, machen einige Männer unmißverständlich klar, wie existentiell für sie soziale Kontakte sind: «Ich kann nur schlecht allein sein», erzählt Ulf K. Deshalb wohnt er unter der Woche auch mit anderen Leuten in einer Wohngemeinschaft zusammen, die als Lebensform ein gewisses Maß an Kontakt garantiert.

Bei den meisten Männern habe ich den Eindruck gewonnen, daß sie in dem Teil ihres Alltags, den sie ohne die Partnerin verbringen, zwar nicht ohne soziale Kontakte sind, vor allem aber einen Aspekt menschlicher Beziehungen nicht realisieren: emotionale Nähe und Zuneigung. Sie werden nach wie vor nur mit der Partnerin gelebt. Man könnte fast vermuten, daß Frauen, die diese emotionale Seite eher als Männer auch mit anderen Menschen leben können, besser mit einer Distanz-Beziehung zurechtkommen!

So wichtig und bereichernd Freundschaften auch sind – für Menschen, die in Distanz-Beziehungen leben, können daraus auch spezifische Probleme und Konflikte entstehen. Freundschaften brauchen einfach Zeit, und die fehlt häufig, weil man am Wochenende, in der freien Zeit entweder nicht zu Hause ist, den Partner besucht oder Besuch von ihm hat. Die Beschreibung von Stefan A., der diese Situation zunehmend als problematisch empfindet, ist in ihrer Ambivalenz typisch: «Ich sehe die Gefahr, daß ich in A. kaum richtig gute Freunde oder auch nur einen lockeren Bekanntenkreis haben kann, weil ich nicht immer oder nur unregelmäßig da bin. Es ist oft schade, die anderen machen eine Fete, fragen, kommst du auch vorbei – und dann sage ich nein, ich fahre zu Cathrin. Es bleibt dann auch bei vielen auf einem sehr oberflächlichen Level, weil sie wissen, wenn sie Langeweile haben oder wenn sie was Schönes machen wollen, dann ist Stefan ja doch nicht da. Oder er hat Besuch von Cathrin.»

Latent sind solche Probleme bei nahezu allen Paaren vorhanden. Und sie können sich immens verschärfen, wenn ein Partner, etwa bedingt durch einen Umzug in eine andere Stadt, mit einer tiefgreifenden Änderung seines sozialen Bezugsfeldes konfrontiert ist. Sind die Wochenenden für die Zweisamkeit reserviert und vielleicht noch mit häufigen Abwesenheiten vom Wohnort verbunden, dauert es wesentlich länger, bis man neue Leute näher kennengelernt hat. Von einer weiteren Schwierigkeit wird seltener berichtet, für die Betroffenen kann sie sich jedoch zu einer echten Belastungsprobe auswachsen: Die Freunde des einen gefallen der anderen nicht, die Freunde der einen interessieren den anderen nicht. Männer können es manchmal nicht ertragen, wenn sich ihre Frauen am Wochenende mit Freundinnen treffen. Offensichtlich handelt es sich um eine Form der Eifersucht, man will seine Liebste für sich haben. Die Ablehnung der Freunde des anderen kann auch aus einem punktuellen Desinteresse resultieren, wie bei Stefan A.: «Neulich sollte ich rüberkommen, weil der Freund von Cathrins bester Freundin da war und wir zu viert essen sollten. Aber mit dem kann ich mich nicht anfreunden. Ich hatte also keine große Lust – und da ich in A. mit einem Freund verabredet war, bin ich dort geblieben.»

Karriere als Lebensmitte oder Schutz vor der Übermacht des Privaten?

Nicht nur Freundschaften und Beziehungen zu anderen Menschen vermitteln Stabilität und Rückhalt – auch der Beruf spielt eine solche Rolle. Ihm kommt vielleicht auch eine solche Bedeutung zu, weil er oft genug der Grund dafür ist, daß Paare eine Fern-Beziehung leben.

Auch hier fällt auf, daß gerade von Frauen vehement betont wird, wie wichtig dieser Lebensbereich für sie ist. Für Susanne V. und Helke B. steht der Beruf ohne jedes Wenn und Aber an erster Stelle. Susanne erinnert sich sogar, daß sie schon mit achtzehn diese Position vertreten hat: «Ich hatte einen Freund, der auch heiraten und Kinderkriegen wollte – und überhaupt nicht ernstnahm, daß mein Hauptziel das Schreiben war. Deshalb ging diese Beziehung auch auseinander, ich habe mich eindeutig für das Schreiben entschieden.» Heute ist Susanne mit Philipp K. zusammen, für den der Beruf ebenfalls eminent wichtig ist – allerdings ohne derart eindeutige Prioritäten zu setzen, wie Susanne glaubt. Susanne: «Es ist für beide so, sonst würde es auch nicht klappen. Wenn ich mit jemandem zusammen wäre, der sagte, du bist die Nummer eins in meinem Leben, dann wäre das für mich ein wahnsinniger Druck, weil nämlich derjenige nie die Nummer eins in meinem Leben sein wird.»

Vermutlich betonen viele Frauen ihre Entscheidung so stark, weil sie als Frauen immer noch mit traditionell ausgerichteten (eigenen und fremden) Erwartungen konfrontiert sind. Um ihren beruflichen Interessen nachgehen zu können, müssen sie diese immer wieder begründen und verteidigen, müssen sie sich immer wieder von traditionellen Erwartungen distanzieren. Daß sogenannte Karrierefrauen noch stärker unter Legitimationsdruck stehen, liegt auf der Hand. Nicht zufällig stammen die prägnantesten Stellungnahmen von Helke B. und Susanne V., die beide explizit eine Karriere anstreben und auch viel dafür investieren.

Bei der Hälfte meiner Interviewpartner sind Beruf bzw. Studium das Hauptmotiv für ihre «Liebe auf Distanz» – ein Indiz für den Stellenwert, der diesem Bereich eingeräumt wird. Auch bei ihnen wird der Alltag, den sie allein verbringen, zum großen Teil von Arbeit ausgefüllt. Trotzdem erhalten Beruf oder Ausbildung kein unumstrittenes Primat gegenüber der Beziehung. Einige Interviewpartner erzählen hier von widersprüchlichen Bedürfnissen und Gefühlen, andere von Auseinandersetzungen mit dem Partner – darüber, daß die Arbeit zuviel Raum einnimmt, daß ihr zuviel Platz eingeräumt wird, daß zuwenig Zeit für das gemeinsame Leben bleibt.

Bei vielen ist der berufliche Zeitaufwand auch wirklich sehr groß. Berichte von außerordentlichen Arbeitsbelastungen sind mir auffallend oft begegnet. So spricht Arthur N. von einer Siebzig-Stunden, Philipp K. von einer Fünfzig-Stunden-Woche. Christine B. unterbricht ihre Arbeit, wenn sie in Bonn ist, nur zum Schlafen und Essen, John S. hatte auf der Bohrinsel oft vier Wochen lang einen Sechzehn-Stunden-Tag, und Ulf K. trug bisher seine Arbeitsunterlagen immer mit sich herum, um jede Möglichkeit zum Arbeiten zu nutzen. Diese extremen Zustände sind durch den Arbeits- und Schichtrhythmus, durch das berufliche Engagement und die Ambitionen – und zum Teil auch durch die Distanz-Beziehung selbst bedingt. Die Abgeordnete Christine B. konzentriert in Bonn ihre ganze Kraft auf die Arbeit, versucht möglichst viel in möglichst kurzer Zeit zu schaffen, um zu Hause den Rücken frei zu haben: «Ich sitze dort bis zum Umfallen am Schreibtisch abends, dann gehe ich zum Schlafen in mein Appartement und dann wieder zurück ins Büro. Im wesentlichen lebe ich in Büros und Sitzungen, vollkommen verwahrlost, wenn du so willst.» Den Eindruck von Unbehaustheit habe ich übrigens auch bei einigen anderen Interviewpartnern gewonnen. Die Wohnung am Ort ihrer Arbeit wirkte provisorisch oder ausschließlich auf die Arbeit ausgerichtet.

Mit Ausnahme von Christine B., bei der das Arbeitspensum eher eine Frage der Einteilung, der Organisation zu sein scheint, sind es die Männer, die stärker betonen, wieviel und wie lange sie arbeiten. Selbst Susanne V. und Helke B., die sicher nicht wenig zu tun haben, reden kaum über ihr Arbeitsquantum. Noch etwas anderes fällt auf: Von männlicher Seite scheint keine Erklärung und Rechtfertigung nötig, warum die Arbeit so viel Raum einnimmt; es scheint für sie selbstverständlich zu sein, so extensiv zu arbeiten. Meine Frage, ob sie denn ‹workaholics› seien, quittieren manche mit einem Lachen, als hätte ich ihnen ein Kompliment gemacht.

Die lange Arbeitszeit und die hohe Arbeitsbelastung werfen die Frage auf, welche Funktion die Arbeit im Leben der betreffenden Menschen hat. Bietet sie vielleicht eine Möglichkeit, sich Freiräume in einer Partnerschaft zu schaffen, über die weniger Auseinandersetzungen geführt werden müssen als über ein direktes Einfordern solcher Freiräume? Eine Frage, die nur indirekt mit «Liebe auf Distanz» zu tun hat, aber trotzdem hierher gehört. Oder ist umgekehrt das Arbeitsquantum ein Zeichen dafür, wie allein sich diese Menschen ohne Partner am Ort der Arbeit fühlen?

Einen Anhaltspunkt für die erste Vermutung habe ich bei Ulf K. gefunden. Als er noch mit seiner Partnerin zusammenwohnte, hat er jede Gelegenheit zum Arbeiten genutzt (und damit auch zum Rückzug von der Familie). Heute, nach einem Jahr ‹living apart together›, trennt er stärker zwischen dem Ort der Arbeit und dem der Familie bzw. Partnerschaft. Das Leben in zwei Wohnungen bietet ihm genügend Spielraum, so daß er seine ständige Arbeitsbereitschaft aufgeben kann.

Indirekt bestätigten auch andere Berichte die Vermutung, daß die berufliche Belastung als Argument vorgeschoben wird, um einem Distanzbedürfnis, das dem Partner unverblümt nicht zumutbar ist, eine unanfechtbare Legitimationsbasis zu verschaffen. Denn Arbeit hat einen so hohen Stellenwert in unserer Gesellschaft, daß sie einfach eine wunderbare Möglichkeit ist, um sich Freiräume zu schaffen, um sich in sie zurückzuziehen. Eine solche Funktion von Berufsarbeit muß übrigens den Betroffenen nicht bewußt sein, um sich durchzusetzen.

Ich möchte mit diesen Überlegungen nicht mißverstanden werden: Es scheint mir richtig und legitim, daß der einzelne sich in einer Partnerschaft Freiräume verschafft und auf Freiräumen besteht. Ich möchte hier nur darauf hinweisen, daß dieses Bedürfnis ein intensives und extensives berufliches Engagement motivieren kann.

Auf direkte Nachfragen, ob sie soviel arbeiteten, weil sie sich einsam fühlen würden, gaben meine Gesprächspartner zwar keine eindeutigen Antworten, doch niemand bestritt, daß es in diesem Punkt grundsätzlich einen Zusammenhang geben könnte. Wie dieser Mechanismus konkret in Gang gehalten wird, entzieht sich allerdings im Regelfall der Selbstwahrnehmung. Es liegt auf der Hand, daß hier unbewußte Koppelungen geschehen: Man arbeitet viel, ist auch ansonsten für die verschiedensten sozialen Aktivitäten offen und stellt plötzlich – nicht ohne Zufriedenheit – fest, daß der Terminkalender wieder einmal voll ist.

Fränzi N. erzählt, daß sie in den beiden Jahren, in denen sie im Ausland war, ungeheuer aktiv gewesen sei. «Ich war ganz ausgefüllt damit, was zu tun und zu machen.» Nicht nur mit Arbeit, obwohl sie in dieser Zeit auch eine große Rolle spielte, auch mit Leute-Kennenlernen, Ausgehen, Sprache-Lernen, Land-Erkunden. «Am Ende stellte sich heraus, daß mich die Kollegen nur hetzend kannten. Ich war jemand, der immer unter Dampf stand und nie in sich ruhte. Als ich das hörte, habe ich mich unheimlich erschrocken…» Überaktivität und Hektik hingen bei Fränzi natürlich auch mit dem ständigen Hin- und Herfahren zusammen – aber Überaktivität war wohl auch eine Möglichkeit, dem Alleinsein zu entkommen.

Balanceakte zwischen Lust und Verlust

Trotz der Freunde und der beruflichen und nicht-beruflichen Aktivitäten kennen fast alle Frauen und Männer Phasen, in denen sie sich einfach alleine fühlen und den Partner oder die Partnerin vermissen. Besonders schlimm und besonders schön zugleich sind diese Gefühle am Anfang einer Beziehung, in der Zeit der ersten Verliebtheit. Bei Sandra S. kam der Umzug in eine andere Stadt noch dazu: «Die ersten zwei Jahre habe ich unheimlich viel geheult. Ich fand es unerträglich – du warst in diesen Mann verliebt und fingst neu an in einer Stadt, wo du niemanden kanntest. Ich war natürlich ganz auf ihn bezogen, wahnsinnig verliebt, bin in den ersten zwei Jahren fast jedes Wochenende zu ihm gefahren…» Aber auch Menschen, die wie Uschi S. nie eine andere Beziehungsform gelebt haben und die hervorheben, daß sie an die Abwesenheit des Partners gewöhnt seien, werden von Einsamkeit und Sehnsucht eingeholt – zum Beispiel dann, wenn der Partner nach einer längeren Zeit des Daheimseins wieder fort muß.

Besonders prekär sind Feiertage wie Weihnachten, die auch für Paare mit langjähriger, eingespielter Distanz-Beziehung immer wieder aufs neue schwierig werden können.

Sehnsucht entsteht auch und gerade in Konflikt- und Krisensituationen, das gilt in besonderer Weise für die quasi alleinerziehenden Elternteile einer Distanz-Beziehung. Ute H. sehnt ihren Freund herbei, «wenn es mir nicht gut geht, wenn ich zuviel Ärger mit den Kindern oder den Nachbarn habe.» Dann braucht sie einfach jemanden zum Reden: «Das kann ich auch mit anderen – aber wenn die keine Zeit haben, denke ich natürlich: Es wäre doch gut, wenn Ulf jetzt da wäre.» Ute hat lange mit ihrem Partner zusammengewohnt, weiß also, wie es ist, wenn man stets auf den anderen zurückgreifen kann. Auch Christine B. kennt das Gefühl des Alleinseins aus bestimmten Situationen: «Wenn ich selbst nicht so kaputt und angespannt bin, kann ich gut alleine sein. Aber wenn ich eigentlich ganz fertig bin, dann bin ich sehr ungern allein. Dann schlafe ich mich auch übers Alleinsein weg, gehe früh ins Bett, fange nichts Vernünftiges mehr an mit dem Abend... Alleinsein heißt ja auch immer, du kriegst auch keine körperliche Zuwendung. Oft ist es ja so, wenn du ausgepustet bist, daß es das allerbeste wäre, sich zusammenzukuscheln und ein bißchen aufzutanken. Es fällt schon schwer, wenig körperliche Berührung zu haben.» Gerade dann, wenn sie erschöpft sind, wenn sie sich nicht gut fühlen, jemanden zum Reden brauchen, wenn sie also einmal aufgefangen werden müßten, empfinden diese Frauen die körperliche, emotionale, kommunikative Abwesenheit des Partners als Mangelsituation.

Gerade dann kann auch das Telefon – ansonsten ein häufig genutztes Mittel, die Kommunikation während der Phase der Trennung aufrechtzuerhalten – wenig helfen. «Das mache ich nicht mehr, daß ich Franz in solchen Situationen anrufe. Ich ziehe mich dann lieber zurück. Mir ist es oft sogar lieber, wir telefonieren gar nicht miteinander – das bringt in solchen Situationen nicht viel», hat Christine erfahren.

Von der Nutzlosigkeit solcher Telefonate und vom Gefühl des Alleinseins weiß auch der Rockmusiker Herbert Grönemeyer ein Lied zu singen. «Unterwegs» heißt der Song, der diese Situation anschaulich beschreibt: «Wieder telefoniert/Gespräche stundenlang/immer öfter bilanziert/fast nur noch Liebe auf Distanz/bin des Alleinseins müde...»

Während die Frauen recht offen über Gefühle wie Sehnsucht oder über das Alleinsein sprechen, halten sich die Männer bei diesem Thema deutlich zurück. Ob es ihnen schwerfällt, sich dazu zu äußern, weil es um Gefühle und auch um Abhängigkeiten geht, steht nur zu vermuten. Die Reaktion von Philipp K., der als einziger direkt über solche Gefühle spricht, scheint mir recht charakteristisch für eine ‹männliche› Herangehensweise an eine solche Situation. «Ich habe mich bisher nie alleine oder einsam gefühlt. Manchmal vielleicht doch», räumt er dann ein und wechselt im Sprachduktus vom ‹ich› zum allgemeineren ‹du›, «wenn du wirklich Probleme hast und niemand da ist, wenn du jemand brauchst und er ist nicht da. Natürlich denke ich dann, es wäre schön, wenn wir zusammen wären. Aber daß ich mich total darauf fixiere, auf dieses Gedankengespinst, das kann ich mir und das will ich mir nicht leisten.» Zuerst bestreitet er Einsamkeitsgefühle, dann erwähnt er sie doch, erklärt aber gleichzeitig, wie und warum er sie unter Kontrolle hält.

Seine Partnerin Susanne V. spricht übrigens ähnlich rational über solche Gefühle – auch in diesem Punkt stimmen die beiden überein: «Natürlich vermisse ich ihn, aber es macht mich nicht hilflos. Ich bin zwar traurig, aber es ist kein lähmendes Gefühl, wo ich nicht weiterarbeiten kann, nicht weiterexistieren kann.»

Eigentlich hatte ich erwartet, einem Effekt des Alleinseins häufiger zu begegnen: dem der Stimulanz. Daß eine zeitweilige Trennung die Gefühle füreinander belebt und die erotische Anziehung steigert, ist schließlich kein Geheimnis von Paartherapeuten. Aber nur wenige Männer und Frauen berichten von einer solchen Erfahrung.

Dagegen ist bei vielen davon die Rede, daß sie mit dem Alleinsein insgesamt gut zurechtkommen und daß sie seine Vorteile zu schätzen wissen.

Irene W. ist als Studentin bewußt nicht mit ihrem Partner zusammengezogen, sondern in eine nicht allzuweit entfernte Stadt gegangen, «weil ich dadurch die Gelegenheit hatte, mir meinen eigenen Raum zu schaffen, selber Leute kennenzulernen und meinen ganzen Alltag und mein Studium allein zu regeln…» Irene und ihr Freund haben diese Lebensweise auch später nicht geändert, sie haben sich einen Freiraum zugestanden, den beide auch bis an die Grenzen für eigene Bedürfnisse ausgenutzt haben. Bei Irene war es also der Wunsch, sich als junger Mensch erst einmal aus den Bindungen des Elternhauses zu befreien und herauszufinden, wer sie selbst ist – ein Motiv, das wohl häufiger unausgesprochen eine Rolle spielt.

Manchmal ist es erst möglich, die Bedeutung des Alleinseins für die eigene Persönlichkeit zu erkennen, wenn man sich nach einer Zeit des Zusammenwohnens räumlich voneinander trennt. Diese Veränderung kann starke Gefühle von Freiheit, von «Gestaltungsmöglichkeit» auslösen. Dirk A. und Ulf K. haben diese Erfahrung gemacht, für Ulf ist es wichtig, daß er jetzt unter der Woche auf niemanden Rücksicht nehmen muß und sich verabreden kann, wann immer er Lust dazu hat. Dirk muß zwar auf seinen Sohn Micki Rücksicht nehmen, doch auch bei ihm dominiert, seitdem er alleine lebt, das Gefühl, wirklich ein eigenes Leben zu haben, über das er selbst entscheidet.

Ob es ein Zufall ist, daß nach einem Schritt der Distanzierung gerade Männer von ihren Freiheitsgefühlen sprechen? Wenn man sich anhört, wie Ute H., Ulfs Partnerin, die zuvor aus seiner Perspektive beschriebene Situation einschätzt, scheint dem nicht so zu sein. Ute hat vor einem Jahr den Schritt, auseinanderzuziehen, initiiert, sie findet heute, daß die Beziehung besser geworden ist, entspannter. Daher sei sie auch nicht mehr so frustriert und passiv, sondern unternehme viel mehr als vorher, obwohl sie unter der Woche allein für die beiden Kinder verantwortlich sei. So positiv ihr Urteil auch ausfällt, es bleibt gelassen, es fehlen euphorische Töne: Ute spricht nicht von Freiheitsgefühlen.

Andere Frauen scheuen sich nicht, das große Wort von der Freiheit in den Mund zu nehmen. Gerade wenn einer Distanz-Beziehung eine auch räumlich enge Partnerschaft vorausgegangen ist, der Unterschied also noch sehr deutlich empfunden wird, heißt es über die Zeit des Alleinseins etwa: «In der Woche hatte ich ein beschwingtes Gefühl. Was ich auch immer tat, ich war niemandem Rechenschaft schuldig. Richtig frei habe ich mich gefühlt, wie neu geboren teilweise – natürlich auch, weil ich verliebt war. Aber auch deshalb, weil ich nicht immer dieses ständige Verabreden hatte, wohin, wie lange, wann kommst du wieder, sondern einfach spontan leben konnte» (Katharina H.).

Das Wissen um solche Gefühle und Möglichkeiten veranlaßt manche Frauen und Männer dazu, sich zusätzliche Zeiten des Alleinseins zu gönnen. Roswitha W., Stewardeß, Ehefrau und zweifache Mutter: «Ich habe mir die Freiheit genommen, einmal im Jahr für vierzehn Tage nach Japan zu fliegen. Das habe ich mir erkämpft, für mich bedeutet diese Zeit sehr, sehr viel. Das sind für mich so viele Eindrücke – und ich bin einmal ganz für mich alleine, bin ganz, ganz weit weg, für niemanden zu erreichen, mache das, wozu ich gerade Lust habe...» Auch diese Frau verbindet mit dem Alleinsein Freiheit, ein eigenes Stückchen Leben, Spontaneität und eine ganz unmittelbare Befriedigung von Bedürfnissen. Diese Dinge sind zusammen mit Partner und Kindern nur schwer möglich.

Andere Frauen und Männer konnten ähnlich positive Seiten des Alleinseins lange nicht wahrnehmen. Sie haben erst in und durch ihre Beziehung gelernt, alleine zu sein. Sandra S. hat jahrelang darum gekämpft, daß der Partner in ihre Stadt und in ihre Wohnung zieht – wogegen er sich lange erfolgreich wehrte. Besonders am Anfang hat sie unter dem Alleinsein sehr gelitten: «Ich würde heute sagen, unter Schmerzen habe ich damals gelernt, daß man so leben kann. Nicht freiwillig, sondern weil die Tatsachen so waren.» Wirklich kennengelernt hat sie die Möglichkeiten des Alleinseins damals allerdings noch nicht, nach wie vor wollte sie mit dem Partner zusammenwohnen. Erst als die Beziehung ausgerechnet am Zusammenleben zerbrach, änderte sich ihre Einstellung. Heute, zwei Jahre nach der Trennung, sagt sie: «Inzwischen lebe ich ganz gerne allein, genieße es, alleine zu sein, fühle mich auch nie einsam...» Wie stark allerdings die alten Bedürfnisse nachwirken, zeigt sich daran, daß sie angesichts einer neuen Liebe wieder über ein Zusammenleben nachdenkt. Ihr selbst erscheinen getrennte Wohnungen zwar als «das Optimale. Wenn er allerdings sagen würde, ich würde gerne mit dir zusammenleben – würde ich das sofort machen. Ich fänd es spannend, noch einmal auszuprobieren, ob das überhaupt noch geht.» In ihrer zehnjährigen Distanz-Beziehung war für diese

Frau körperliche, seelische und geistige Nähe von ungeheurer Bedeutung. Sie konnte es nur schwer ertragen, wenn der Partner ihr gegenüber deutliche Grenzen zog und sich ihren Wünschen verweigerte – und versuchte daher immer wieder, diese Grenzen zu durchbrechen. Die Sehnsucht nach Nähe machte es für sie schwer, alleine zu leben, den Partner nicht ständig um sich zu haben. Selbst heute, wo sie die positiven Seiten des Alleinseins durchaus kennen und schätzen gelernt hat, wäre sie schnell bereit, darauf zu verzichten – wenn ein Partner die räumliche Verbindung wünscht.

Ein starker Wunsch nach Nähe und eine positive Haltung zum Alleinsein schließen sich also aus – das zeigen auch Äußerungen anderer Männer und Frauen. Manchmal muß hinter der Unfähigkeit, mit dem Alleinsein produktiv umzugehen, aber auch Unsicherheit und fehlendes Selbstbewußtsein vermutet werden. Dann ist die Möglichkeit, Alleinsein auch «als etwas Fruchtbares» (Frank K. S.) zu erleben, versperrt, dann wird sie als Mangel, als Leere, als Einsamkeit empfunden.

Einige Frauen und Männer haben eine Zeitlang als Single gelebt – also eine Form des Alleinseins erfahren, die verglichen mit den Phasen des Alleinseins *in* einer Beziehung viel extremer ist. Katharina H. hat sich in dieser Zeit zwar nach einer Beziehung gesehnt, «aber es war durchaus vorstellbar geworden, mein Leben lang alleine zu bleiben. Das ist auch jetzt noch, wo ich wieder in einer Beziehung lebe, vorstellbar für mich. Ich habe nie gelitten, als ich keine feste Beziehung hatte, die Lebensqualität war nicht erheblich anders.» Heinz K. hat nach der Scheidung sein Single-Dasein genossen, aber «nachdem ich mich einigermaßen sortiert hatte, war ich auch frei genug, mich auf eine Frau, auf eine verpflichtende Beziehung und Bindung einzulassen.»

Alleinsein ist also kein generelles Lebensprinzip, es bleibt immer auf bestimmte Zeiträume, bestimmte Phasen bezogen. Die Männer und Frauen wünschen sich Beziehungen, auch diejenigen, die im Augenblick keine haben. Aus diesem Grund kann die

Zeit ohne Partner, die für Distanz-Beziehungen charakteristisch ist, nicht mit dem Single-Alltag gleichgesetzt werden – auch wenn sie äußerlich so erscheint. Auch in den Phasen, in denen der Partner nicht anwesend ist, bietet er einen emotionalen, psychischen und kommunikativen Hintergrund, auf den man sich letztlich beziehen kann. Daher bedeutet Alleinsein (im positiven Sinne) Eigenständigkeit, Unabhängigkeit *in* einer – nicht trotz einer Beziehung! Mit dem Bedürfnis nach einem Bereich, der nur vom betreffenden Subjekt geprägt ist, in dem es Aktivitäten und Beziehungen gibt, die unabhängig, ohne den Partner gelebt werden, ist einer der Kernpunkte von Distanz-Beziehungen angesprochen. Die Motive für dieses Bedürfnis sind allerdings so unterschiedlich wie die Situationen, in denen es bewußt wird, und die Ausprägung ist bei den unterschiedlichen Individuen verschieden stark.

Bewußter als bei Menschen, die andere Formen von Partnerschaften leben, scheint dieses Bedürfnis bei meinen Interviewpartnern allemal: zum Teil, weil sie aufgrund der äußeren Bedingungen dazu gezwungen sind, zum Teil, weil starke Impulse vorhanden sind, die sie zur Eigenständigkeit drängen, zum Teil, weil sie aus anderen und aus Distanz-Beziehungen gelernt haben, nach eigenen Wegen zu suchen. Ich gehe allerdings auch davon aus, daß das Bedürfnis nach Eigenständigkeit letztlich bei jedem Individuum existiert – daß es aber durch das tradierte Liebes- und Partnerschaftsideal stärker überlagert wird, als für den einzelnen gut ist.

Konflikte, Krisen, heikle Punkte

Von Konflikten und Problemen – zum Beispiel von Streit oder von Interessendivergenzen – war schon mehrfach die Rede. An dieser Stelle möchte ich noch einmal auf einige Konfliktpotentiale eingehen: auf Untreue und Eifersucht, auf das Phänomen der Entfremdung, auf die leidige Hausarbeit und auf die Frage, ob und wie Kinder mit einer Distanz-Beziehung zu vereinbaren sind. Wichtig ist mir dabei die Frage: In welcher Relation stehen diese Probleme zur Beziehungsform? Werden sie durch die Struktur der Beziehung verschärft oder entschärft?

Untreue und Eifersucht

Die Frage nach ihren Erfahrungen mit Untreue und Eifersucht hat bei einigen Interviewpartnern spürbare Abwehr hervorgerufen. Für Philipp K. ist dieses Thema bisher keines gewesen – und hypothetisch will er sich nicht darauf einlassen: «Das würde mich belasten. Und das wäre sicherlich nicht gut. Aber ich würde mich schon ernsthaft damit beschäftigen, wenn ich in einer realen Situation damit konfrontiert wäre. Man kann auch keine pauschalen Aussagen darüber machen – ich müßte wissen, ist es ein one-night-stand...»

Arthur N. erklärt seine Abwehr inhaltlich: «Ich halte beides für Unsinn, schon die Begriffe! Die sind doch absolut negativ belastet. Ich denke, daß mit Eifersucht ein Besitzanspruch verbunden ist, ein Besitzdenken. Aber man kann Menschen nicht besitzen!»

Er vermittelt den Eindruck, daß ihm diese Grundsätze nicht nur ernst sind, sondern er auch in der Lage ist, sie zu leben. Die intensive Beziehung zu seiner Partnerin, erklärt er, sei schließlich wie alle menschlichen Beziehungen eine einmalige, da könne es keine Konkurrenz geben. Ihm sei es wichtig, daß diese Intensität erhalten bleibe, was aber nicht ausschließe, «viele soziale Beziehungen einzugehen, möglichst nicht nur oberflächliche. In unserer Gesellschaft wird Sexualität oft zu einem springenden Punkt gemacht, und das halte ich für Blödsinn. Du kannst mit jemandem ins Bett gehen und hast zu ihm überhaupt keinen Draht – und du kannst mit jemandem telefonieren und hast mit ihm einen intensiven Austausch. Dann ist das Telefonat ein erheblich größerer Kontakt zu einem anderen Menschen als miteinander ins Bett zu gehen. Soll ich dann sagen, du hast mit jemandem am Telefon nur siebzehn Minuten Belanglosigkeiten zu besprechen?»

So schlüssig und einleuchtend sich eine solche Argumentation auch anhört – die wenigsten können sich von den gängigen Denk- und Empfindungsmustern (ganz) freimachen. Sie kennen das Gefühl der Eifersucht und haben Konflikte erlebt, die sich um die Untreue des Partners drehten. Auch wenn sexuelle Beziehungen zu anderen für ein Paar nicht ausgeschlossen sind, die Partner einander diese Freiheit auch bewußt zugestehen, sind daraus resultierende gravierende Konflikte nicht ungewöhnlich. «Eifersucht, redet man sich ein, hat man nicht, kennt man nicht, darf man nicht haben», zählt Irene W. die Postulate auf, die sie an sich gestellt hat. «Ich habe mir jahrelang eingeredet, ich wäre nicht eifersüchtig, aber ich war unheimlich eifersüchtig. Wir haben dann versucht, darüber zu reden und die Eifersucht so zu bewältigen. Haben auch gesagt, man darf auch eifersüchtig sein, man ist eben eifersüchtig. Aber das bedeutet nicht, daß man den anderen zu Handlungen zwingt oder daß man sagt, ich bin jetzt eifersüchtig, bitte verhalte dich danach.»

Dieses Ringen um Positionen und Verhaltensweisen halte ich eher für kennzeichnend als die Haltung von Arthur N. Wobei die Positionen, die die einzelnen skizzieren, von der klaren Forderung nach Treue bis zum Zugeständnis großer Spielräume, vom Bekenntnis, daß sie eifersüchtig sind bis hin zu der Erfahrung reichen: Heute bin ich nicht mehr eifersüchtig.

Trotz des breiten Spektrums von Einstellungen gibt es zwei durchgängige Positionen: Das Gefühl von Eifersucht wird zwar als reales wahrgenommen und akzeptiert, aber zugleich von dem Bemühen begleitet, es in Grenzen zu halten. Bei keinem meiner Gesprächspartner ist mir blinde Eifersucht begegnet – was auch unmittelbar plausibel erscheint. Ein Mensch, der auf alles und jeden eifersüchtig reagiert, der den Partner nur für sich haben will, wird sich vermutlich niemals auf ein ‹living apart together› einlassen. Obwohl Eifersucht und Untreue von vielen als ein

Problem in ihrer Beziehung erlebt wird, halten sie die Form der Beziehung nicht für die Ursache. Die Vorstellung, den anderen durch Zusammenleben besser unter ‹Kontrolle› zu haben und Untreue dadurch verhindern zu können, erscheint absurd. «Das hatte nicht soviel mit der Wochenendbeziehung zu tun», meint zum Beispiel Frank K. S., «und daß Dorine hier einfach mehr Freiräume hätte, sich auszutoben. Es passierte immer dann, wenn es zu langweilig wurde in der Beziehung, ganz schlicht und ergreifend. Und das ist auch ein Problem, wenn man zusammen oder in der gleichen Stadt wohnt.» Dorine räumt allerdings lachend ein: «Ich habe ihn auch so unter Kontrolle! Ich habe nicht das Gefühl, daß ich ihn in R. nicht unter Kontrolle habe, bloß weil ich nicht in der Wohnung bin.»

Nur vereinzelt wird ein Zusammenhang zwischen der Lebensform und dem Problem von Untreue und Eifersucht gesehen. Dann spielen nicht unbedingt eigene, sondern vorgelebte Erfahrungen eine Rolle. Monika R., deren Partner auf einer Bohrinsel arbeitete: «Er kennt so viele Beziehungen, die in seinem Umfeld wegen dieser Geschichten kaputtgehen. Deshalb war es am Anfang für ihn extrem schwierig zu glauben, daß ich wirklich noch da bin, wenn er wiederkommt.» Eine Angst, die um so verständlicher scheint, je extremer die Bedingungen sind, unter denen sich Distanzbeziehungen abspielen. Trotzdem bewegt sich das Argument, daß Untreue eine Konsequenz dauernder Abwesenheit sei und leicht das Scheitern einer Beziehung nach sich ziehen könne, meiner Meinung nach zu sehr an der Oberfläche. In Scheidungsverfahren wird bekanntlich der Vorwurf der Untreue gerne als Argument benutzt, um eine schnelle und unkomplizierte Trennung herbeizuführen. Untreue ist einfach ein plausibler, nachvollziehbarer Grund für eine Trennung. Daß ihre Ursachen meist in der Beziehung selbst liegen, wird bei einer solchen Argumentation außer acht gelassen.

Die strengsten Vorstellungen von gegenseitiger Treue äußern meine jüngsten Interviewpartner, Stefan A. und Cathrin Z., die in ihrer Beziehung noch keine Erfahrung mit der Untreue des anderen gemacht haben. «Ich würde dann die Beziehung abbrechen», meint Stefan, «da bin ich konservativ. Wie die Situation dann allerdings wirklich aussehen würde, weiß ich nicht. Aber von jetzt aus könnte ich das nicht ertragen. Und von mir erwarte ich dieselbe Treue.» Cathrin relativiert ein bißchen: «Natürlich würde mich das bei Stefan entsetzen, vielleicht, es würde einen Knacks geben, dessen Tiefe ich nicht beurteilen kann. Aber ich denke, daß vielleicht auch die Ratio einsetzen würde. Bei mir ist es so, daß ich monogam war bisher, so faszinierend war einfach keiner. Ich gehe aber davon aus, daß ich noch faszinierende Männer kennenlerne und auch irgendwann in die knallharte Situation kommen werde, daß so etwas passiert.» Cathrin und Stefan sind die einzigen, die eine solch absolute Forderung erheben. Andere, die auch einmal so dachten, stellen heute fest, daß sie mit zunehmendem Alter gelassener und toleranter werden: «Anfangs war ich sehr eifersüchtig», erinnert sich Roswitha W., «aber das hat sich mittlerweile gelegt. Wahrscheinlich bin ich selbstbewußter geworden und stehe über den Dingen, weil ich mir sage, wenn's so ist, dann ist es so. Er weiß, was er an mir hat, und ich weiß, was ich an ihm habe. Und für eine neue Partnerin... da wäre er doch viel zu bequem.»

Manche erzählen auch, daß sie nicht mehr so sehr an Abenteuern interessiert seien wie früher und das gleiche von ihrem Partner annehmen. Susanne V.: «Ich habe den Eindruck, diese Bedürfnisse sind jetzt anders, weil ich früher so wild gelebt habe. Aber ich bin unheimlich froh, daß ich alles ausgelebt habe, alles gemacht habe, was ich wollte.»

Ein wenig scheinen diese Berichte die landläufige Meinung von der gemäßigteren Gangart des Alters zu bestätigen – ein Punkt, auf den noch einzugehen sein wird. Wichtig scheint mir, daß so viele von zunehmender Gelassenheit erzählen. Was natürlich nicht bedeutet, daß sie nur gelassen und tolerant reagieren, daß sie nicht einmal ausrasten. Ich denke, die gewachsene

Toleranz vieler ist auch eine wichtige Voraussetzung dafür, daß diese Paare mit ihrer «Liebe auf Distanz» gut zurechtkommen.

Gewachsene Toleranz bedeutet allerdings nicht, daß keine Grenzen gesetzt werden. One-night-stands sind für die meisten kein Diskussionspunkt – wohl aber «ernste Geschichten», die die Beziehung in Frage stellen oder aufs Spiel setzen. Eine solche «ernste Geschichte» frustriert, verletzt, erzeugt Verlustängste und Minderwertigkeitsgefühle.

Ute H. und Ulf K., die seit einem Jahr ‹apart together› leben, nachdem sie viele Jahre zusammenwohnten, haben eine solche Situation erst vor kurzem durchgestanden. Ulf verliebte sich in der Stadt, in der er allein lebt, und hatte eine Zeitlang zwei Beziehungen. «Das war schon ein ziemlich brenzliger Punkt», meint er. «Ich habe die Beziehung zwar nicht in Frage gestellt, aber faktisch durch mein Verhalten doch.» Einerseits hatte er zwar das Gefühl, daß er sich eigentlich nicht so verhalten könne, andererseits aber das Bedürfnis, die Dreier-Konstellation auszuleben. Als Ute schließlich von der «Geschichte» erfuhr, verlangte sie von Ulf, sich zu entscheiden. «Sie wollte das nicht weiter mitmachen – und dann habe ich halt überlegt, was mir wichtiger ist.» Ulf fühlte sich zwar zu dieser Entscheidung gezwungen, glaubt allerdings, daß er sich selbst in einer vergleichbaren Situation genau wie Ute verhalten würde. Auch er würde fordern: «Entscheide dich, das halte ich nicht aus, das kann ich nicht ertragen, oder das geht mir zu nah.» Ute und Ulf ziehen also beide eine klare Grenze. Die Alles-oder-Nichts-Haltung, die sich dem Ausschließlichkeitscharakter verdankt, der zum Selbstverständnis eines klassischen Paares dazugehört, kann also durchaus auch unter ‹liberalerem› Vorzeichen praktiziert werden. Nur der Punkt, an dem die Warnlampe zu blinken beginnt, ist ein anderer.

Wenige Paare setzen einander in Sachen Treue keine Grenzen – und um dies leben zu können, erscheint ihnen die Form der Beziehung besonders geeignet. Durch die distanzierte Lebensweise können andere Beziehungen ausgelebt werden, ohne den

Partner ständig damit zu konfrontieren. Irene W.: «Man kann besser mit seiner Eifersucht umgehen, wenn man nicht ständig in der unmittelbaren Umgebung damit konfrontiert ist.»

«Mein Freund und ich haben die Vereinbarung getroffen», erzählt Helke B., «daß es möglich sein muß, irgendwas anderes zu haben, wenn das Bedürfnis da ist. Ich habe das schon einmal praktiziert, er nicht, aber ich vermute, daß es irgendwann auch umgekehrt sein wird. Es ist möglich – und es ist für mich auch wichtig, daß es möglich ist, daß man sich nicht wer weiß wie disziplinieren muß.» Grenzen, meint Helke, schränken nicht nur ein, Grenzen schaden letztlich einer Beziehung auch. Irene hat sechzehn Jahre lang nicht nur dieselbe Position vertreten, sie hat auch nach dieser Maxime gelebt – aber inzwischen sind ihr Zweifel gekommen. Ihre Beziehung ist auseinandergegangen, aus vielen Gründen, einer könnte der Umgang mit Untreue und Eifersucht sein. Das Paar hat immer andere Beziehungen gehabt und die eigene damit einem gewissen Dauerrisiko ausgesetzt. Beide waren eifersüchtig, versuchten aber mit dieser Eifersucht zu leben und den anderen nicht unter Druck zu setzen. Doch: «Man kann Eifersucht nur bis zu einem gewissen Maß aushalten, dann zieht man sich innerlich zurück. Und das ist für eine Beziehung sehr gefährlich – denn dann besteht die Gefahr, daß man sich auf die Dauer endgültig verpaßt.»

Untreue kann – und damit bekommt das Thema noch eine ganz andere, bisher nicht diskutierte Dimension – auch ein Weg sein, Distanz zum anderen herzustellen, eine zu große Nähe zu durchbrechen. Bei Dirk A. zum Beispiel liegt eine solche Deutung seiner Beziehungen zu anderen Frauen neben seiner ‹festen› Partnerschaft nahe. Und beim Ex-Mann von Fränzi N. war Untreue nicht nur eine durchgängige Verhaltensweise, sondern auch ein strukturelles Moment seiner Bindung an Fränzi.

Bis zum Ende der Beziehung hat Fränzi nicht gewußt, daß ihr Mann regelmäßig zu Prostituierten ging. Gleichgültig, ob beide in einer Stadt, in einer Wohnung lebten, ob er täglich oder an

Wochenenden pendelte, ob sie eine Zeitlang im Ausland arbeitete – er ging ins Bordell. Fränzi glaubt, «daß er sich Distanz geschaffen hat, indem er fremdging, indem er sich einen Raum schuf, wo ich nicht war.» Distanz zu seiner Frau benötigte dieser Mann wohl deshalb so dringend, weil er immer versuchte, Fränzi ganz für sich mit Beschlag zu belegen. Er übertrug ihr Mutter-Funktionen und die Hausfrauen-Rolle, praktizierte mit ihr ein reges Sexualleben und eine extensive körperliche Nähe. Und reagierte mit Eifersucht, wenn sie Kontakte zu anderen Menschen, zu Freundinnen oder Kollegen pflegen wollte. Diesen Versuchen, die Frau nicht loszulassen, stand der ausgeprägte Wunsch nach Distanz gegenüber, den er unter anderem in der verqueren Form der Sexualität mit Prostituierten auslebte.

Die Situation, in der er seiner Frau mitteilte, daß er regelmäßig ins Bordell gehe, ist dafür ganz charakteristisch. Die beiden wollten einen mehrwöchigen Urlaub machen, hatten also viel gemeinsame Zeit vor sich. Am zweiten Abend der Reise kam es scheinbar beiläufig zu seinem ‹Geständnis›. Der Mann tat zwar so, als sei sein Verhalten das normalste auf der (Männer)Welt – wenn er aber seine Frau nur ein bißchen einschätzen konnte, mußte er wissen, daß sie nicht nur entsetzt reagieren würde, sondern zumindest nach Hause zurückfahren würde. Das – vermute ich – war seine Intention, drei Wochen unausweichliche Nähe waren für ihn zuviel. Gerade um Urlaub und im Urlaub hatte es in den ganzen Jahren der Beziehung immer wieder viele heftige Auseinandersetzungen gegeben, in denen es zwar nicht nur um Nähe, aber auch um Nähe ging. Für Fränzi jedenfalls war das ‹Geständnis› ihres Mannes ein Grund zur Trennung.

Ein kleiner Nachtrag: In einer Auseinandersetzung während der Trennungszeit bekam Fränzi von ihrem Mann zu hören, ihm sei auch nichts anderes übriggeblieben, als ins Bordell zu gehen – sie sei ja nie dagewesen!

Entfremdung der Gefühle

Während «Liebe auf Distanz» nur auf den ersten Blick mehr Anlaß und Möglichkeit zu Untreue und Eifersucht gibt, hängt das Problem der Entfremdung, des Einander-Fremd-Werdens zweier Partner eng mit der Form des ‹living apart together› zusammen. Doch auch hier helfen Globalaussagen wenig, es kommt auf Zwischentöne an, die genauer zu unterscheiden erlauben, was auf die Beziehungsform und was auf andere Ursachen zurückzuführen ist.

Christine B. ist viele Jahre zwischen Bonn und ihrem Heimatort hin- und hergependelt und hat es trotzdem ‹geschafft›, eine befriedigende Beziehung zu leben. Dann kamen die Kinder, dann gab auch der Partner seine Seßhaftigkeit auf und begann, ebenfalls zu pendeln. Erst diese extremen Bedingungen haben für Christine einen «Verlust an Intimität und Nähe» in der Beziehung in Gang gesetzt, den sie kaum aushalten kann, der sie kaputt und traurig macht. Die verschiedenen Grade von Distanz in Christines Beispiel zeigen, daß ein ‹living apart together› nicht per se Entfremdungserscheinungen hervorruft, daß aber irgendwann ein Punkt eintreten kann, an dem die Distanz zu groß wird, an dem Nähe kaum oder gar nicht mehr hergestellt werden kann. Dieser Punkt ist nicht objektiv fixierbar, er hängt von den Individuen ab, von der Art ihrer Beziehung und von deren Entwicklungsstadium. Einen solchen Punkt scheint es für alle Frauen und Männer zu geben, manche können ihn klar benennen, andere testen immer wieder aus, wo dieser Punkt jeweils für sie liegt.

Irene W. zum Beispiel hat sich bewußt eine Stadt zum Studium ausgesucht, die so weit vom Wohnort des Freundes entfernt war, daß ein tägliches Pendeln nicht möglich war; gleichzeitig aber lag sie so nahe, daß im Notfall ein gemeinsamer Abend, eine gemeinsame Nacht außer der Reihe organisierbar war. Größere Distanzen erscheinen Irene auch heute nicht lebbar: «Wenn ich mir vorstelle, ich hätte einen Freund in Paris oder am Atlantik, so daß man sich nur alle paar Wochen sehen kann – dann würde ich in der Zeit zwischendurch unheimliche Defizite empfinden. Ich wüßte auch nicht, wie lange ich das aushalten kann.»

In der Beziehung von Dorine S. und Frank K. S. hat es mehrere Phasen gegeben, in denen die beiden weit auseinanderdrifteten – aber das hing nur partiell mit der äußeren Lebenssituation zusammen. Zweifellos ist nicht nur in diesem Fall eine Wochenendbeziehung nicht dazu angetan, Entfremdungserscheinungen entgegenzuwirken; die knappe Zeit, der hohe Erwartungsdruck, der Mangel an Gelegenheit für intensive Kommunikation wirken sich einfach erschwerend aus. Frank selbst glaubt, daß andere Ursachen entscheidender waren: «Die Beziehung fing an, Routine zu werden! Von dem Neuen, Unbekannten war inzwischen nicht mehr viel übrig. Und in dieser Situation war das, was die Wochenendbeziehung an Entfremdung bewirkte, gleichzeitig ein Schutz und ein Gewinn an eigenem Freiraum.» Routine ist im Grunde nichts anderes als ein Entfremdungsphänomen: Man ist innerlich nicht mehr so beteiligt, agiert mehr aus der Gewohnheit heraus als aus Gefühlen und Bedürfnissen. Das Unbehagen über einen Zustand muß in einer Lebensform wie dem ‹living apart together› nicht unmittelbar geklärt werden, die Distanz ermöglicht ein Ausweichen – und das verstärkt die Entfremdung noch.

Frank und Dorine haben es geschafft, ihre innere Distanz wieder aufzulösen – ohne an ihrer räumlich distanzierten Lebensweise etwas zu ändern. Irgendwann hat es einen Moment gegeben, wo ihnen klar wurde, daß sie «mehr Nähe haben wollen» – und dann waren sie auch in der Lage, sich wieder aufeinander zuzubewegen.

An diesem Beispiel wird klar, daß die äußere Distanz Probleme, die in der Beziehung auftauchen, verstärkt und vielleicht auch dramatisiert, gleichzeitig aber Fluchtmöglichkeiten eröffnet, die in ‹normalen› Beziehungen nicht in dem Maße vorhanden sind. Probleme können auf die Form der Beziehung geschoben werden, auch wenn sie andere Ursachen haben – und außerdem bietet die Distanz die Möglichkeit, Schwierigkeiten und Konflikten einfach aus dem Weg zu gehen.

Aber vielleicht – so könnte man spekulieren – wäre die Beziehung von Dorine und Frank unter ‹normalen› Bedingungen an diesem Punkt auseinandergegangen. Durch die räumliche Distanz kann nämlich auch ein Verzögerungseffekt eintreten, der Nachdenken und Besinnung auf sich selbst und auf die eigenen Bedürfnisse ermöglicht, der ein ‹Verbeißen› in die Probleme, in die Stimmungen verhindert. Das ist – bezogen auf Dorine und Frank – natürlich Spekulation. Daß ein solcher Entspannungseffekt aber entstehen kann, bestätigt zum Beispiel Irene W.: «Man kann besser mit einem Problem umgehen, wenn man nicht ständig damit konfrontiert ist.» Die Grenze zur Verdrängung ist allerdings fließend – aber das ist sie immer.

Hausarbeit – Entschärfung eines klassischen Konfliktpotentials?

«Hausarbeit halte ich für eins der umkämpftesten Gebiete überhaupt zwischen Männern und Frauen», meint Frank K. S. «Ich halte Frauen für völlig verrückt auf diesem Gebiet, sie sind in der Regel völlig überdreht, was Sauberkeit angeht. Ich kenne kaum Frauen, die mit Putzen gelassen umgehen können – und ich kenne kaum Männer, die lernwillig sind, mich eingeschlossen. In der Regel wollen die Frauen ihre Sauberkeitsnorm nicht hinterfragen – und du hast als Mann nur die Chance, es zu schlecht zu machen.»

Auch Paare, die auf Distanz leben, bewegen sich auf diesem schwierigen Terrain, wie Frank es nennt, kämpfend. Mitunter sind negative Erfahrungen mit diesem leidigen Thema sogar ein zentrales Motiv für die Entscheidung zu dieser Lebensform. Erfahrungen aus anderen Partnerschaften und anderen Wohn- und Lebensformen sollen sich nicht wiederholen können. Eine meiner Gesprächspartnerinnen fand für diesen Sachverhalt die schöne Formulierung, daß sie der «naturwüchsigen Arbeitsteilung» ausweichen wolle. Das Bestehen auf getrennten Haushalten resultiert aus der Weigerung, sich auf dieses Problemfeld noch einmal einzulassen.

Aber auch getrennte Wohnungen und Haushalte sind keine Garantie dafür, daß Hausarbeit konfliktlos über die Bühne geht. Irene W. erinnert sich, daß sie am Wochenende zu ihrem Freund fuhr «und dann stand der Abwasch der ganzen Woche da. Das war ziemlich eklig – und für mich war es schwierig, bei jemandem in der Wohnung zu leben, mich nicht in den Haushalt einzumischen, aber gleichzeitig bestimmte Wünsche zu haben. Gut, man kann Kompromisse finden – uns hat das viele größere und kleinere Kämpfe gekostet. Im Endeffekt war es immer gut, sich darauf zurückziehen zu können: Das ist dein Haushalt und das ist mein Haushalt. Nach langen, langen Jahren konnte ich das auch ganz locker sagen.» Gerade wenn Paare mehrere Tage gemeinsam in einer Wohnung verbringen, taucht das Problem der unterschiedlichen Ordnungs- und Sauberkeitsvorstellungen doch wieder auf. Interessant an Irene W.s Bericht ist der Lerneffekt, der sich durch die Trennung der Haushalte und die Dauer der Erfahrung einstellt. Ein Lerneffekt, der auch schon in anderen Punkten zu beobachten war.

Unter der Oberfläche des Themas Hausarbeit tauchen noch andere Dimensionen auf – und sie machen verständlicher, warum wir es mit einem der «umkämpftesten Gebiete» zu tun haben. Ähnlich wie das Verhältnis zur Wohnung ist auch die Hausarbeit ein Bereich, in dem es um die Verwirklichung eines Stücks ‹Eigenleben› geht. «Wenn ich merke, daß jemand meine Sachen aufräumt, und das tut mein neuer Freund manchmal, dann finde ich das lästig», erzählt Irene W. «Das ist zwar sehr praktisch, aber ich habe eher das Gefühl: Störe meine Kreise nicht. Selbst die Unordnung ist meine.» Der Freund von Sandra S. fühlte sich «bedrängt und kontrolliert», wenn sie bei längeren Aufenthalten in seiner Wohnung putzte und aufräumte. «Ich habe mich wider seinen Willen hausfraulich betätigt», erzählt sie, «weil ich mich sonst einfach nicht gut gefühlt habe in der Wohnung. Ich

habe zum Beispiel Hunderte von leeren Flaschen weggebracht…
Ich weiß nicht, was ich da ausgelebt habe», ergänzt sie und
macht damit klar, daß es nicht nur um Sauberkeit und Wohlfühlen ging. Eine ganze Weile hat sich Sandra in der Wohnung des
Freundes so verhalten – dann fing er an, einen Schrank abzuschließen, ihr also einen – wenn auch kleinen – Bereich vorzu-
enthalten. Was sie wiederum merkwürdig fand und nicht akzeptieren wollte.

Sandra konnte ihrem Freund keinen eigenen Raum zugestehen, sondern drang über die Legitimation «Dreck und Unordnung» dort ein. Er konnte (und wollte?) sich dagegen nicht offen
zur Wehr setzen, er konnte sich nur zurückziehen und die Partnerin zunehmend als «die kontrollierende Mutter und die ein-
greifende Mutter» wahrnehmen, wie Sandra selbst heute urteilt.

Mit dieser Selbstcharakterisierung läßt sich vielleicht auch die
«überdrehte» Haltung der Frauen in Sachen Hausarbeit und die
Lernunwilligkeit der Männer ein Stück weit erklären. Danach
wird auf dem Gebiet der Hausarbeit im Grunde ein Mutter-
Sohn-Konflikt ausgetragen, der auf seiner unmittelbaren Ebene
nicht gelöst wurde und nun, als verschobener, auf dem Feld der
Hausarbeit erst recht nicht lösbar scheint.

Selbstverständlich spielen auch die gesellschaftliche Zuweisung der Hausarbeit an die Frauen und die früh anerzogene
weibliche Verantwortlichkeit für das Wohlergehen anderer eine
Rolle. Dieses Muster funktioniert weiter, zum Teil ganz ungebrochen, zum Teil verbrämt mit einem schlechten Gewissen auf
seiten der Männer und einer Klage von seiten der Frauen. Männern, die die Wohnung, in der die Partnerin und die Kinder leben, als gemeinsame Wohnung, als Zuhause betrachten – und
die dort auch am Wochenende Hausarbeiten erledigen, ist sehr
bewußt, daß ihre Partnerinnen eindeutig stärker belastet sind:
«Von fifty-fifty kann nicht die Rede sein, weil einfach tagtäglich
Haushaltsdinge anfallen», erklärt zum Beispiel Arthur N., der
eigentlich eine gerechte Teilung richtig findet. «Ich habe in meiner anderen Wohnung auch Haushaltsdinge, aber die sind gegen-

über Lasten, die du halt hast, wenn Kinder da sind, etwas unterzuordnen.» Die Kinder sind der wichtigste Grund für die Mehrarbeit der Frauen. Sie gehen in vielen Fällen scheinbar selbstverständlich in deren Verantwortung über, wenn Männer aus der Familienwohnung ausziehen.

Der Wechsel in der Lebensweise führt bei solchen Paaren nicht nur zu einer Veränderung der äußeren Bedingungen, sondern auch zu einer Verschiebung der Kompetenzen und Entscheidungsstrukturen in der Familie. «Ich habe nicht mehr den Einblick und habe nicht mehr überall meine Finger drin», registriert Ulf K. nach einem Jahr ‹living apart together›. «Das ist einerseits negativ, aber auch enorm entlastend, wenn ich mir zum Beispiel nicht tagtäglich die Schulschwierigkeiten der Kinder vor Augen führen muß. Aber es entsteht auch eine große Hilflosigkeit. Wenn ich jetzt nach Hause komme, vollziehe ich nach, was Ute versucht, mit den Kindern zu regeln, ich passe mich dem an. Ich glaube, es steht mir nicht zu, andere Akzente zu setzen.» Verlust von Einfluß und Gestaltungsmöglichkeiten, aber auch ein deutliches Gefühl von Entlastung auf seiten des Mannes, Kompetenzgewinn und Mehrarbeit auf seiten der Frau – diese Veränderung ist in der Familie von Ulf K. und auch von Arthur N. eine gravierende Folge der Distanz-Beziehung.

Ich denke, daß die Wiederholung des alten Familienmodells – der Mann geht nach draußen, die Frau übernimmt drinnen, im Haus, das Ruder – durch das ‹living apart together› eminent gefördert wird, wenn Paare Kinder haben. Unter meinen Interviewpartnern gibt es von dieser Regel nur eine Ausnahme: Dirk A., der eine eigene Wohnung hat, in der er nach eigenem Gutdünken schaltet und waltet, und mehr als die Hälfte der ‹Kinderarbeit› trägt. Dieser Mann hat sich bewußt dazu entschieden, soviel Verantwortung für das Kind zu übernehmen. Bei den anderen Paaren mit Kindern wiederholt sich scheinbar naturwüchsig die traditionelle Arbeitsteilung.

Ein besonders drastisches Beispiel ist Roswitha W., Stewardeß mit Schichtdienst, zwei Kindern und einem Mann, der als Pilot ebenfalls unregelmäßige Arbeitszeiten mit längerer Abwesenheit hat. «Er muß mitziehen zu Hause, das tut er auch – aber das meiste bleibt an mir hängen. Ich bin belastbarer, er ist es nur bis zu einem bestimmten Grad, dann läuft nichts mehr. Was die Haushaltsarbeit angeht – er hört das nicht gern, aber es ist Tatsache –, beschränkt er sich auf die Kinderversorgung. Er versorgt sie, macht mit ihnen Hausaufgaben, kocht auch, aber sonst... Gut, Staub saugt er noch, aber der Rest bleibt für mich. Waschen, bügeln, das Haus, das Bad, das bleibt alles für mich. Da gibt es natürlich manchmal schon Reibungspunkte, weil ich mich überfordert fühle. Und denke, er könnte ja auch mal ein bißchen machen... Aber er sieht es nicht, manche Männer sehen es einfach nicht – und da ist auch nichts zu machen, sie wollen es auch nicht sehen. Ich habe resigniert, und ehe ich kämpfe und eine Diskussion anfange, die sowieso zu nichts führt, mache ich's eben selbst.»

Diese Ergebenheit in das ‹Frauenschicksal›, die nicht nur bei Roswitha W. anklingt, ist angesichts ihrer Erfahrungen nachvollziehbar. Eine Frau mit einem anstrengenden Beruf, einer Distanz-Beziehung, zwei Kindern und einem kompletten Haushalt, eine Frau, die die Rolle der Familienmanagerin innehat, kann nicht auch noch gegen diese Rolle rebellieren – sie muß funktionieren, sonst bricht alles zusammen.

Kinder – Verschärfte Bedingungen

Daß Kinder nicht nur die Belastung durch die Hausarbeit vergrößern, daß sie nicht nur die alte Rollenaufteilung zwischen Partnern fördern, sondern in Distanz-Beziehungen auch insgesamt eine Fülle von Problemen schaffen, ist allen meinen Interviewpartnern klar – denen, die Kinder haben, und denen, die keine haben.

Roswitha W. erzählt zum Beispiel, daß sie unter ihren Kolleginnen eine ganze Zeit als Exotin gegolten habe, weil es einfach unmöglich schien, zu fliegen und zu Hause Kinder zu haben. Inzwischen sind einige Kolleginnen ihrem Beispiel gefolgt – aber der Preis ist ungeheuer hoch. Im Leben von Roswitha W. dreht sich alles um die Kinder, ihre Versorgung, ihr Wohlergehen steht an erster Stelle, die Partnerschaft muß dahinter zurücktreten. «Unser Leben als Paar ist manchmal sehr reduziert», konstatiert sie und erzählt dann, daß ihr Mann vor kurzem dagegen protestiert habe: «Er fühlte sich vernachlässigt, brauchte mehr Aufmerksamkeit» – was sie als eine weitere Anforderung an sich verstanden hat.

Für Christine B. sind die Kinder – was die Arbeit, die Zeit und auch die Gefühle angeht – der entscheidende Belastungsfaktor für ihre Pendelbeziehung. Da sie unterschiedliche Varianten von Distanz-Beziehungen durchlebt hat – mit verschiedenen Partnern, mit und ohne Kinder –, kann sie gut vergleichen. «Das schwerwiegendste sind die Kinder. Ich gehe davon aus, daß wir auch mit der Lebenssituation, in der wir jetzt sind, nämlich daß beide pendeln, gut klarkommen würden, wenn wir keine Kinder hätten. Jetzt wird an erster Stelle das, was an Zeit übrig ist, auf die Kinder verteilt. Wir richten unseren ganzen Termin- und Zeitplan auf die Kinder aus.» Auch hier also als ‹Nebeneffekt› die Reduktion der Zeit, die für die Partnerschaft bleibt. Dabei ist die Kinderbetreuung in dieser Familie optimal organisiert, das ältere Kind geht den ganzen Tag in eine Kindergruppe, es gibt eine seit Jahren fest engagierte, zuverlässige Kinderfrau und für Abendtermine eine Babysitterin.

Diejenigen, die nicht tagtäglich mit den Kindern zusammenleben – und das sind in der Regel die Väter –, sehen die Dinge aus einer anderen Perspektive. Im Vordergrund steht für sie die zunehmende Entfremdung, die sich aus der häufigen Abwesenheit ergibt und bei Kindern noch weniger als bei Erwachsenen durch verbale Kommunikation (Telefon, Briefe) ersetzt werden kann. Da sich gemeinsame Erfahrungen auf Ausnahmesituationen wie Urlaub und Wochenende beschränken, können diese Männer die Entwicklung ihrer Kinder kaum intensiv mitverfolgen.

Die Belastungen für alle Seiten – für diejenige, die das Kind tagtäglich zu versorgen hat, für denjenigen, der das Kind kaum sieht, und nicht zuletzt für das Kind – sind vor allem für Frauen ein wichtiges Argument gegen Kinder.

So werden zum Beispiel die kindlichen Bedürfnisse nach Kontinuität, die sich nicht allein auf die Bezugspersonen, sondern auch auf den äußeren Rahmen einer Wohnung richten, als Einwand angeführt. Kindern sei ein permanenter Wechsel von einer Wohnung in die andere nicht zumutbar. «Das stelle ich mir sehr schwer vor», meint auch Irene W., «mit einem Kind alleine zu leben ist ja schon total anstrengend. Vor allen Dingen, wenn es noch ganz winzig ist – später geht es vielleicht besser. Das wollte ich aber auch nicht, ich möchte mir nicht den ganzen Streß alleine an den Hals hängen.» Wie selbstverständlich setzt auch diese Frau voraus, daß ein Kind in einer Distanz-Beziehung ihr Problem wäre – aber sie ist wahrscheinlich einfach realistisch.

Vom traurigen Szenario aus Belastung, Entfremdung und Unmöglichkeit hebt sich allerdings ein Gegenmodell ab, das Hoffnung macht und von großer Lust am Ausprobieren geprägt ist. Schwierigkeiten, die durch die Form der Distanz-Beziehung entstehen und die andere Frauen und Männer als Argumente gegen Kinder anführen, werden hier als positive Möglichkeit begriffen. Dieses Gegenmodell wird von einem meiner Gesprächspartner praktiziert, und Katharina H. weiß von einer ähnlichen Lösung zu berichten: «Bekannte haben ein Kind bekommen, sind aber nicht zusammengezogen, sondern haben in jeder Wohnung ein Kinderzimmer eingerichtet. Sie übernachten häufig zusammen, besuchen sich also gegenseitig, aber es ist völlig aufgeteilt, wer wann für das Kind verantwortlich ist. Die andere Person kann sich dann aussuchen, ob sie etwas damit zu tun haben will oder sich ganz frei nimmt für die Zeit. Ich halte das für eine tolle Lösung. Einmal, weil ich sehe, daß viele Beziehungen an den Kindern, wegen der Kinder kaputtgehen. Und dann sind die Kinder diejenigen, die sich völlig umgewöhnen müssen, was überhaupt nicht einzusehen ist. Bei dieser Lösung ist es so, daß die Situation immer gleich bleibt für das Kind, auch wenn die beiden sich trennen sollten. Der zweite Grund ist, daß sie nicht unfreiwillig und nur wegen des Kindes zusammengezogen sind – viele tun das ja. Und außerdem finde ich ihre Lösung gut, weil sie eine neue Lebensform ist und das auch meinem Zukunftsbild von Geschlechterbeziehungen entspricht. Wir müssen einfach ausprobieren, wie wir das künftig gestalten – ohne diese Kleinfamilienidylle, Vater-Mutter-Kind auf einer Dreizimmerwohnung.»

Funktionieren kann ein solches Modell vermutlich nur, wenn ein Paar in einer Stadt, nicht weit voneinander entfernt wohnt. Schon bei vierzig Kilometern Distanz scheint die Variante ‹zwei Kinderzimmer› kaum noch praktikabel. Dann müssen die Kinder ihren Alltag an einem Ort leben, und dann sind es vermutlich wieder die Wohnungen der Frauen, in denen sich das Familienleben abspielt.

Glück der einen, Unglück der anderen

Aus der Fülle der Erfahrungen, Perspektiven, Konfliktpunkte und Probleme, die hier zusammengetragen wurden, lassen sich die wesentlichen Argumente, die für und gegen ein ‹living apart together› sprechen, ableiten. Dabei reicht das Spektrum der Urteile von kategorischer Ablehnung bis zu euphorischer Zustimmung. An erster Stelle steht bei den positiven Urteilen die Unabhängigkeit. Für viele ist es ungeheuer wichtig, über einen eigenen Raum, eigene Zeit, ein eigenes Umfeld von Freunden und Aktivitäten und ein selbstbestimmtes Lebenstempo zu verfügen. Die Möglichkeit herauszufinden, welche Bedürfnisse sie haben, ohne von vornherein Rücksicht auf den Partner nehmen zu müssen, ist das Hauptmotiv ihrer «Liebe auf Distanz».

Durch die räumliche Trennung bekommt dieses unabhängige Leben ein hohes Maß an Selbstverständlichkeit, es muß nicht erkämpft werden. Die einmal gezogene äußere Grenze macht viele interne Grenzziehungen, die beim Zusammenleben mehr oder weniger nötig sind, leichter oder sogar überflüssig. Manche Paare streiten sich zum Beispiel weniger als in der Zeit, in der sie zusammenlebten, gehen entspannter miteinander um, haben weniger Streß in Alltagsdingen. Und es fällt ihnen leichter, den anderen im jeweils persönlichen Bereich gelten zu lassen.

Ein anderer Effekt des unabhängigen Lebens ist der Zuwachs an Selbständigkeit, von dem vor allem viele Frauen sprechen. Umgekehrt ist die Selbständigkeit der Frauen ein wichtiger Grund, in Distanz-Beziehungen zu leben.

«Liebe auf Distanz» entlastet nicht nur von Alltagsdingen und Konflikten, sie kann auch zu einer größeren Lebendigkeit in einer Beziehung beitragen. Von außen kommen neue Impulse, neue Anregungen, weil die Partner sich in unterschiedlichen Räumen bewegen. Abnutzungs- und Routineerscheinungen einer Partnerschaft werden verlangsamt, das Abrutschen in Gewohnheit und Trott erschwert.

Die begrenzte Zeit, die die Partner füreinander haben, führt zu einer Konzentration auf Wesentliches. Frauen und Männer machen die Erfahrung, daß sich vieles unter der Woche bereits erledigt, daß sich viele Dinge ‹setzen› und damit ihre Dramatik verlieren. Die Folge: Der Partner wird nicht mit allem überschüttet, der Anspruch an den anderen wird hinsichtlich der Alltagsbewältigung nicht überstrapaziert.

Auch die innere Konzentration auf den anderen wird intensiver. Wenn Partner nur am Wochenende zusammen sind, schenken sie sich viel Aufmerksamkeit, ihr Umgang miteinander ist oft sehr bewußt: «Es hat schon was ganz Tolles, sich immer entscheiden zu können, ob man zusammen sein will oder nicht», meint Irene W.

Kontroverser sind die Ansichten und Meinungen zum Thema Nähe. Einige Frauen und Männer erleben, daß auch nach vielen Jahren Wochenendbeziehung die Nähe zum anderen nicht abgenommen hat, daß Gefühle auch auf Dauer unter diesen Bedingungen ihre Intensität behalten. Andere erfahren im Gegenteil, daß mit der Zeit die Nähe und Intimität verlorengeht, die im

Zusammenleben vorhanden war. Es gibt noch eine dritte Position: Die Nähe zum anderen kann in einer Distanz-Beziehung zwar in begrenztem Maße wachsen, irgendwann kommt aber der Zeitpunkt, an dem ein weiteres Wachstum nicht mehr möglich ist, weil der tägliche Kontakt fehlt.

Viele äußere Bedingungen werden von den Frauen und Männern übereinstimmend als negativ und belastend beurteilt: die Fahrerei, die Kosten, die Notwendigkeit, vieles zu organisieren. Das ständige Hin und Her erzeugt ein Gefühl von Zerrissenheit, von Zersplitterung der Kräfte, die ständige Zeitknappheit einen eminenten Erfolgsdruck: Wenn man nur wenige Stunden, Tage oder Wochen miteinander verbringt, müssen diese unbedingt gelingen! Zu den äußeren Bedingungen und ihren emotionalen Folgen kommt – als Kontrapunkt zur Unabhängigkeit – das Alleinsein. Die Männer und Frauen vermissen den Partner in den Phasen der Abwesenheit, ihnen fehlt die Kommunikation, die emotionale und die körperliche Gegenwart des anderen. Distanz, Erfolgsdruck und Zeitmangel können dazu führen, bewußt oder unbewußt Problemen auszuweichen und Konflikte von vorneherein auszuklammern. Sie können auch ein Auseinanderdriften der Partner und ein zunehmendes Fremdwerden in Gang setzen.

Unabhängig davon, ob sie eher positiv oder negativ über Distanz-Beziehungen urteilen, berichten viele von der Möglichkeit, durch diese Lebensform soziale und kommunikative Fähigkeiten zu erwerben. So haben sie zum Beispiel begonnen, genauer auf die eigenen Bedürfnisse zu blicken, nicht gewohnheitsmäßig zu agieren, sondern Aktivitäten, Entscheidungen, Entschlüsse stärker auf ihre Motive zu überprüfen und sich von traditionellen Partnerschaftsidealen und gesellschaftlich herrschenden Denk- und Empfindungsmustern zu verabschieden. Und was sie für sich beanspruchen, wird dem Partner in gleicher Weise zugestanden. Ich habe den Eindruck gewonnen, daß viel Respekt, Toleranz und Vorsicht aufgebracht werden, daß Versuche, den anderen zu verändern, umzumodeln eher selten sind. Auch dieses Verhalten hängt vermutlich mit den schon äußerlich fixierten Grenzen und Distanzen zusammen. «Daß ich so ernst genommen werde, wie ich bin», ist Katharina H. wichtig. Die umgekehrte Konsequenz bringt Claudia R. auf den Punkt: «Du kannst einen Menschen nicht völlig umkrempeln, das geht nicht. Das lasse ich mir nicht bieten – und das will ich meinem Mann auch nicht zumuten. Ich brauche keine Marionette.» Und für die Beziehungen gilt die Voraussetzung: Es gibt keine Selbstverständlichkeiten. Die Dinge müssen bewußt gemacht, ausgesprochen, offen auf den Tisch gelegt werden – und dann sind sie auszuhandeln!

Wie zufrieden sie mit dem ‹living apart together› sind, wie dringend sie einen Veränderungswunsch empfinden und welche Dauerhaftigkeit sie einer «Liebe auf Distanz» generell zumessen – all das hängt bei den Frauen und Männern davon ab, ob die positiven oder negativen Aspekte für sie persönlich überwiegen.

Zuerst drei Beispiele von Menschen, die ihre Lebensweise ändern wollen bzw. schon geändert haben. Monika R. und John S., die ihre extreme Trennung nur furchtbar fanden, haben nach drei Jahren eine Veränderung initiiert – John hat seinen Job aufgegeben. Die beiden erzählen von Kollegen auf der Bohrinsel, die böse Erfahrungen mit Partnerschaften gemacht haben – weil, wie die beiden meinen, die äußeren Bedingungen so ungünstig für die Liebe sind. Die Abgeordnete Christine B. will eine Pause in der Politik und damit auch im Hin- und Herpendeln einlegen. Sie fühlt sich ausgepowert und fürchtet einen weiteren Verlust von «Nähe und Intimität» in der Beziehung. Eine Zeitlang, so glaubt sie, könne man eine enge Liebesbeziehung unter diesen Bedingungen aufrechterhalten, auf Dauer aber nicht. Das bestätigen auch ihre empirischen Beobachtungen mit der Politikerszenerie. Seit zweieinhalb Jahren lebt Heinz K. in einer Wochenendbeziehung – er und seine Partnerin wohnten in zwei verschiedenen Städten, als sie sich kennenlernten. Jetzt möchte er mit der Freundin zusammenziehen, obwohl beide gut mit dieser Lebensweise zurechtkommen. Das tägliche Zusammensein, so glaubt Heinz, ermögliche eine weitere Intensivierung der Beziehung. Außerdem sei eine Wochenendbeziehung keine Lebensform, die er sich für die nächsten dreißig, vierzig Jahre vorstellen könne.

Uschi S., die mit achtzehn Jahren die längste Distanz-Beziehung lebt, hat nie versucht, diese Lebensweise zu ändern. Sie hat die Bedürfnisse des Mannes von vorneherein akzeptiert und sich auf ein ‹living apart together› eingestellt. Das macht vermutlich einen Teil ihrer Zufriedenheit aus: «Es ist halt so», sagt sie, «ich finde es gut so, ich würde es nicht ändern.» Und fügt dann hinzu: «Sicher, es wäre schöner, wenn er an Land einen Job hätte…» Ähnlich gelassen geht Claudia R. damit um, daß in ihrer Ehe immer wieder Trennungen auf Zeit nötig sind. Selbst wenn die räumliche Entfernung groß ist (USA – BRD) und damit die Möglichkeiten, sich zu treffen, sehr eingeschränkt sind, kommt sie mit der Distanz gut zurecht. Schließlich weiß sie, daß diese Phasen, die bisher immer ein bis anderthalb Jahre gedauert haben, irgendwann wieder zu Ende sind. «Das geht ja nicht ewig, dafür sind wir ja nicht verheiratet. Das kann nur eine Übergangslösung sein», meint sie.

Die Frauen und Männer, die das ‹living apart together› mehr oder weniger gewählt haben und nicht allzuweit voneinander entfernt wohnen, äußern sich nicht nur zufrieden, sondern zum Teil regelrecht begeistert. Ulf K., der seit einem Jahr auf Distanz zur Partnerin lebt, erfährt in dieser Lebensform eine Entkrampfung und Belebung der ein wenig festgefahrenen Beziehung. Er hat allerdings auch ein schlechtes Gewissen, weil er glaubt, mehr Vorteile durch die Distanz zu haben als seine Partnerin. Das hindert ihn daran, seinem positiven Erleben nachzugeben, läßt ihn vielmehr über eine Veränderung nachdenken, die beiden Seiten mehr entgegenkommt. Für Susanne V. ist ihre Distanz-Beziehung zu Philipp K. die beste Partnerschaft, die sie bisher hatte. Gedanken an die Zukunft klammert sie aus – sie denkt auch nicht darüber nach, ob sie diese Form irgendwann einmal ändern will. Heute kommen sie gut mit den Bedingungen zurecht, heute sind sie glücklich – warum, so fragt Susanne, soll sie sich den Kopf darüber zerbrechen, was in fünf Jahren sein könnte. Nur wenn sie an die Fahrerei denkt, kommen ihr Zweifel, ob sie das im Alter noch kann. Katharina H. und Helke B. halten ihre Lebensweise für ideal. Sie kommen in der gemeinsamen Wohnung gut miteinander klar, und die Partnerschaften entsprechen ihren Wünschen und Bedürfnissen. Gefahren, die für die Beziehungen aus der distanzierten Lebensweise entstehen können, sind ihnen durchaus bewußt – die Vorteile aber noch mehr. Freiwillig, sagt Helke, werde sie diese Lebensweise nicht aufgeben.

Als eine vierte Variante müssen Urteil und Schlußfolgerungen von Sandra S. betrachtet werden. Die ersten Jahre hat sie unter der Distanz zum Partner sehr gelitten, aber ein Zusammenkommen war nicht möglich. Später hat sie sich mit dieser Lebensweise arrangiert. Nach zehn Jahren zog der Partner endlich zu ihr – wenig später brach die Beziehung auseinander. Wären wir fünf Jahre früher zusammengezogen, sagt Sandra heute, wäre die Beziehung fünf Jahre früher kaputtgegangen. Sie hat so lange gehalten, weil wir nicht zusammengelebt haben.

Versucht man, dieses vielschichtige Bild einmal quantitativ zu fassen, ergibt sich die folgende Bilanz: Nur sieben Personen, vier Frauen und drei Männer, wollen in naher und ferner Zukunft nicht mit dem Partner zusammenwohnen. Im Kontext ihrer Beziehungserfahrungen beurteilen sie das ‹living apart together› als die bisher beste, zum Teil sogar einzig mögliche Lebensform. Zwei weitere Frauen werden ihre Distanz-Beziehung auch in Zukunft nicht ändern, weil sie sich aus dem eigenen Beruf bzw. dem des Mannes ergibt und dieser als Lebensinhalt eine unangetastete Position einnimmt. Fünf Personen, ein Mann und vier Frauen, beziehen keine eindeutige Position. Einige sind mit ihrer «Liebe auf Distanz» sehr zufrieden, wollen aber keine Aussage für die Zukunft treffen, andere können sich im Grunde keine andere Beziehungsform vorstellen, würden aber, wenn der Partner es zum Beispiel will, auch mit ihm zusammenziehen.

Ein zukünftiges Zusammenwohnen mit dem Partner wünschen sich bzw. planen die restlichen zehn Personen, sie bilden damit die größte Gruppe unter meinen Interviewpartnern und -partnerinnen. Bei ihnen ist der Anteil der Frauen und Männer gleich groß. Die meisten versprechen sich vom Zusammenleben eine Intensivierung ihrer Beziehung, bei anderen steht das Ende der Belastung stärker im Vordergrund, und für drei Personen ist es schließlich doch selbstverständlich, daß ein Paar zusammenwohnt.

Also sind Distanz-Beziehungen eher ein vorübergehendes Phänomen? Eine Lebensform, die man ein paar Jahre praktiziert und dann wieder aufgibt?

ZUKUNFTSBEZIEHUNGEN

Im Kontext der Untersuchung sind einige Fragen aufgetaucht, deren Diskussion dazu geeignet erscheint, die bisherigen Beobachtungen zu verallgemeinern und weiterzudenken. Spielt das Geschlecht eine Rolle für Distanz-Beziehungen – und wenn ja, welche? Beeinflussen die soziale Schicht, das Alter und die Generationszugehörigkeit die Neigung zu dieser Beziehungsform und die Entscheidung für sie? Welche Folgen hat das für die Beziehungen selbst? Mit diesen Fragen und den entsprechenden Antworten ist aber gleich eine weitere Frage auf dem Tisch: Kann «Liebe auf Distanz» im Kontext anderer Lebensformen als ‹alternatives› Modell betrachtet werden, das Paaren nicht nur individuelle Entwicklungsmöglichkeiten bietet, sondern auch die Überwindung überholter Lebens-, Denk- und Empfindungsweisen erleichtert, sie womöglich sogar beschleunigt? Oder ist das ‹living apart together› im Grunde nur eine Anpassung an gesellschaftliche Erfordernisse, an die Arbeitsmarktsituation und die von ihr geforderte Mobilität? Vielleicht ist diese Alternative aber auch gar keine, vielleicht löst sich das ‹entweder – oder› in ein ‹sowohl – als auch› auf.

Weibliche Perspektiven – männliche Ansichten

Auch in Distanz-Beziehungen trifft man auf die traditionelle Rollenverteilung, wonach der Frau das Drinnen und dem Mann das Draußen, der Frau die Hausarbeit, die Kinder und die dazu gehörenden emotionalen und psychosozialen Aufgaben, dem

Mann das Geldverdienen und die Vertretung der Familie nach außen zugeordnet sind. In dieser Hinsicht produziert das bloße Fehlen eines gemeinsamen Alltags noch keinen Unterschied.

Die traditionelle Konstellation findet man vor allem dort, wo ‹living apart together› und Elternschaft zusammentreffen. In einer solchen Situation liegt der Rückgriff auf das tradierte Modell nahe – selbst dann, wenn die Frau berufstätig ist, wenn ein Paar eigentlich die Vorstellung einer anderen Arbeitsteilung im Kopf hat, ja sogar dann, wenn Mann und Frau im Zusammenleben lange eine Aufteilung der anfallenden Arbeiten praktiziert haben. Sind Kinder da, sind auch bei diesen Paaren in der Regel die Frauen für den Nachwuchs verantwortlich. Daraus resultiert scheinbar naturwüchsig, daß sie die Hauptlast der Hausarbeit tragen und – in bezug auf die Partnerschaft – das Gros der Beziehungsarbeit leisten. Hier unterscheiden sich Paare, die auf Distanz leben, kein bißchen von solchen, die zusammenleben. Denn auch bei diesen ist ein enger Zusammenhang zwischen Elternschaft und traditioneller Arbeitsteilung nachweisbar. Untersuchungen über ‹normale› Paare (Metz-Göckel/Müller) zeigen zum Beispiel, daß die Beteiligung der Männer an der Hausarbeit ausgerechnet dann rapide sinkt, wenn Kinder zur Welt kommen.

Selbstverständlichkeit kommt der klassischen ‹Arbeitsteilung› in Distanz-Beziehungen aber nur dann zu, wenn der Beruf des Mannes seine ständige Abwesenheit verlangt und gleichzeitig ausschließt, daß die ganze Familie tagtäglich zusammenlebt.

Obwohl in diesen Fällen eine weitgehende Übereinstimmung mit dem traditionellen Muster gegeben ist, läßt sich aber auch eine entscheidende ‹Abweichung› beobachten, die im Kontext der weiteren Argumentation noch wichtig wird. Die Position der Frau wird in dieser Variante aufgewertet, der Bereich ihrer Verantwortlichkeiten erweitert: Sie ist de facto allein für die Kinder verantwortlich (in diesem Punkt besteht kein Unterschied zum Alltag einer alleinerziehenden Mutter), sie muß stellvertretend für den Mann viele geschäftliche Dinge erledigen (Bank, Ämter etc.) und die Familie nach außen vertreten.

Für andere Paare, die unter weniger eindeutigen äußeren Umständen eine Distanz-Beziehung führen und die traditionelle Arbeitsteilung praktizieren, ist dies nicht so selbstverständlich – die Klagen der Frauen und das schlechte Gewissen der Männer sind dafür deutliche Anzeichen. Bei ihnen stehen der Wunsch bzw. der Anspruch, eine andere Form der Arbeitsteilung zu leben, im Vordergrund – reale Veränderungen aber finden nicht statt. Entweder sind die äußeren Bedingungen nicht danach, bei fünfhundert Kilometern Distanz ist Kinder-Arbeit wirklich nicht aufteilbar – es sei denn, man teilt die Kinder auf. Oder die Frauen haben die Auseinandersetzung um eine gerechtere Verteilung der Verantwortlichkeiten und der Lasten aufgegeben. Einige Männer wollen ihre Lebensweise im Grunde gar nicht ändern, wollen sich zum Beispiel nicht mehr Zeit für die Kinder nehmen, weil ihnen «der kinderfreie Raum wichtig ist».

Wenn auch viele Erfahrungen dagegen sprechen: Die Existenz eines Kindes muß die Eltern nicht unausweichlich in die traditionelle Rollenaufteilung hineintreiben, es gibt Gegenmodelle und reale Gegenbeispiele.

Es sind aber nicht nur die Kinder und die Kinder-Arbeit, denen ein Fortleben der traditionellen Rollen zu verdanken ist. Auch bei kinderlosen Paaren gibt es Bereiche, in denen sich solche Relikte hartnäckig halten. Erinnert sei an die Hausarbeit oder an die männliche Unbehaustheit, die häufig mit dem Wunsch verbunden ist, bei der Partnerin ein Zuhause zu finden. Trotzdem habe ich den Eindruck, daß es in Distanz-Beziehungen eher gelingt, die alten Rollen außer Kraft zu setzen, zumindest ist dies gegenüber der Fortdauer traditioneller Verhaltensmuster die dominantere Tendenz. Aber sehen wir genauer hin.

Extrem selten sind mir ungebrochen gelebte Männlichkeitsvorstellungen begegnet. Die Männer scheinen im Gegenteil häufig in ihrem Selbstverständnis verunsichert und letztlich bereit zu sein, Rollenstereotype kritisch zu reflektieren und im realen Verhalten zu überwinden. Einige zeichnen sich sogar durch ausgeprägt weibliche Eigenschaften und Verhaltensweisen aus.

Auffallender und eindeutiger als die Veränderungen auf der Männerseite sind die auf seiten der Frauen. Ausnahmslos hatte ich mit selbstbewußten, selbständigen weiblichen Personen zu tun, die wissen, was sie wollen, und auch deutlich machen, daß sie in der Lage sind, entsprechend zu handeln.

Diese Selbständigkeit hängt meiner Ansicht nach zwar nicht allein mit der distanzierten Lebensweise zusammen, steht aber mit ihr in einem engen Zusammenhang: Selbständigkeit ist Voraussetzung, Produkt und Motiv für eine «Liebe auf Distanz». Eine Frau muß einfach ein gewisses Maß an Selbständigkeit besitzen, um ‹apart together› leben zu können und sich ein solches Leben zuzutrauen.

Und dann beobachten selbst Frauen mit Kindern erstaunt und mit einer gewissen Genugtuung, daß sie trotz der gewachsenen Belastung besser als vorher in der Lage sind, das eigene Leben in die Hand zu nehmen und mehr Raum für sich selbst einzufordern. Das Beharren auf mehr Selbständigkeit führt auch zu einem anderen Umgang mit den Kindern – auch von ihnen wird mehr Eigenständigkeit verlangt.

Schließlich ist Selbständigkeit ein wesentliches Motiv, eine Distanz-Beziehung anzustreben und zu praktizieren – auch wenn diese Autonomie in Akten der Selbstbehauptung gegen den Partner und manchmal auch gegen die eigene Neigung zur Unselbständigkeit erkämpft werden muß.

Was einzelne Frauen mit dem Begriff ‹Selbständigkeit› verbinden, ist individuell verschieden. Es können der eigene Raum, die eigene Zeit, das eigene Tempo sein, der Umgang mit Freunden, die man für sich allein haben will, und die Beschäftigung mit eigenen Interessen, Neigungen und Aufgaben. Dieser zuletzt genannte Punkt muß in einer fundamentalen Bedeutung verstanden werden – als Wunsch und Bedürfnis, ein eigenes Lebensziel (jenseits der traditionellen Bestimmung durch Mutterschaft) zu entwickeln, zum Beispiel selbst in Zusammenhänge einzugreifen, etwas zu schaffen, zu produzieren und erfolgreich zu sein. Frauen, die Selbständigkeit in diesem Sinne verstehen, projizieren ihr Bedürfnis danach häufig auf die Berufsarbeit, weil sie hier einen Lebensbereich vorfinden, in dem solche Vorstellungen Platz haben und heute von Frauen genauso realisiert werden können wie von Männern. Dieser Hintergrund macht mittelbar klar, warum die Berufsarbeit zu solch einem wichtigen Motiv für Distanz-Beziehungen werden kann. Daß der Bereich auch Ambivalenzen, und nicht nur Möglichkeiten des selbständigen Agierens und der Selbstverwirklichung in sich birgt, muß an dieser Stelle wohl kaum erwähnt werden.

Die Reize und die Zwänge des Berufs stehen nicht bei allen Frauen an erster Stelle, wenn es um Selbständigkeit und «Liebe auf Distanz» geht. Für sie ist es zwar auch wichtig, einen eigenen Beruf zu haben, in dem sie sich wohlfühlen und der ihre ökonomische Unabhängigkeit gewährleistet, doch bei der Entscheidung für die private Lebensform sind individuelle Selbstbilder und Vorstellungen von Partnerschaft bedeutsamer.

Das Nebeneinander zweier verschiedener, gleich stark vertretener Motivationsmuster verwundert vielleicht, gilt doch die weibliche Berufstätigkeit gemeinhin als entscheidender Grund für die Veränderungen der Beziehungsformen und des Geschlechterverhältnisses (vgl. zum Beispiel Burkart et al, S. 130). Der Beruf ist ein wichtiger Faktor, daran besteht kein Zweifel, er ist aber weder allein noch hauptsächlich für die Veränderungen verantwortlich. Genauso bedeutungsvoll sind meiner Meinung nach die (konventionelle) weibliche Orientierung auf Partnerschaft und die Veränderungsimpulse, die von ihr ausgehen.

Traditionell haben Frauen Partnerschaften und sozialen Beziehungen den größten Stellenwert in ihrem Leben eingeräumt. Und bis heute sind sie es, die sich vorrangig mit Beziehungen auseinandersetzen und Beziehungsarbeit leisten. Außerdem waren und sind Frauen in einem ganz anderen Maße als Männer durch traditionelle Beziehungsstrukturen eingeengt und reduziert. Insofern liegt es nahe, daß gerade sie sich mit privaten Lebensformen kritisch befassen und nach Alternativen suchen.

Meine zahlreichen Gespräche bestätigen diesen Eindruck: In

der Regel sind es die Frauen, die in den Beziehungen den aktiveren Teil darstellen. Sie glauben selbst, daß sie mit Konflikten offensiver umgehen, daß sie mehr streiten und weniger als Männer harmonisieren. Von männlicher Seite kommt dafür durchaus Bestätigung. Interviewpartner Peter L.: «Männer haben viel schlechter als Frauen gelernt, überhaupt atmosphärisch Unstimmiges zu thematisieren, sie leugnen es weg und machen statt dessen den starken Mann…»

Nach Darstellung meiner Interviewpartner und -partnerinnen sind es auch meistens die Frauen, die Distanz-Beziehungen bewußt initiieren, die den Impuls zur räumlichen Trennung geben oder sich dem Zusammenziehen von vornherein verweigern. Wenn diese Beobachtungen nicht trügen, scheint es Frauen leichter zu fallen, eindeutige Grenzen zu ziehen.

Andere Untersuchungen über aktuelle Lebensformen bestätigen die weibliche Aktivität und Initiativkraft auf diesem Gebiet. So sind es vor allem Frauen, die aus Ehen ausbrechen – mindestens zwei Drittel der Ehescheidungen werden von Frauen beantragt. Umgekehrt ausgedrückt: Die «Ehezufriedenheit (ist) bei Männern notorisch höher als bei Frauen» (Erler, S. 10). In Nichtehelichen Lebensgemeinschaften wollen die Frauen (mit hohem Bildungsniveau) signifikant häufiger nicht heiraten als Männer (mit hohem Bildungsniveau), wollen ihre Art des Zusammenlebens also nicht verändern (Meyer/Schulze 1988a, S. 342/343). Unter den Singles lehnen es vor allem Frauen ab, mit einem künftigen Partner zusammenzuwohnen, also ein Stück weit die traditionelle Lebensweise zu praktizieren (Meyer/Schulze 1989, S. 79).

«Was man so sieht und weiß», formuliert einer meiner Interviewpartner diesen Befund mit großer Treffsicherheit, «vollziehen Frauen solche Veränderungen im Grunde auch radikaler – sehr zur Verblüffung ihrer ‹Besitzer›, ihrer vormaligen ‹Besitzer›.» Die Soziologinnen Sibylle Meyer und Eva Schulze vermuten, daß Frauen «aufgrund geringerer institutioneller Vorgaben» in den verschiedenen neuen Formen von Partnerschaft «einen erhöhten Verhandlungsspielraum gegenüber dem Partner» erwarten (Meyer/Schulze 1989, S. 24). Mit anderen Worten: Weil sich in den neuen Lebensformen noch keine Traditionen, keine festen Konstellationen entwickelt haben, erhoffen Frauen sich hier eine größere Chance, nach eigenen Vorstellungen leben zu können. Weil für eine solche Partnerschaft kaum traditionelle Vorgaben existieren, müssen die individuellen Lebensbedingungen vom jeweiligen Paar selbst ausgehandelt oder bestimmt werden. Die Chance der Frauen ist in dieser Situation wohl auch tatsächlich größer, Rechte und Wünsche gegenüber dem Partner durchzusetzen und traditionelle Ansprüche zurückzuweisen, als wenn es für Freizeit und Hausarbeit, Kommunikations- und Entscheidungsstruktur, Verantwortlichkeiten und Freiräume bereits ein gesellschaftlich dominantes Muster gäbe.

Für noch interessanter als die (sicherlich) erfreuliche Beobachtung, daß in Distanz-Beziehungen der emotionale und soziale Bewegungsspielraum von Frauen größer ist, halte ich ein anderes Phänomen, das sich ebenso deutlich abzeichnet und noch spezifischer mit der Lebensform verknüpft ist. Ich denke an eine Haltung, die am treffendsten als gelassene Verweigerung zu beschreiben ist. War anfänglich in diesem Buch einmal von einem unpathetischen Abstand zum klassischen Liebesideal die Rede, so haben wir es hier mit dem praktischen Niederschlag dieser Gefühlseinstellung in manifesten sozialen Verhaltensweisen zu tun. Viele Frauen sind nicht mehr bereit, sich über bestimmte traditionelle Konfliktstoffe (zum Beispiel über Hausarbeit) mit ihren Partnern auseinanderzusetzen, wollen keine soziale Energie mehr in überständige oder überflüssige Diskussionen investieren. Das heißt nicht, daß sie resignieren und etwa die Hausarbeit nun allein erledigen, das heißt vielmehr, daß sie sich solchen Konflikten entziehen. Einer solchen Einstellung kommen Distanz-Beziehungen, die die Partner weitgehend vom täglichen Kleinkrieg suspendieren, entgegen.

Frauen, die diese Überzeugung teilen, haben im Regelfall veränderte Erwartungshaltungen an ihren Lebenspartner. Mit gro-

ßer Selbstverständlichkeit verlangen sie souveränes Entgegenkommen und konkrete Kooperationsbereitschaft. Da sie aber
immer wieder männliche Lernunwilligkeit und -fähigkeit erfahren haben, greifen sie zum Mittel der Verweigerung. Bestechend
hieran ist vor allem das Selbstverständnis dieser Frauen, die sich
nicht in Frustration ergehen, sondern die Chance nutzen, eigene
Interessen und Bedürfnisse durchsetzen. So souverän die Frauen
allerdings agieren, benötigen sie offensichtlich doch deutliche
Zeichen für diese einmal eingenommene Haltung. Auch dies ist
eine Funktion der getrennten Wohnungen – machen sie doch
immer wieder unmißverständlich klar, daß nicht mehr verhan-
delt wird, sondern jeder für sich und sein Wohlbefinden primär
allein verantwortlich ist.

Daß selbst dieses deutliche Signal manchmal nicht ausreicht,
stellte sich im Kapitel zur Hausarbeit heraus. Dieser Tatbestand
zeigt: Die Lebensform des ‹living apart together› *kann* als Möglichkeit genutzt werden, sich Freiräume zu schaffen, tradierte
Erwartungen zurückzuweisen oder sich ihnen ganz zu verweigern. Dafür ist sie meiner Meinung nach besser geeignet als andere neue Lebensformen, als die Nichteheliche Lebensgemeinschaft oder die Wohngemeinschaft, weil sie deutlichere Grenzen
zieht. Doch sie muß nicht automatisch in diesem Sinne funktionieren, sie muß vielmehr bewußt in diesem Sinne gelebt werden.

Und die Männer? Wie nehmen sie sich neben den selbstbewußten ‹neuen› Frauen aus? «Wenn ich Frank und mich auf einem
Bild sehen würde», überlegt Dorine S., «stehe ich eher auf einer
Erhöhung, Frank stellt mich oft auf einen Hügel! Das ist mir in
vielem angenehm, ich genieße das auch – allerdings nur dann,
wenn er auch groß und stark neben dem Hügel aussehen kann.»
Das Bild, das Züge matriarchaler Machtphantasien trägt, ist angesichts der Exemplare des männlichen Geschlechts, mit denen
ich als Interviewpartnern zu tun hatte, nicht generalisierbar. Von
weiblicher Überlegenheit, die vom Mann verstärkt, wenn nicht
sogar initiiert wird, und von männlicher Stärke neben der ‹erho-

benen› Frau kann nicht die Rede sein. Sicher ist allerdings, daß die Frauen den Männern in der Auseinandersetzung mit der tradierten Geschlechtsrolle ein Stück voraus sind. Ich habe auch den Eindruck gewonnen, daß viele Männer das Selbstbewußtsein und die Unabhängigkeit, ja auch die Stärke und die Entschlossenheit ihrer Partnerinnen sehr schätzen.

Von sich selbst entwerfen die Männer in den Interviews Bilder, die sie durchaus als selbstbewußte Personen zeigen, gleichzeitig aber ihre Verunsicherungen, ihre Zweifel, ihre Suchbewegungen nicht verbergen.

Die letztgenannten Aspekte können als Anzeichen für ein Aufbrechen der tradierten Männerrolle gedeutet werden – denn gerade sie sollen im Sinne der Rolle unterdrückt, zumindest unter der Oberfläche gehalten werden. Unsicherheit und Suche nach neuen Orientierungen sind eine logische Konsequenz, wenn vorgegebene Muster nicht mehr funktionieren, wenn sie den Bedürfnissen nicht mehr entsprechen, wenn sie nicht mehr anerkannt werden.

Sieht man sich allerdings die Art genauer an, wie die Männer ihre Unsicherheit leben, wie sie ihre Suche gestalten, lassen sich deutliche Rückgriffe auf tradierte Verhaltensmuster ausmachen. In diesem Punkt stimmen meine Beobachtungen mit Untersuchungen über männliches Verhalten in der Tendenz überein (Metz-Göckel/Müller, S. 18), die festgestellt haben, daß «verbale Aufgeschlossenheit» mit «weitgehender Verhaltensstarre» einhergehen.

Bei einer ganzen Reihe von Interviewpartnern bin ich zum Beispiel einem Ausweichen vor Auseinandersetzungen begegnet, der «Macht des Schweigens», wie einer von ihnen treffend formuliert. Hier spielt das männliche Harmoniebedürfnis eine Rolle und die männliche Unfähigkeit, Unstimmigkeiten in einer Beziehung überhaupt wahrzunehmen. Aber ein Ausweichen vor Auseinandersetzungen läßt sich auch dann beobachten, wenn solche Unstimmigkeiten sehr wohl wahrgenommen werden – weil die Partnerin sie zum Beispiel anspricht. Ein solcher Rückzug in Konfliktsituationen dient dem Selbstschutz, er schafft nach außen einen Panzer der Unangreifbarkeit und ist gleichzeitig eine konkrete Ausübung von Macht, die dem Gegenüber letztlich die Sprache raubt.

Rückzug und Schweigen sind nicht nur Machtmittel und dem Selbstschutz dienlich – sie sind auch Mittel der Distanzierung. Sie hindern die Partnerin daran, Einblick ins männliche Seelenleben zu bekommen. Wenn man darüber hinaus noch bedenkt, daß gerade das Gespräch ein Feld weiblicher Kompetenz darstellt, ein Feld, auf dem Frauen geübt sind, auf das sich viele Bedürfnisse richten, erscheint die Bedeutung des männlichen Schweigens um so gravierender, ja machtvoller.

Auch bei einer anderen Form männlichen Agierens, der Untreue, begegnet man Ausweichstrategien und indirekt durchgesetzten Distanzwünschen. Untreue wird von den meisten Männern, die ‹fremdgehen›, unter dem Vorzeichen praktiziert, der Partnerin nichts davon zu sagen, die Angelegenheit zu verheimlichen – denn die Partnerschaft will man nicht in Frage stellen, will man nicht gefährden. Sicher ist Untreue auch ein Ausdruck von Neugierde und Abenteuerlust, in unserem Kontext ist sie aber primär als eine Möglichkeit zu verstehen, Distanz zur Partnerin herzustellen – eine Distanz, die auf eine andere Art nicht realisierbar scheint.

Mein Eindruck ist, daß Männer im Unterschied zu Frauen einen direkten Umgang mit Bedürfnissen, Wünschen bzw. ihrer Artikulation meiden. Dieser Hang zur indirekten Aktion basiert auf einer fehlenden Bereitschaft zur Auseinandersetzung mit sich selbst und mit der Partnerschaft – ein Mangel mit Tradition, der seinerseits ein Weiterleben alter Verhaltensmuster fördert und einen Rückgriff auf sie jederzeit möglich macht. Zum Beispiel auf einen Mechanismus, der in den Kontext der alt-tradierten Doppelmoral gehört. Auf der einen Seite wird Partnerschaft und Bindung von den Männern gelebt, auf der anderen wird diese Bindung aufgehoben, negiert – was aber vor der Partnerin möglichst geheimgehalten wird. Der Rückgriff auf diesen Mechanismus ist heute immer seltener durch die Konvention motiviert als durch ein Nicht-Begreifen der eigenen Bedürfnisse (nach Distanz) und die Unfähigkeit, sie zum gängigen Partnerschaftsideal (das Nähe gebietet) in Beziehung zu setzen. Verstärkt wird dieser Mechanismus durch Angst vor Auseinandersetzungen und Verlusten. Mit ihren Bedürfnissen nach Nähe und Distanz können viele Männer bis heute nicht anders umgehen, als auf solche tradiertenVerhaltensmechanismen zurückzugreifen. Keine der Frauen lebt nach eigenen Aussagen Untreue auf vergleichbare Art. Wenn sie sich überhaupt auf diesem Gebiet bewegen – was deutlich seltener als bei den Männern der Fall ist –, tun sie es offen, treffen mit dem Partner sogar Absprachen.

Denkt man diese Beobachtungen über Frauen und Männer mit der spezifischen Lebensform der Distanz-Beziehung zusammen, die in mancher Hinsicht nichts anderes ist als eine deutliche Grenzziehung zwischen den Partnern, als ein Versuch, den individuellen Bedürfnissen nach Nähe *und* Distanz gerecht zu werden, ergibt sich ein spannendes Bild. Das ‹living apart together› bietet als Lebensform nämlich nicht nur den Frauen eine Chance, sich leichter Raum für eigene Wünsche und Bedürfnisse zu schaffen und gegenüber tradierten Mustern zu verweigern. Es eröffnet auch den Männern die Möglichkeit, sich die eigenen Bedürfnisse bewußt zu machen.

Aber diese Chance wird bisher nur von wenigen wahrgenommen. Die immanenten Möglichkeiten einer Beziehungsform sind eben kein Automatismus, sie müssen schon erkannt und ergriffen werden, um Wirklichkeit zu werden! Nicht mehr, aber auch nicht weniger.

Eine Lebensform der neuen Mittelschicht?

Möglicherweise ist es ein Zufall, daß die Mehrzahl meiner Interviewpartner (17 von 25) einen Hochschulabschluß hat. Doch stellt sich die Frage, ob nicht die Dominanz von Personen mit zum Teil langwierigen und hochqualifizierten Ausbildungen bzw. Berufsabschlüssen bestimmte Gründe haben könnte. Um es gleich vorweg zu sagen, ich glaube nicht an einen Zufall, und dafür gibt es Indizien.

Das erste ist ein historisches. Die Aufgeschlossenheit, die heute gegenüber Rollenverhalten, Partnerschaft und Partnerschaftsproblemen in unserer Gesellschaft vorhanden ist, verdankt sich nicht unwesentlich Studenten und kritischen Intellektuellen und besonders ihrem weiblichen Teil. Ende der sechziger Jahre waren sie es, die einen Diskussionsprozeß über die tradierten Muster in Gang setzten und neben der diskursiven Aufgeschlossenheit auch eine gewisse Bereitschaft bekundeten, gewonnene Einsichten in die Praxis umzusetzen. Dazu trugen – und tragen auch heute noch – das studentische Milieu und die durch das Studium in die Länge gezogene Phase des Erwachsenwerdens ganz entscheidend bei. Denkbar wäre immerhin, daß sich diese Vorreiterrolle über die Jahre fortgesetzt hat und fortsetzt.

Ein zweites Indiz liefert das Geld. Auch wenn in Zeiten verschärfter (Akademiker-)Arbeitslosigkeit ein abgeschlossenes Hochschulstudium mitnichten einen Arbeitsplatz, geschweige denn ein gehobenes Einkommen garantiert, gilt nach wie vor die Regel, daß eine qualifizierte Berufsausbildung die Zugangsmöglichkeiten zu höher dotierten Jobs vergrößert. Und ‹finanziell muß es stimmen›, denn Distanz-Beziehungen sind kostspielig.

In der Regel müssen zwei Wohnungen bezahlt und zwei getrennte Haushalte geführt werden, die einfach mehr kosten als ein gemeinsamer; das Hin- und Herfahren ist teuer, ebenso das Telefonieren… «An der ganzen Sache», resümiert Arthur N. treffend, «verdient hervorragend die Bundesbahn, die einen großen Teil meines Gehalts auffrißt, und die Bundespost über das Telefonnetz.»

Ein Paar muß einfach genügend Geld verdienen, um diese Ausgaben bestreiten zu können – und es muß sich diese Kosten auch leisten wollen. Es sei denn, es nimmt in Kauf (wie die eingangs erwähnten ostfriesischen Männer, die in Süddeutschland arbeiten), daß einer unter der Woche in einem Provisorium lebt, in einem Wohnheim, einem möblierten Zimmer etc.

Ein weiteres Indiz – das allerdings nicht nur auf ‹Intellektuelle› zutrifft – liefert die berufliche Sitation. Lehrer pendeln zwischen zwei Städten, weil ihnen von der Kultusbehörde keine Stelle am angestammten Wohnort zugewiesen wird, sie aber froh sein können, daß sie überhaupt in ihrem Beruf arbeiten können. Andere akzeptieren ungesicherte Arbeitsverhältnisse, um einen Einstieg in den Beruf zu bekommen. Die verschärfte Situation auf dem Arbeitsmarkt, der insgesamt eng ist und seit gut fünfzehn Jahren auch für Akademiker aus den unterschiedlichsten Disziplinen wenig Angebote bereithält, zwingt viele dazu, Härten wie Unterbezahlung, Umzug, Pendeln etc. in Kauf zu nehmen.

Das ist aber nur die eine Seite. Die andere beschreibt Interviewpartner Peter L. pointiert so: «Das Neue in solchen Distanz-Beziehungen besteht darin, daß sie nicht mehr so sehr aus sozialer Not, aus unmittelbarem Zwang, sondern vermehrt wegen des Inhalts der Arbeit eingegangen werden.» Auch das gilt nicht allein für akademische Berufe, sondern zum Beispiel für solche Bereiche, in denen persönliches Engagement zum Stellenprofil gehört. Auch die positive Neubewertung, die heute der Karriere zukommt, darf hier nicht vergessen werden. Will man in manchen Branchen, etwa dem Journalismus, erfolgreich sein, ist man an bestimmte Orte gebunden. Wo Partner oder Partnerin wohnen, darf dann keine Rolle spielen.

Daß Distanz-Beziehungen in bestimmten sozialen Schichten besonders häufig anzutreffen sind, hängt möglicherweise auch mit den Arbeitsbedingungen und dem Arbeitsort zusammen. Eine ganze Reihe meiner Gesprächspartner sind beruflich viel unterwegs, sie halten Vorträge, besuchen Kongresse oder Konferenzen, treffen Kollegen und Kolleginnen – und das schließt auch die Möglichkeit ein, einen Partner oder eine Partnerin kennenzulernen, die in einer anderen Stadt lebt und arbeitet und angebunden ist. Auf diese Weise sind einige der Wochenendbeziehungen entstanden, die meine Interviewpartner und -partnerinnen leben.

Der Begriff ‹Stadt› liefert ein weiteres Stichwort. Mit zwei Ausnahmen leben alle meine Interviewpartner in der Stadt, sechs sogar in Städten mit über einer Million Einwohner. In Großstädten lösen sich die traditionellen Formen des Zusammenlebens wesentlich schneller auf als in der Provinz, gerade dort bilden sich immer wieder neue Lebensformen heraus – in einem sozialen Milieu, zu dem auch Künstler und Akademiker gehören. Matthias Horx, Autor und Journalist und als solcher dem Zeitgeist immer auf der Spur, spricht von «kulturdominierenden Schichten», von «städtischen Kulturkreisen, die eine starke Ausstrahlung haben und sich ständig verbreiten» (S. 130). Auch in sozialwissenschaftlichen Untersuchungen geht man von einer «Modernitätsachse» aus, die einerseits zwischen Stadt und Land, andererseits zwischen den verschiedenen Bundesländern verläuft (Burkart et al, S. 61).

Ein Beispiel für die rapide Veränderung der Lebensweisen, für das sogar ein statistischer Nachweis existiert, ist die Zahl der Ein-Personen-Haushalte in den Städten. In München, Hamburg und Frankfurt liegt ihre Zahl bei fünfzig Prozent, während sie sich im Bundesdurchschnitt bei rund dreißig Prozent bewegt. Untersuchungen über Singles haben übrigens ergeben, daß ihr sozialer Status im Durchschnitt höher liegt als der der Gesamtbevölkerung (Schreiber, S. 242) und daß ihr Bildungsniveau deutlich über dem Verheirateter anzusiedeln ist (Meyer/Schulze 1988, S. 16). Diese empirischen Ergebnisse bilden eine unmittelbare Parallele zur Gruppe meiner Interviewpartner. In dieselbe Richtung verweist auch eine Untersuchung über Commuter-Ehen in den USA, die man als eine Untergruppe der Distanz-Beziehungen verstehen kann. Der Soziologe Rüdiger Peukert referiert eine Reihe vorwiegend US-amerikanischer Untersuchungen, die alle zu dem Ergebnis kommen, daß es sich bei Commuter-Ehen «vorwiegend um ein Mittelschichtphänomen handelt» (179). Konkreter: Commuter-Ehen finden sich vorwiegend unter Akademikern, in oberen Rängen der Berufshierarchie, die langfristig eine berufliche Karriere verfolgen, hochgradig spezialisiert sind, die Arbeit selbständig einteilen können, ein relativ hohes Einkommen haben und sich stark mit der Arbeit identifizieren. Sicher sind die Voraussetzungen des Arbeitsmarktes und der Lebensbedingungen in den USA nicht identisch mit denen in der Bundesrepublik – aber die weitgehende Übereinstimmung der einzelnen Merkmale mit denen, die oben dargestellt wurden, ist sicher kein Zufall.

Alle angeführten Indizien bestätigen damit die Annahme, daß das ‹living apart together› heute in der Bundesrepublik vorwiegend von Personen mit Hochschulabschluß und tendenziell hohem Einkommen praktiziert wird. Ob das so bleiben wird – darüber kann nur spekuliert werden. Seit zwanzig Jahren läßt sich beobachten, daß die Auseinandersetzung mit den tradierten Rollen in unserem Land ständig zunimmt und ehemals feste Konventionen immer brüchiger werden. Immer größere Kreise der Bevölkerung werden von diesem Prozeß ergriffen oder – anders ausgedrückt – werden zu Akteuren dieses Prozesses. Nehmen wir das Beispiel der Nichtehelichen Lebensgemeinschaften: Vor nicht allzu langer Zeit lebten vorrangig Leute mit höherem Bildungsniveau unverheiratet zusammen, heute ist das nicht mehr der Fall, heute ist das Zusammenleben ohne Trauschein für viele zur Selbstverständlichkeit geworden. Junge Paare aus allen Schichten zum Beispiel leben erst einmal zusammen, eine spätere Heirat ist nicht ausgeschlossen, aber auch nicht fest eingeplant. Eine ähnliche Entwicklung wäre auch bei Distanz-Beziehungen vorstellbar – zwangsläufig wird sie allerdings nicht einsetzen: «Der Individualisierungsprozeß», haben die Soziologen Günter Burkart, Beate Fietze und Martin Kohli in einer großen Untersuchung herausgefunden, «läuft in verschiedenen Milieus mit unterschiedlicher Geschwindigkeit und nicht unbedingt in der gleichen Richtung ab» (S. 256).

Maßgeschneidertes Modell für Lebenserfahrene?

Die meisten Frauen und Männer, mit denen ich gesprochen habe, sind zwischen dreißig und vierzig Jahren alt, das Durchschnittsalter liegt bei achtunddreißig. Aufgrund dieser Altersstruktur möchte ich noch einmal die Frage aufgreifen, ob das ‹living apart together› eine Lebensform ist, die Menschen der mittleren Altersgruppe besonders entgegenkommt. Konkreter: Ob sie Menschen, die in den Jahren der Studentenbewegung und der nachfolgenden Alternativbewegungen erwachsen geworden sind, die von dieser Zeit maßgeblich geprägt sind, besonders entspricht. Auch hier meine Einschätzung gleich vorweg: Ich denke, daß dem so ist. Davon ist unbenommen, daß diese Lebensform auch der ersten und dritten Generation viele Möglichkeiten bietet, Ansprüche und Bedürfnisse zu realisieren, so daß – zumindest theoretisch – von einer ebenso großen Anziehungskraft auf diese Generationen ausgegangen werden kann.

Gerade bei jungen Erwachsenen gibt es typische Lebenssituationen oder -abschnitte, die eine Distanz-Beziehung entweder unmittelbar initiieren oder nahelegen. Den jungen Männern steht der Militärdienst bevor, der in der Regel die Beziehung zur Partnerin zur Wochenendbeziehung macht.

Der Einstieg in den Beruf schafft die nächste ‹kritische Situation›, besonders dann, wenn beruflicher Ehrgeiz vorhanden und Karriere nicht ausgeschlossen ist. Mit solchen Zielen im Kopf kann ein Arbeitsplatz in einer anderen Stadt, der Einstieg oder Aufstieg verspricht, nicht ausgeschlagen werden. In einer Untersuchung über Commuter-Ehen in den USA haben Naomi Gerstel und Harriet Engel Gross sogar herausgefunden, daß «ein Commuter-Arrangement am häufigsten in der Gründungsphase des Familienzyklus (Eheschließung bis zur Geburt des ersten Kindes) gewählt» wird (nach Peukert, S. 183). Womit laut US-amerikanischer Statistik eine Altersgruppe zwischen dreiundzwanzig und achtundzwanzig Jahren gemeint ist.

Die äußeren Motive und Zwänge gehen durchaus mit lebensgeschichtlichen Bedürfnissen einher. Viele meiner Interviewpartner wollten als Jugendliche nach dem Weggang aus dem Elternhaus erst einmal ihr Leben alleine in die Hand nehmen und herausfinden, welche Lebensweise ihren individuellen Bedürfnissen entspricht. Grundlegende Offenheit gegenüber neuen Menschen, neuen Erfahrungen, neuen Bedürfnissen erschien ihnen dabei als angemessene Verhaltensweise. Eine Partnerschaft, die ständige Absprachen und Rücksichten verlangen würde, die vielleicht auch neue Zugänge verbauen oder Freundschaften verhindern würde, lehnten einige bewußt oder unbewußt ab. Nach den vielen Jahren in der Familie wollten sie erst einmal unbeschränkt leben. Eine «Liebe auf Distanz» schien dafür eine geeignete Lebensweise zu sein.

Vor dem eigenen lebensgeschichtlichen Hintergrund sehen heute einige meiner Gesprächspartner «Liebe auf Distanz» eher als eine Lebensform für junge Leute an. Grundsätzliche Offenheit koste nämlich auch Kraft – und die werde im mittleren Lebensabschnitt, der vorwiegend von Berufsarbeit und vielleicht auch von Kindern geprägt ist, für diese gebraucht und von diesen verbraucht. Für die Offenheit und das Risiko einer Distanz-Beziehung ist ihrer Meinung nach kaum Energie übrig.

Alter, Lebensform und Motive der Mehrzahl meiner Interviewpartner sprechen aber eine andere Sprache. Mit achtunddreißig Jahren sind sie keine Jugendlichen mehr, die sich ausprobieren müssen, und von einem Leben ohne feste Zwänge, das «innere Kapazitäten» zur freien Disposition bereithält, kann bei den meisten nicht die Rede sein. Es muß also andere Gründe, andere Ursachen geben, die Frauen und Männer trotz – oder wegen – ihres Alters dazu bewegen, so zu leben.

An erster Stelle spielt wohl das Geburtsdatum und das Stück Zeitgeschichte eine Rolle, das diese Menschen in der Jugend erlebt haben. In der Generation der heute Dreißig- bis Fünfzigjährigen haben die meisten Frauen und Männer nach dem Auszug aus dem Elternhaus eine experimentelle Haltung privaten Le bensweisen gegenüber entwickelt. Sie haben verschiedene Partner gehabt, Varianten des Zusammenlebens und Nicht-Zusammenlebens ausprobiert – und dabei Erfahrungen gemacht, hinter die sie nicht zurück wollen, vielleicht auch nicht zurück können. «Was ist denn die Alternative?» fragt Peter L., nachdem er lange über die Belastung durch eine Wochenendbeziehung räsonniert hat. «Ein kleines Häuschen und eine kleine Frau und ein kleines Kind und ein kleiner Garten davor und ein kleiner Zaun, daß alles ordentlich ist – das ist ja auch nicht die Alternative. Also warum nicht irgend etwas Undurch... Unordentliches?» Die Ablehnung des traditionellen Musters, die der siebenundvierzigjährige Peter (übrigens auch zweifacher Vater) hier so vehement artikuliert, ist die eine Seite. Auf der anderen stehen die konkreten Erfahrungen, die die Frauen und Männer mit sich selbst und mit Partnerschaften gemacht haben, und die Schlüsse, die sie daraus ziehen.

In diesem Punkt treffen sich dann wohl auch die ‹Experimenteure› mit denjenigen, die früh eine traditionelle Ehe eingegangen sind und deren Scheitern erlebten.

«Wir haben doch alle unsere individuellen Seiten, Vorstellungen, Bedürfnisse entwickelt», überlegt eine Frau und charakterisiert damit eine wichtige Erfahrung der mittleren Altersgruppe. «Die kannst du viel besser ausleben, wenn du nicht miteinander lebst. Sonst mußt du früh lernen, dich anzupassen – dann geht das vielleicht. In einer zweiten, dritten Beziehung tolerierst du zwar eher, daß der andere anders ist, aber du siehst auch nicht ein, warum du dich anpassen sollst.» Die Entfaltung individueller Bedürfnisse, das Wissen um deren Existenz und der Anspruch, sie auszuleben, sind meiner Meinung nach ein Zeichen von Erwachsen-Sein, von Reife – und nicht von Egoismus, wie oft unterstellt wird. Daß individuelle Bedürfnisse in einer Distanz-Beziehung hervorragend ausgelebt werden können, weil große Spielräume vorhanden sind, ist unumstritten. Daß die Existenz solcher Bedürfnisse quasi automatisch auf diese Lebensform verweist, dürfte allerdings mehr als umstritten sein.

Zum entwickelten Bewußtsein der eigenen Bedürfnisse kommen die Erfahrungen, die in verschiedenen Partnerschaften und langen Beziehungsjahren erworben wurden – eine Mischung aus Enttäuschungen und Lerneffekten, Verletzungen und gewachsenem Realitätssinn.

Im Laufe der Zeit hätten sie zum Beispiel die Bedürfnisse des anderen besser akzeptieren können, erzählen einige Frauen und Männer, sie hätten auch allmählich gelernt, Konflikte auszutragen und nicht unter den Teppich zu kehren. Es gelte einfach zu begreifen, daß es in einer Beziehung keine Selbstverständlichkeiten gebe. Im Grunde müsse alles erschlossen und erarbeitet werden, die unerarbeitete Einheit zweier Menschen, die man sich immer vorstelle, gebe es nicht.

In diesen Beschreibungen wird nicht nur offensichtlich, wie eng die eigene Entwicklung und das Bewußtsein der eigenen Bedürfnisse mit der Akzeptanz des Partners verknüpft sind. Es zeichnet sich auch die viel grundlegendere Erkenntnis ab, daß eine Partnerschaft Arbeit ist und kein Produkt einer sich spontan herstellenden emotionalen, psychischen und körperlichen Übereinstimmung. Das Liebesideal unserer Gesellschaft entwirft aber das Bild einer solch unvermittelten Einheit, suggeriert nicht nur seine Möglichkeit, sondern stellt sie auch als die beste aller Möglichkeiten dar. Die Lebens- und Beziehungserfahrungen der mittleren Generation demontieren dieses Bild, indem sie auf die Notwendigkeit von Beziehungsarbeit verweisen.

Das Vertrauen in die eigenen Erfahrungen und der Abschied vom herrschenden Liebesideal führen einerseits zwar zu «besseren, bewußteren Beziehungen», wie eine meiner Interviewpartnerinnen es ausdrückt. Die rationale Einsicht in die Notwendigkeit der Beziehungsarbeit wird aber auch von einer gewissen Wehmut begleitet, da eine solche Erkenntnis sich nur bedingt mit emotionalen Wunschvorstellungen verträgt. Der Verlust von Naivität, der Verlust des ungebrochenen Glaubens an die Bedingungslosigkeit der Liebe bildet die Kehrseite der gewonnenen Erfahrungen.

Die Gratwanderung zwischen Gewinn und Verlust, Gewinn von Realismus und Verlust von Illusionen und Hoffnungen ist offensichtlich. Welche Seite deutlicher empfunden wird und im Vordergrund steht, hängt vom einzelnen, seinen Erfahrungen und seinem Naturell ab. Bei den meisten dominiert eine Wertschätzung des bewußten Umgangs miteinander und der gewachsenen Konfliktbereitschaft – auch wenn sie manchmal ein wenig resignativ oder ironisch wirkt. Diese Einstellung läßt Frauen und Männer nach Lebensformen suchen, in denen sie ihre Erfahrungen und Einsichten realisieren können, aber auch ihre Skepsis und ihre Narben einen Platz finden. In den Wünschen derjenigen, die seit einigen Jahren als Single leben, manifestiert sich dies: «Ich habe mich immer wieder in meiner Beziehungsunfähigkeit erlebt. Aber manchmal stelle ich mir vor, daß es möglich wäre, eine Partnerin zu finden, die anders gestrickt ist als meine ehemaligen... Ich stelle mir aber nicht vor, mit einer Frau ganz eng zusammenzuleben, die Träume habe ich nicht. Das wären für mich eher Alpträume. Ich stelle mir schon eine innige Beziehung vor, aber mit entsprechendem Abstand. Ich denke, ich könnte das jetzt auch bewußter tun, bräuchte nicht diese hilflosen Strategien, die ich früher eingesetzt habe, um immer wieder Distanz herzustellen» (Jan H.).

Die Auffassung der Soziologin Elisabeth Beck-Gernsheim, daß angesichts der Schmerzen und Kränkungen «Männer und Frauen, um die Ökonomie des seelischen Haushalts zu schonen, risikomindernde Strategien zu entwickeln beginnen, also Verhaltensformen, in die Versuche des Selbstschutzes eingebaut sind» (1990, S. 98), erscheint mir allerdings verkürzt. Aspekte des Selbstschutzes und der Risikominderung sind in den Distanz-Beziehungen der Dreißig- bis Fünfzigjährigen sicher auch zu finden, doch ist die umgekehrte Perspektive genauso gut möglich. Einige meiner Interviewpartner betrachten Distanz-Beziehungen als Möglichkeit, ihre Lust auf Neues, ihre Experimentierfreude auszuleben. Beides schließt Risikobereitschaft ein.

«Ich finde solche Beziehungen gut», faßt Katharina B. zusammen, «weil sie neue Lebensformen ausprobieren – und weil sie auch meinem Zukunftsbild von Geschlechterbeziehungen entsprechen. Wir müssen einfach ausprobieren, wie wir diese Beziehungen künftig gestalten...»

Zum Schluß noch eine kurze Bemerkung zur dritten Generation: Ältere Menschen können heute, was Partnerschaften angeht, eher auf Erfahrungen mit Anpassung verweisen als auf Auseinandersetzung und Entfaltung individueller Seiten. Wenn im Alter noch einmal eine neue Partnerschaft eingegangen wird – was inzwischen häufiger der Fall ist und auch immer mehr akzeptiert wird –, schlägt vor allem bei Frauen dieses jahrelange Training manchmal ins Gegenteil um: in die Weigerung, sich noch einmal anzupassen und noch einmal jemanden zu versorgen. ‹Ich habe lange genug einen Mann versorgt, das will ich jetzt nicht mehr› – dieses Argument habe ich von älteren Frauen immer wieder gehört. Was läge näher als eine Distanz-Beziehung? Von Onkel-Ehen, wie man nach dem Krieg neue Partnerschaften zwischen Älteren nannte, die vorwiegend aus ökonomischen Gründen (Renten) nicht heirateten und zusammenlebten, weiß man heute nur, daß sie gar nicht so selten waren. Über die aktuelle Lebensweise älterer Menschen herrscht eine vergleichbare Ahnungslosigkeit. Und statistisch ist nur bekannt, daß mehr als die Hälfte der über Fünfundsechzigjährigen in Ein-Personen-Haushalten leben.

Obwohl vom Durchschnittsalter meiner Interviewpartner also ein Schwerpunkt auf der mittleren Generation liegt, erweist sich die Form der Distanz-Beziehung keineswegs als ausschließlich auf diese Altersgruppe ‹zugeschnitten›. Sicher kommt sie vielen Bedürfnissen dieser Menschen entgegen, die mit ihrer Lebenserfahrung und auch mit ihrem Geburtsdatum zusammenhängen. Aber das ‹living apart together› bietet auch jungen Menschen eine Lebensform, die der Vereinbarung divergierender Bedürfnisse Raum läßt: dem Bedürfnis nach Nähe und gleichzeitig nach Selbstentfaltung und Welterkundung, dem Wunsch nach Experiment und nach Sicherheit...

Private Utopie oder
Anpassung an gesellschaftliche Zwänge?

Wenn das ‹living apart together› eine Lebensform ist, die Frauen die Chance bietet, sich der traditionellen Rollenzuweisung gänzlich zu verweigern, und Männern die Möglichkeit, tradierte Verhaltensmechanismen zu überwinden – warum dann noch die Frage, ob diese Lebensform eine Alternative zum gängigen Partnerschaftsmodell ist? Weil das ‹living apart together› ein doppeltes Gesicht besitzt. Es fördert zwar unzweideutig die Überwindung der traditionellen Geschlechtsrollen, weist aber auch Züge der Anpassung auf.

«In dem zu Ende gedachten Marktmodell der Moderne», schreibt der Soziologe Ulrich Beck in seinem Buch über die ‹Risikogesellschaft›, «wird die familien- und ehelose Gesellschaft unterstellt. Jeder muß selbständig, frei für die Erfordernisse des Marktes sein, um seine ökonomische Existenz zu sichern. Das Marktsubjekt ist in letzter Konsequenz das alleinstehende, nicht partnerschafts-, ehe- oder familien‹behinderte› Individuum» (Beck 1986, S. 191).

In einer westlichen Industriegesellschaft werden also in letzter Konsequenz männliche und weibliche Arbeitskräfte vorausgesetzt, die unabhängig, beweglich und flexibel agieren können und wollen. Wer mit der technologischen Entwicklung mithalten will, muß sich ständig weiterqualifizieren, wer einen Arbeitsplatz haben will, muß auch bereit sein, ihm hinterherzufahren oder -zuziehen – oder eine Umschulung mitmachen und sich auf einen neuen Beruf einstellen. Wer aufsteigen will, muß sich ganz der Firma verschreiben. All das läßt sich wesentlich einfacher realisieren, wenn Männer und Frauen keine Familie haben, die diese Bewegungen mitzuvollziehen hat, wenn sie keinen Partner haben, der eigene Lebens- und Berufspläne verfolgt, der Rücksichtnahme verlangt und eigene Ansprüche anmeldet.

Nun leben aber die meisten Menschen in einer Partnerschaft bzw. in einer Familie und müssen – wenn sie sich nicht aus dem

Marktmechanismus generell ausklinken wollen – Strategien entwickeln, um ihre eigenen Bedürfnisse mit den Anforderungen der Arbeitswelt zu vereinbaren. Die Entwicklung solcher Strategien wird übrigens ganz den Individuen überlassen; gesellschaftliche Lösungswege sind nicht in Sicht, etwa ein Angebot von Industrieunternehmen, nicht nur den Mann einzustellen, sondern auch der Partnerin einen Arbeitsplatz anzubieten, wenn die Familie umziehen muß.

Die gängigste Strategie ist immer noch die der mobilen Familie. Frau und Kinder passen sich den beruflichen Gegebenheiten des Familienvaters an, die Frau stellt eigene berufliche Ambitionen zurück oder verzichtet sogar auf eine eigene Berufstätigkeit. Eine andere Variante ist die der Pendler, die von den Männern Mobilität und Bescheidenheit verlangt (was die Lebensbedingungen unter der Woche angeht), der Frau und den Kindern dafür Seßhaftigkeit bietet. In diesem Spektrum scheinen Distanz-Beziehungen die ‹gerechteste› Lösung zu sein – jeder der beiden Partner lebt und arbeitet an dem Ort, an den es ihn verschlägt oder an dem er leben will, und die Mobilität ist eine wechselseitige.

‹Living apart together› erweist sich aus diesem Blickwinkel als eine beinahe perfekte Lebensform, um den Anforderungen des Marktes zu entsprechen. An ihr läßt sich überdies beobachten, daß die Erfordernisse der Ökonomie nicht nur die äußeren Bedingungen der Partnerschaften prägen. Marktmechanismen haben auch Eingang in das ‹Innere› der Beziehungen gefunden, beeinflussen Verhaltensweisen, prägen Strukturen. Wichtige Stichworte sind: Planung (Kalkulation), Zeit, Erfolg, Effektivität.

Das Nicht-Zusammenwohnen macht es notwendig, das Beziehungs- und Familienleben in hohem Maße zu planen, spontanes Verhalten ist kaum möglich – und meine Interviewpartner gestehen es sich auch nur in Ausnahmefällen zu. Statt dessen gibt es Terminpläne für kürzere oder längere Zeiträume, gleichgültig, ob die Partner damit «gut leben können» oder ob sie lieber spontan agieren würden.

Termin- und Zeitpläne sind nicht nur ein Zeichen dafür, daß in Partnerschaften heute vieles ausgehandelt und besprochen werden muß, was früher unter anderem durch die alte Arbeitsteilung selbstverständlich war. Terminpläne entstehen auch nicht nur deshalb, weil man sich nicht verpassen will, sondern vor allem aus Zeitknappheit, aus Zeitnot. Über Zeitmangel klagen alle meine Gesprächspartner, unabhängig davon, wie oft und wie lange sie sich sehen können. Immer ist die Zeit, die sie gemeinsam zur Verfügung haben, begrenzt, immer überschattet das Ende bereits den Anfang, immer folgt auf das Zusammensein eine längere Phase der Trennung. Die ständige Zeitknappheit und die Fülle der Aufgaben erzeugen ein hohes Lebenstempo, das auf die Dauer nicht nur an die Substanz jedes einzelnen, sondern auch an die Substanz ihrer Beziehung gehen kann.

Der ständige Zeitmangel zieht noch ein weiteres ‹Marktprinzip› nach sich – den Erfolgsdruck. Die gemeinsame Zeit soll, da sie immer zu kurz ist, möglichst «offen, fröhlich, begeistert, verliebt» verlaufen. Streit, Auseinandersetzungen, selbst eine schlechte Laune werden unter solchen Vorzeichen nicht als normale Situation in einer Beziehung erlebt, sondern lassen das Gefühl von Mißerfolg entstehen – ein Gefühl, das die Glückserwartung beim nächsten Zusammentreffen weiter in die Höhe treibt.

Die meisten Frauen und Männer erleben genaue Planung, Zeitmangel, hohes Lebenstempo und Erfolgsdruck als negative, belastende Elemente ihrer Beziehungen. Sie begreifen sie als unangenehme Begleiterscheinungen einer «Liebe auf Distanz», versuchen, sich diese Mechanismen immer wieder bewußt zu machen, um dagegen ansteuern zu können. Einigen scheint das zu gelingen, für andere, vor allem für die, die unter extremen Bedingungen leben, ist ein Ausstieg aus diesen Mechanismen kaum möglich. Ihnen bleibt nur, sich andere Lebens- und Arbeitsbedingungen zu schaffen. Von einer freiwilligen Anpassung an diese Marktmechanismen kann also nicht die Rede sein.

Marktmechanismen wirken aber nicht nur auf Distanz-Beziehungen ein, diese Beziehungen können auch umgekehrt durch ihre besondere Struktur selbst funktional für die berufliche Leistungsfähigkeit sein. Manch einer empfindet ein solches Privatleben als ungewolltes Härtetraining, das für die Karriere allerdings einen positiven Effekt haben kann: «Man wird dadurch härter und man schafft mehr, man kann auch mehr aushalten.» Andere erleben ihre Distanz-Beziehung als Entlastung und werten sie daher positiv – ohne dies allerdings in einen expliziten Zusammenhang mit ihrer beruflichen Leistungsfähigkeit zu stellen. Die Sprache ist allerdings verräterisch: Philipp K. ist froh darüber, wie unkompliziert in seiner Distanz-Beziehung die Hausarbeit funktioniert. «Das hat mich in der Beziehung, die ich vorher hatte, manches Wochenende *gekostet* oder manchen Tag, der einfach im täglichen Kleinkrieg untergegangen ist. Diese Zeit habe ich jetzt einfach für etwas anderes, für etwas Besseres. Gut, dafür sehen wir uns seltener – aber die *Bilanz*, die würde mich einmal interessieren, eine *Effizienzanalyse*, die wäre sicher interessant.»

Für die These, daß Distanz-Beziehungen eine Form der Anpassung an die Erfordernisse des Marktes sind, sprechen also eine ganze Reihe von Beobachtungen. Andere Indizien belegen aber die Sprengkraft, die Distanz-Beziehungen gegenüber den tradierten Rollenmustern besitzen. Frauen können in einer solchen Partnerschaft große Teile der alten Rolle wirklich aufgeben – nicht nur verbal, sondern auch ganz real. Sie können den Partner nicht mehr ‹versorgen›, sie können ihm kein Zuhause bieten, in dem er sich allabendlich erholen kann, sie können ihm nicht mehr die psychische Unterstützung geben, die ihn immer wieder fit macht für die Arbeitswelt. Umgekehrt sind sie dazu gezwungen, die eigenen Angelegenheiten selbst in die Hand zu nehmen, selbständig zu werden und Selbstbewußtsein zu entwickeln – ein Partner, der fehlende Fähigkeiten ausgleicht oder auch einmal unangenehme Dinge übernimmt, ist einfach nicht ständig im Hintergrund. Einige Frauen entscheiden sich ganz bewußt unter diesem Vorzeichen für das ‹living apart together›, und sie verstehen dieses Leben auch selbst als Alternative zum traditionellen

Partnerschaftsmodell. Aber diese Sichtweise ist nicht bei allen vorhanden. Zwar müssen auch die anderen Frauen ein hohes Maß an Selbständigkeit entwickeln – sie versuchen aber gleichzeitig, die ‹weibliche Arbeit am Mann› zu leisten, die Aufgaben der tradierten Rolle zu erfüllen. Im Gegenzug sind die Männer gezwungen zu lernen, mit den kleinen Dingen des täglichen Lebens zurechtzukommen, die ihnen traditionell von Frauen abgenommen werden. Sie müssen sich selbst versorgen, müssen selbst ihren Dreck wegmachen. Und sie müssen sich ein eigenes soziales Umfeld aufbauen, in dem sie sich austauschen können, in dem sie sich auch einmal fallen lassen können. Männer, die mit einer Distanz-Beziehung solche Ziele bewußt verfolgen, sind allerdings eher die Ausnahme, die meisten gehen den neuen Anforderungen (und Chancen) lieber aus dem Weg.

Letztlich bedeuten die Veränderungsmöglichkeiten, die Distanz-Beziehungen bieten, für Frauen und Männer einen Zugewinn an Autonomie und einen Erwerb neuer Fähigkeiten, die bisher per Arbeitsteilung dem anderen Geschlecht zugewiesen waren. Daß die größere Autonomie der beiden Partner zu einer «Generalisierung der männlichen Lebensführung», zu einer «Vermännlichung der weiblichen Biographie» führt, wie die Soziologen Günter Burkart, Beate Fietze und Martin Kohli schreiben (S. 143), scheint mir allerdings zu kurz gegriffen. Zwar geben die Frauen in einer solchen Beziehungsform den Teil ihrer Rolle auf, der das Leben von Männern erleichtert und das ihre belastet, aber darin erschöpft sich weibliches Verhalten nicht. Sie übernehmen auch Orientierungen, die bisher als männliche galten, zum Beispiel die Leistungs- und Berufsorientierung. Soziale und emotionale Fähigkeiten jedoch, zum Beispiel die der Empathie, bleiben erhalten, sie werden nur vom traditionell weiblichen Lebenszentrum Mann abgezogen und auch mit anderen Menschen gelebt. Außerdem erfährt die männliche Lebensführung ebenfalls eine Veränderung, auch sie bleibt – trotz des heute noch dominanten männlichen Beharrungsvermögens – nicht konstant.

Auch wenn sich die traditionellen Rollenmuster unter den Bedingungen einer Distanz-Beziehung tendenziell auflösen — ist diese Auflösung nicht für die ‹Marktgesellschaft› gerade funktional? Kommt sie nicht deren Anforderungen entgegen? Ist nicht das, was sich als Alternative darbietet, letztlich ein Schritt der Anpassung? Die Aufhebung der tradierten Rollenzuweisung und ihr Effekt, die ‹Produktion› selbständiger Frauen und Männer, wären genau das, was die vollendete Marktgesellschaft braucht — wenn nicht die Aufhebung der alten Arbeitsteilung gleichzeitig eine Grundlage, auf der die ‹moderne Marktgesellschaft› bisher aufbaut, zerstörte: eine traditionell funktionierende weibliche Arbeitskraft, die dem Mann als Berufsarbeiter zuarbeitet, für ihn Dinge erledigt, die sein Kraft- und Zeit-Budget überfordern.

Die Soziologin Elisabeth Beck-Gernsheim hat herausgefunden, daß Berufsarbeit gegenwärtig so organisiert ist, daß sie die Existenz einer anderen Person (in der Regel einer Frau) voraussetzt, die einkauft, kocht, putzt, wäscht, zur Bank und zum Amt geht. Genau diese Arbeitskraft fällt aber tendenziell fort — dadurch wird das Individuum zwar autonomer, hat aber mehr Arbeit zu erledigen. Die beiden Entlastungsvarianten, die heute praktiziert werden, der ‹Kauf› von Haushaltshilfen oder die Verkürzung der Arbeitszeiten, sind teurer als die unbezahlte Hausfrau — und das ist im Sinne der ‹Marktgesellschaft› ein überaus unerwünschter Effekt.

Einerseits entstehen also durch die Auflösung der tradierten Rollen günstige Bedingungen im Sinne des ‹Marktmodells›, andererseits werden aber wichtige Grundlagen zerstört — der eine Effekt geht also mit dem anderen Hand in Hand.

Distanz-Beziehungen bergen damit letztlich solche Ambivalenzen in sich, daß die Frage: ‹Alternative oder Anpassung› nicht beantwortbar ist. Die Existenz beider Aspekte ist nicht von der Hand zu weisen: «Liebe auf Distanz» kann als konstruktiver und zukunftsweisender Versuch verstanden werden, eine neue

Beziehungsform zu leben. Sie kann jedoch auch eine mehr oder weniger bereitwillige Reaktion auf berufliche Anforderungen darstellen.

Bringt man diese Ambivalenzen mit dem Prozeß der Individualisierung in Verbindung, der der bürgerlichen Gesellschaft immanent ist, legt sich die Beunruhigung über die un-eindeutige Antwort: «Individualisierung bezeichnet ein zwiespältiges, mehrgesichtiges, schillerndes Phänomen, genauer: einen Gesellschaftswandel, dessen Bedeutungsvielfalt *real* und durch allerdings notwendige Begriffserklärungen allein nicht aus der Welt zu schaffen ist. Von der einen Seite: Freiheit, Entscheidung, von der anderen: Zwang, Exekution verinnerlichter Marktanforderungen» (Beck 1990, S. 15).

Obwohl die Frage nach Anpassung *oder* Alternative sich in ein sowohl – als auch auflöst und damit im Grunde beantwortet ist, möchte ich noch auf einen anderen kulturpsychologischen Aspekt hinweisen, der auch als Indiz für den alternativen Charakter von Distanz-Beziehungen gewertet werden kann: die Relativierung des romantischen Liebesideals. Die distanzierte Lebensweise bringt es mit sich, daß der Partner den zentralen Stellenwert im Leben des anderen tendenziell verliert; mit dem Gefühl, ohne den anderen nicht leben zu können, ist ein ‹living apart together› einfach nicht möglich. So nennen auch die meisten Frauen und Männer neben der Partnerschaft andere Lebensmittelpunkte, den Beruf, die Freunde, die Kinder. Und diejenigen, die ihre Partnerschaft ins Zentrum rücken, tun alles, um ihre «Liebe auf Distanz» zu beenden.

Die veränderte Stellung der Partnerschaft im gesamten Lebenskontext hat Konsequenzen für das ‹Innenleben› der Beziehungen: Der andere wird nicht mehr mit einer derartigen Fülle von Ansprüchen überschüttet, wie es traditionell der Fall ist. Er muß nicht mehr in allen Lebensbereichen alle Anforderungen und Bedürfnisse erfüllen: feuriger Liebhaber sein, interessierter Zuhörer, einfühlsamer Kümmerer, verläßlicher Kamerad, liebevoller Vertrauter, hausarbeitsfreudiger Mitbewohner... Die

Fülle der Ansprüche erfährt durch die Phasen der Abwesenheit eine ‹natürliche› Reduktion und Verlagerung – auf andere Personen, Freunde, Kollegen, Verwandte.

Die Relativierung des romantischen Liebesideals ist allerdings nur eine Entwicklungs*möglichkeit*, die in der Lebensform des ‹living apart together› angelegt ist. Bei einigen Paaren ist sie auch durchaus Wirklichkeit, doch längst nicht bei allen. Diese scheinen das traditionelle Liebesideal eher noch einmal zu wiederholen, wenn auch in einem anderen zeitlichen Rahmen. Die Ansprüche an den Partner beziehen sich nicht mehr auf den gesamten Lebenskontext, sondern ‹nur› auf die gemeinsam verbrachte Zeit. So wird aus einer möglichen Entlastung durch die Aufgabe der hochgeschraubten Erwartungen eine neue Belastung durch die Verdichtung der Zeit, in der die Ansprüche nun erfüllt werden sollen.

Gegen die Demontage des romantischen Liebesideals erhebt sich übrigens der massivste Einwand, der mir im Laufe meiner Arbeit entgegengehalten wurde: Diese Beziehungen, die keinen gemeinsamen Alltag haben, die die Ansprüche aneinander reduzieren und den Partner aus dem Zentrum vertreiben – das sind doch gar keine richtigen Beziehungen. Im Sinne des romantischen Liebesideals sind sie es tatsächlich nicht, aber wer sagt denn, daß dieses Ideal auch heute noch allgemeine Definitionsmacht besitzt? Das romantische Liebesideal ist selbst ein historisches Produkt, das sich erst im Kontext der bürgerlichen Gesellschaft herausgebildet hat. Die für uns selbstverständliche Vorstellung zum Beispiel, daß der Lebenspartner, mit dem man in einem Haushalt wirtschaftet, mit dem man Nachkommen zeugt, gleichzeitig Ziel des Begehrens ist, war den Menschen des 18. Jahrhunderts eher fremd. Dieser historische Charakter der gegenwärtigen Lebensweise und ihrer Ideale wird häufig vergessen oder nicht zur Kenntnis genommen. Statt dessen wird mit einem scheinbar sicheren Wissen argumentiert: In einer ‹richtigen› Partnerschaft steht der andere im Zentrum, in einer ‹richtigen› Partnerschaft teilen die Partner alles miteinander – den Alltag, die Konflikte, die Interessen, das Glück. Einleuchtende Begründungen, warum Partner alles miteinander teilen müssen, warum sie in dieser engen Bezogenheit aufeinander leben müssen, liefern übrigens auch eingefleischte Kritiker von Distanz-Beziehungen nicht. Der pauschale Einwand, dies seien doch gar keine richtigen Beziehungen, ist, so meine ich, als Abwehrreaktion zu verstehen. Denn Menschen, die traditionellen Beziehungsmustern anhängen, begreifen die «Liebe auf Distanz» nur allzuoft als Kritik an der eigenen Lebensweise.

Bedeutet die tendenzielle Abkehr vom romantischen Liebesideal eine generelle Absage an Idealbildung und Idealisierung? Manchmal scheint das Gegenteil der Fall, etwa wenn eine Interviewpartnerin äußert: «Das ist heutzutage wahrscheinlich die einzige Form, wie man leben kann.» In «einzige Form» und im allgemeinen «man» klingt die Neigung zu einer neuen Idealbildung durchaus an.

Bei den meisten Frauen und Männern hat aber die Erfahrung mit verschiedenen Lebens- und Beziehungsformen zu der Einsicht geführt, daß es die ‹richtige› Lebensweise nicht gibt, die ein für allemal und für alle Menschen Gültigkeit besitzen könnte. Aussagen wie: «*Ich* kann es mir anders nicht schöner vorstellen» oder «Das hat sich *für mich* als die idealste Wohnform herausgestellt» sprechen eine deutliche Sprache.

Dieser Eindruck stimmt auch mit der Beobachtung von Ulrich Beck überein, daß es zu «neuen, exemplarischen, lebbaren Lebensstilen von stilbildender Vorbildlichkeit» (1990, S. 219) im Wirrwarr der (Beziehungs-)Möglichkeiten heute noch nicht gekommen ist. Die meisten Frauen und Männer sehen sich nicht als ‹Stilbildner›, erst recht nicht als Vorbilder oder Propagandisten einer neuen Lebensform. Sie leben auf Distanz, weil es sich so ergeben hat, weil sie sich von dieser Lebensweise Entlastung versprechen, weil sie sich so am wohlsten fühlen – und nicht, weil sie damit anderen etwas zeigen wollen oder sie gar von dieser Lebensweise überzeugen wollen.

Dennoch, das ‹living apart together› spielt auch eine zukunftsweisende Rolle. Das weiß auch Ulrich Beck, wenn er an anderer Stelle konstatiert: «Individualisierung kann nicht zurückgenommen werden, zurückgeschraubt werden auf alte Gemeinsamkeitsformen. Eher sind Formen getrennten Zusammenlebens... zu erfinden und zu erproben, die Rückzug und Gemeinschaftlichkeit gleichermaßen ohne Konformitätsdruck, Gruppenzwänge und -normierungen ermöglichen» (1990, S. 218).

Bei der Auseinandersetzung mit meinen fünfundzwanzig Interviewpartnern und -partnerinnen bin ich zu dem Schluß gekommen, daß sich eine Reihe von Punkten benennen lassen, die für eine Distanz-Beziehung wichtig sind. Mit der Zusammenstellung dieser Punkte möchte ich kein Idealbild entwerfen, an dem sich Paare ausrichten sollten, die auf Distanz leben, oder mit dessen Hilfe sie beurteilt werden könnten. Ich will kein Rezept geben, das bei genauer Einhaltung Erfolg garantiert, sondern nur zusammenstellen, welche äußeren und inneren Bedingungen dazu beitragen, die Möglichkeiten dieser Lebensform wahrzunehmen, nicht nur die belastenden Seiten zu leben, sondern auch ihre entlastenden, befreienden zu realisieren.

Ein gewisses Einverständnis mit einer solchen Lebensweise ist wichtig. Paare, die das Gefühl haben, im Grunde zusammenleben zu müssen und zu wollen und nur durch den Beruf zur Distanz gezwungen zu sein, werden eine solche Beziehung immer unter diesem Vorzeichen betrachten. Von größerer Bedeutung als ursprünglich angenommen ist die räumliche und zeitliche Entfernung, die zwischen den Partnern liegt. Von ihr hängen nicht nur die Häufigkeit des Zusammenseins ab, sondern eine Reihe beziehungsimmanenter Faktoren wie Kommunikationsdichte oder Erfolgsdruck. Einige Männer und Frauen haben Erfahrungen mit unterschiedlichen Distanzen gemacht. Ihr Fazit: Vierhundert Kilometer sind auf Dauer einfach zu viel, Distanzen, die einen spontanen Besuch unter der Woche zulassen, gut lebbar, zwei Wohnungen in einer Stadt besonders günstig, wenn Kinder da sind.

Berufliche Flexibilität erweist sich als ausgesprochen günstig. Man hat mehr Spielraum, kann Zeiten des längeren Zusammenseins organisieren und den Bedürfnissen nach Nähe *und* Distanz besser gerecht werden.

Eine große Wohnung entlastet die gemeinsame Zeit – wenn beide sich auch in der Zeit des Zusammenseins einmal voneinander zurückziehen können, ist die Phase des Wieder-Aneinander-Gewöhnens und die Umstellung von der Zeit des Allein-Seins auf die des Zusammenseins leichter.

Zu den ‹inneren› Bedingungen nur so viel: Vertrauen und Toleranz gegenüber dem Partner, reale und nicht nur verbale Gleichrangigkeit zwischen Frau und Mann erleichtern eine Distanz-Beziehung – aber sie erleichtern im Grunde jede Partnerschaft.

Ähnlich verhält es sich mit Selbständigkeit und Selbstbewußtsein – ohne solche Persönlichkeitsaspekte ist eine Distanz-Beziehung kaum zu leben. Aber auch bei Paaren, die zusammen wohnen, sind Abhängigkeit und Mangel an Selbstbewußtsein heute keine guten Voraussetzungen für eine Partnerschaft.

Große Bedeutung kommt einem sozialen Netz zu, das jeder, der nicht mit dem Partner zusammenlebt, braucht – nicht nur als ‹Ersatz› für den Partner, obwohl eine solche Funktion auch ihre Berechtigung hat. Freunde und Freundinnen sind wichtig als kontinuierliche Gesprächspartner, als Vertraute – aber auch als Partner in der Freizeit, als Kino-, Sport- und Restaurantbegleitung. Und vielleicht auch als Mitbewohner in einer Wohngemeinschaft oder einer gemeinsamen Wohnung.

Frauen und Männer, die in ihrer Distanz-Beziehung solche Bedingungen herstellen können, kommen mit ihrer «Liebe auf Distanz» gut zurecht – wie zum Beispiel Helke B., die ich abschließend noch einmal ausführlich zu Wort kommen lassen will: «Ich bin richtig zufrieden und kann es mir anders nicht schöner vorstellen. Das, was ich brauche, nämlich Nähe und Distanz, ist in jedem Teil meines Lebens da. Ich habe räumliche Nähe zu meinem Freund, weil er nicht weit weg wohnt, also nicht in Süddeutschland, sondern zwei Straßen weiter. Das erleichtert den

Alltag. Und die Distanz zu ihm ist einfach da, weil wir nicht in einer Wohnung leben. Und zu Katharina habe ich auch Nähe und Distanz. Wir haben bestimmte Gemeinsamkeiten, die Voraussetzung dafür sind, daß wir uns gut verstehen und auch gut zusammen leben können. Aber wir haben es auch nicht so nah und dicht, daß wir alles miteinander teilen wollten und müßten. Und das gefällt mir wirklich ganz hervorragend. Ich kann machen, was ich will, keiner redet mir rein, und wenn ich jemanden brauche, dann kann ich das organisieren, ohne großen Aufwand.»

Anhang

Die Interviewpartner

Arthur N., 37 Jahre alt, unverheiratet, zwei Kinder, Sozialwissenschaftler. Distanz-Beziehung seit sechs Jahren, er pendelt jedes Wochenende. Entfernung: 500 km. Wohnt in einer Wohngemeinschaft.

Cathrin Z., 24 Jahre alt, unverheiratet, Studentin. Distanz-Beziehung seit viereinhalb Jahren, Partnerin von Stefan A. Die beiden sehen sich fast jedes Wochenende, wechseln sich mit Pendeln ab. Distanz: 80 kKm. Wohnt allein.

Christine B., 37 Jahre alt, nicht verheiratet, zwei Kinder, Politikerin. Distanz-Beziehung seit sechseinhalb Jahren, beide Partner pendeln. Entfernung: 350 km. Wohnt in Bonn allein.

Claudia R., 45 Jahre, verheiratet, Luftfahrt-Angestellte. Ein Jahr Fern-Beziehung Bundesrepublik – USA, seit einem halben Jahr wieder ‹living apart together›. Sieht ihren Mann fast jedes Wochenende, der Mann pendelt häufiger. Distanz: 500 km. Wohnt allein.

Dirk A., 41 Jahre alt, verheiratet, ein Kind, Gymnastiklehrer. Distanz-Beziehung seit vier Jahren, Entfernung: 50 Meter. Wohnt allein.

Dorine S., 33 Jahre alt, verheiratet mit Frank K. S., Krankengymnastin. Distanz-Beziehung seit sechseinhalb Jahren, der Mann pendelt jedes Wochenende. Entfernung: 300 km. Lebt mit einer Freundin und deren Kind zusammen.

Frank K. S., 35 Jahre alt, verheiratet mit Dorine S., Lehrer. Distanz-Beziehung seit sechseinhalb Jahren, pendelt jedes Wochenende. Entfernung 300 km. Wohnt allein.

Fränzi N., 44 Jahre alt, getrennt lebend, Chemikerin. Erfahrungen mit verschiedenen Varianten von Distanz-Beziehungen, die letzte dauerte zwei Jahre über 300 km Entfernung. Sie pendelte jedes Wochenende. Wohnt jetzt allein.

Heinz K., 42 Jahre alt, geschieden, zwei Kinder, Pastor. Distanz-Beziehung seit zweieinhalb Jahren, beide pendeln abwechselnd, sehen sich fast jedes Wochenende. Distanz: 250 km. Wohnt allein.

Helke B., 36 Jahre, geschieden, ein Kind, Ökonomin. Distanz-Beziehung seit viereinhalb Jahren, Entfernung: zwei Straßen. Wechseln sich mit Besuchen ab. Helke B. wohnt mit Katharina H. zusammen.

Irene W., 32 Jahre alt, unverheiratet, Computerfachfrau. Sechzehn Jahre «Liebe auf Distanz», seit einem halben Jahr getrennt. Die beiden pendelten abwechselnd, sahen sich fast jedes Wochenende. Distanz: 200 km. Wohnt allein.

Jan H., 44 Jahre alt, geschieden, ein Kind, Sozialwissenschaftler. Erfahrungen mit verschiedenen Varianten von Distanz-Beziehungen, die letzte vier Jahre lang mit einer Entfernung von 20 km. Wohnt allein.

John S., 36 Jahre alt, unverheiratet, ein Kind, Bohrinsel-Techniker. Distanz-Beziehung mit Monika R. über vier Jahre, jetzt beendet. Sahen sich alle vier Wochen für vier Wochen. Distanz: 10 000 km. Wohnte auf der Bohrinsel mit den anderen Männern zusammen.

Katharina H., 34 Jahre alt, unverheiratet, Lehrerin. Fünf Jahre Fern-Beziehung mit einer Distanz von 350 km, seit einem Jahr Beziehung zu einem Mann, der zwei Straßen entfernt lebt. Wohnt mit Helke B. zusammen.

Maria H., 47 Jahre alt, getrennt lebend, zwei Kinder, Lehrerin. Hat Erfahrung mit der Rolle der ‹Geliebten› – auch einer Form des ‹living apart together›. Wohnt mit einem Kind zusammen.

Monika R., 32 Jahre alt, unverheiratet, Geologin, Partnerin von John S. Distanz-Beziehung seit vier Jahren, jetzt beendet. Distanz: 10 000 km. Wohnte allein, jetzt mit John zusammen.

Peter L., 47 Jahre alt, geschieden, zwei Kinder, Hochschullehrer. Erfahrungen mit verschiedenen Formen von Distanz-Beziehungen, dreieinhalb Jahre mit 500 km Distanz, in dieser Zeit pendelte vorwiegend er. Heute mit einer Partnerin zusammen, die in derselben Stadt lebt. Wohnt allein.

Philipp K., 35 Jahre, unverheiratet, Geologe. Distanz-Beziehung seit drei Jahren mit Susanne V. Wechseln sich mit dem Fahren ab, Philipp fährt aber seltener. Sehen sich in unregelmäßigen Abständen. Distanz: 300 km. Wohnt allein.

Roswitha W., 43 Jahre alt, verh., zwei Kinder, Steardeß. Von Anfang an unterwegs. Wohnt mit Mann und Kindern zusammen.

Sandra S., 47 Jahre alt, geschieden, Hochschullehrerin. Zehn Jahre Distanz-Beziehung, seit zwei Jahren getrennt. Sahen sich fast jedes Wochenende, der Mann pendelte. Distanz: 300 km. Wohnt heute allein.

Stefan A., 25 Jahre alt, unverheiratet, Student. Distanz-Beziehung seit viereinhalb Jahren, Partner von Cathrin Z. Beide pendeln, wechseln sich darin ab. Sie sehen sich fast jedes Wochenende. Distanz: 80 km. Wohnt im Studentenheim.

Susanne V., 36 Jahre alt, unverheiratet, Journalistin. Distanz-Beziehung seit drei Jahren, Partnerin von Philipp K. Treffen sich unregelmäßig, sie fährt häufiger zu ihm als umgekehrt. Distanz: 300 km. Wohnt allein.

Ulf K., 36 Jahre alt, unverheiratet, zwei Kinder, Historiker. Distanz-Beziehung seit einem Jahr, Partner von Ute H. Sehen sich jedes Wochenende, Ulf pendelt. Distanz: 40 km. Wohnt in einer Wohngemeinschaft.

Uschi S., 41 Jahre alt, verheiratet, vier Kinder, Hausfrau. Distanz-Beziehung seit 18 Jahren, der Mann ist als Hochseefischer jeweils drei bis vier Wochen unterwegs. Die wenigen Tage an Land wohnt er mit der Familie zusammen.

Ute H., 35 Jahre alt, unverheiratet, zwei Kinder, Hausfrau. Distanz-Beziehung seit einem Jahr, Partnerin von Ulf K., sehen sich jedes Wochenende, er pendelt. Distanz: 40 km. Wohnt mit den Kindern zusammen.

Lektüreempfehlungen

«*Wohl, o Fremdling, Wuchs und Gesicht und jegliche*
  Tugend
Nahmen die Götter mir fort, seit einst mein Gatte,
  Odysseus,
Mit den Argeiern zumal den Kiel gen Ilion wandte.
Käme mir jener zurück, mein Gut und Leben zu schirmen,
Wäre mein Ruhm wohl größer als jetzt, und alles wär
  schöner.»

Zwanzig Jahre lang wartet Penelope auf die Rückkehr ihres Mannes Odysseus, der mit den Griechen in den Krieg gegen Troja gezogen ist. Zwanzig lange Jahre weigert sie sich, einen anderen zu heiraten, zwanzig Jahre lang bleibt sie ihrem Mann treu – nicht umsonst, Odysseus kehrt zurück.

Man kann die «Odyssee» des Homer tatsächlich als erste literarische Beschreibung einer «Liebe auf Distanz» lesen. Sehnsucht, Warten, Treue, Wiederbegegnung – all diese Motive tauchen auf und wirken bei aller Historizität erstaunlich modern.

Ein Streifzug durch die Literaturgeschichte fördert eine Fülle von Texten zutage, in denen Distanz-Beziehungen thematisiert werden – Distanz-Beziehungen, die aus unterschiedlichen Motiven zustande kommen, nicht nur aus kriegerischen. Ein paar Hinweise und Zitate machen vielleicht Lust zu lesen...

Gottfried von Straßburgs «Tristan und Isolde», ein mittelalterliches Epos, beschreibt eine Liebesgeschichte zwischen den beiden Titelgestalten, die nicht zusammenkommen können, weil Isolde mit einem anderen Mann verheiratet ist. Die Spannung zwischen Sehnsucht und Erfüllung, Trennung und Wiederbegegnung durchzieht leitmotivisch das gesamte Werk. Eine der vielen Klagen Isoldes über ihre Lage vermittelt einen anschaulichen Eindruck von der Befindlichkeit des Paares. In der mittelhochdeutschen Fassung (von der es gute Übersetzungen und Nachdichtungen gibt) heißt es:

«Wie gâhet ir alsus von mir?
Nu weiz ich doch vil wol, daz ir
von iuwern lebene ziehet,
swenne ir Isolde fliehet,
wan iuwer leben daz bin ich.
Iht mêre muget ir âne mich
iemer geleben dekeinen tac,
dan ich âne iuch geleben mac.
Unser lîp und unser leben
diu sint sô sêre inein geweben,
sô gâr verstricket under in,
daz ir mîn leben furet hin
und lâzet mir daz iuwer hie.»*

Eine Neigung zu unkonventionellen Lebensweisen zeigen im
Deutschland des 19. Jahrhunderts vor allem die Frühromantiker
und ihre Zeitgenossen. Die Biographien der Bettina von Arnim,
der Karoline von Günderode, der Rahel Varnhagen oder von
Heinrich von Kleist verweisen auf den ausgeprägten Wunsch
nach Eigenständigkeit, enthalten auch zum erstenmal eine gewisse Furcht vor zu viel Nähe. Die entsprechenden Briefwechsel
und Biographien geben darüber umfängliche Auskünfte. Ein Auszug aus den Briefen Bettina von Arnims an ihren Mann Achim:

«So muß man das Liebste den morschen Postwagen
überlassen, schon die Ferne, die das Auge nicht mehr
erreichen kann, ist für den Liebenden die dringendste
Gefahr, nun sind schon 8 Tage daß Dich mein Aug nicht sieht
und mein Ohr nicht hört, aber das innere Auge sieht Dich, und
mein Herz spricht in der Nacht zu Dir. Es drängt Dich keiner
an Deinem grünen Stehpult und die Erdbeeren schmecken
Dir recht gut, und die Erinnerung guter Stunden füllen Dir
die Einsamkeit, und drum bist du glücklich dort, wo ich
nicht bin. Es ist indessen doch sehr gut gewesen, daß ein
Muß uns in die Stadt gebracht hat ...»

Von einem äußeren Muß als Motiv für eine Distanz-Beziehung ist in den Briefen Gustave Flauberts an Louise Colet nicht mehr die Rede. Flaubert entwickelt vielmehr eine Vorstellung von der Liebe, die Trennung und Distanz einschließt:

> *«Für mich steht die Liebe nicht im Vordergrund des Lebens und darf nicht dort stehen... Wenn Du also die Liebe als das Hauptgericht des Daseins auffaßt: NEIN. Als Würze: JA. Wenn Du unter Liebe verstehst, sich ausschließlich mit dem geliebten Wesen beschäftigen, nur durch dieses Wesen leben, es allein sehen von allem, was es auf der Welt gibt, von seiner Idee erfüllt sein, das Herz davon voll haben... NEIN. Wenn Du unter Liebe verstehst, von der doppelten Berührung den Schaum abschöpfen wollen, der darauf schwimmt, ohne den Sud aufzurühren, der sich auf dem Grund befinden kann, sich in einer Mischung aus Zärtlichkeit und Lust vereinen, sich mit Freude sehen und einander ohne Verzweiflung verlassen... ohne den anderen leben können... JA.»*

Eine ganz andere Gefühlslage bestimmt die Briefe, die Franz Kafka an die Geliebte Milena Jesenská schreibt. Einerseits voller Sehnsucht und einem drängenden Bedürfnis nach Nähe, die als ein Sich-Ineinander-Verlieren vorgestellt wird, andererseits – gerade in Situationen, in denen Nähe möglich wäre – ein plötzliches Abrücken:

> *«Du schreibst, daß Du vielleicht nächsten Monat nach Prag kommst. Fast möchte ich Dich bitten: komme nicht. Laß mir die Hoffnung, daß Du, wenn ich Dich einmal in äußerster Not bitten werde zu kommen, gleich kommen wirst, jetzt aber komme lieber nicht, Du müßtest ja wieder wegfahren.»*

Und schließlich noch ein Hinweis auf einen Roman der Gegenwart von Christoph Hein. «Drachenblut» thematisiert ganz unmittelbar eine Distanz-Beziehung, schildert ein solches Leben aus der Perspektive einer Frau – in der Absicht, vor der Kälte und der Abkapselung der Individuen zu warnen.

> «Ich wollte ihn nicht haben. Ich hatte nie die Absicht, ihn
> für mich haben zu wollen. Ich war seit langem fest
> entschlossen, nie wieder zu heiraten, nie wieder irgendeinem
> Menschen das kleinste Recht über mich einzuräumen.
> Unsere stillschweigende Übereinkunft, daß keiner für den
> anderen verantwortlich sei, daß keiner sich vor dem anderen
> zu verantworten habe, nahm ich sehr ernst. Ich war
> überzeugt, daß ich niemals meine Distanz zu Menschen
> aufgeben durfte, um nicht hintergangen zu werden, um mich
> nicht selbst zu hintergehen. Im Hintergrund das Wissen um
> meine stete Bereitschaft, mich aufzugeben, Sehnsucht nach
> Infantilität. Der schwere, süßliche Wunsch, geborgen zu
> sein.»

Literaturverzeichnis

Günther Anders: *Lieben gestern. Notizen zur Geschichte des Fühlens.* München 1986

Philippe Ariès, André Béjin, Michel Foucault u. a.: *Die Masken des Begehrens und die Metamorphosen der Sinnlichkeit. Zur Geschichte der Sexualität im Abendland.* Frankfurt 1986

Bettina von Arnim in: *Frauenbriefe der Romantik.* Hg. von Katja Behrens. Frankfurt am Main 1981

Elisabeth Badinter: *Ich bin du. Die neue Beziehung zwischen Mann und Frau.* München 1987

Simone de Beauvoir: *In den besten Jahren.* Reinbek bei Hamburg 1979 (Beauvoir 1979)

Simone de Beauvoir: *Memoiren einer Tochter aus gutem Hause.* Reinbek bei Hamburg 1986 (Beauvoir 1986)

Ulrich Beck: *Risikogesellschaft. Auf dem Weg in eine andere Moderne.* Frankfurt 1986 (Beck 1986)

Ulrich Beck, Elisabeth Beck-Gernsheim: *Das ganz normale Chaos der Liebe.* Frankfurt 1990 (Beck 1990)

Elisabeth Beck-Gernsheim: *Das halbierte Leben. Männerwelt Beruf – Frauenwelt Familie.* Frankfurt 1980

BHW-Forum: *Familie ist Zukunft – oder: Zukunft ohne Familie? 8. Workshop des BHW-Forum.* Hameln 1989

Suzanne Brøgger: *...sondern erlöse uns von der Liebe.* Reinbek bei Hamburg 1980

Bundesministerium für Jugend, Familie und Gesundheit (Hrsg.): *Nichteheliche Lebensgemeinschaften in der Bundesrepublik Deutschland.* Stuttgart 1985

Günter Burkart, Beate Fietze, Martin Kohli: *Liebe, Ehe, Elternschaft. Eine qualitative Untersuchung über den Bedeutungswandel von Paarbeziehungen und seine demographischen Konsequenzen.* Hg. vom Bundesinstitut für Bevölkerungsforschung Wiesbaden 1989

Siegfried R. Dunde (Hrsg.): *Geschlechterneid, Geschlechterfreundschaft. Distanz und wiedergewonnene Nähe.* Frankfurt 1987

Jörg Dyllick, Raimund Groß: *Frauen wie Ebbe und Flut. Die Seemannsfamilie aus der Sicht der Frau.* Metjendorf o. D.

Erica Fischer: *Jenseits der Träume. Frauen um vierzig.* München 1985

Gustave Flaubert: *Briefe.* Zürich 1977

Elisabeth Flitner, Renate Valtin (Hrsg.): *Dritte im Bund: Die Geliebte.* Reinbek bei Hamburg 1987

Maria Frisé: *Auskünfte über das Leben zu zweit.* Frankfurt 1985

Erich Fromm: *Die Kunst des Liebens.* Frankfurt, Berlin, Wien 1980

Gottfried von Straßburg: *Tristan und Isolde.* Darmstadt 1983

Christoph Hein: *Drachenblut.* Darmstadt/Neuwied 1982

Homer: *Odyssee.* Berlin 1948

Matthias Horx: *Die wilden Achtziger. Eine Zeitgeist-Reise durch die Bundesrepublik.* München, Wien 1987

Franz Kafka: *Briefe an Milena.* Frankfurt am Main 1986

Alexandra Kollontai: *Die Situation der Frau in der gesellschaftlichen Entwicklung. Vierzehn Vorlesungen vor Arbeiterinnen und Bäuerinnen an der Sverdlov Universität 1921.* Frankfurt 1975

Sigrid Metz-Göckel, Ursula Müller: *Der Mann.* (Brigitte-Studie) Hamburg 1985

Sibylle Meyer, Eva Schulze: *Balancen des Glücks. Neue Lebensformen: Paare ohne Trauschein, Alleinerziehende und Singles.* München 1989 (Meyer/Schulze 1989)

Sibylle Meyer, Eva Schulze: *Lebens- und Wohnformen Alleinstehender. Literaturstudie und Bibliographie.* Hg. vom Bundesministerium für Bevölkerungsforschung Wiesbaden 1988 (Meyer/Schulze 1988)

Sibylle Meyer, Eva Schulze: *Nichteheliche Lebensgemeinschaften.* In: *Kölner Zeitschrift für Soziologie und Sozialpsychologie,* April 1983

Sibylle Meyer, Eva Schulze: *Nichteheliche Lebensgemeinschaften – Eine Möglichkeit zur Veränderung des Geschlechterverhältnisses?* In: *Kölner Zeitschrift für Soziologie und Sozialpsychologie.* 2/1988 (Meyer/Schulze 1988 a)

Michael Lukas Moeller: *Sprachlos und beziehungsarm. Die große Einsamkeit zu zweit.* (Interview) In: *Psychologie heute* 7/1989

Michael Lukas Moeller: *Die Wahrheit beginnt zu zweit. Das Paar im Gespräch.* Reinbek bei Hamburg 1988

Irmtraud Morgner: *Leben und Abenteuer der Trobadora Beatriz nach Zeugnissen ihrer Spielfrau Laura.* Darmstadt/Neuwied 1977

Nena und George O'Neill: *Die offene Ehe. Konzept für einen neuen Typ der Monogamie.* Reinbek bei Hamburg 1975

Rüdiger Peukert: *Die Commuter-Ehe als «alternativer» Lebensstil. Zur Ausbreitung einer neuen Form ehelichen und familialen «Zu-*

sammenlebens» *in der individualisierten Gesellschaft.* In: *Zeitschrift für Bevölkerungswissenschaft* 2/1989

Psychologie heute spezial: *Frauen – Lebensformen.* Weinheim 1989

Peter Schellenbaum: *Das Nein in der Liebe. Abgrenzung und Hingabe in der erotischen Beziehung.* München 1986

Herrad Schenk: *Freie Liebe – wilde Ehe. Über die allmähliche Auflösung der Ehe durch die Liebe.* München 1987

Gerth Schmidt, Siegfried Stölting (Hrsg.): *Fischzüge. Berichte aus der Hochseefischerei.* Bremerhaven 1988

Hermann Schreiber: *Singles. Allein leben. Besser als zu zweit?* Frankfurt 1980

Alice Schwarzer: *Warum gerade sie? Weibliche Rebellen. Fünfzehn Begegnungen mit berühmten Frauen.* Frankfurt 1989

Cora Stephan: *Ganz entspannt im Supermarkt. Liebe und Leben im ausgehenden 20. Jahrhundert.* Berlin 1985

Cees J. Straver: *Die nichteheliche Lebensgemeinschaft. Bericht über eine qualitative Untersuchung in den Niederlanden.* In: *Partnerschaft und Identität. Die nicht-eheliche Lebensgemeinschaft. Loccumer Protokolle* 3/1980

Jürg Willi: *Die Zweierbeziehung. Spannungsursachen, Störungsmuster, Klärungsprozesse, Lösungsmodelle.* Reinbek bei Hamburg 1990

Max Wingen: *Nichteheliche Lebensgemeinschaften. Formen, Motive, Folgen.* Zürich 1984

Werner Wolf: *Alltagsbelastung und Partnerschaft. Eine empirische Untersuchung über Bewältigungsverhalten.* Bern 1988

zu zweit

SACHBUCH

ro ro ro

C 2377/2

Liebe, Lust und Leidenschaft

rororo SACHBUCH

C 2335/2

Noch einmal mit Gefühl · · ·

ro
ro ro

C 2141/3